# 漫遊
# 歐洲
# 中古時代

## Medieval Horizons
為現代的「眼界」奠定基礎的中世紀

WHY THE
MIDDLE AGES MATTER

伊恩·莫蒂默
Ian Mortimer

胡訢諄 — 譯

謹將本書獻給約格・漢斯根（Jörg Hensgen），過去二十年，他編輯過我的十本歷史書籍。我深深感謝他。儘管許多人認為編輯的工作很容易，但我的情況絕非如此。用一個古老的比喻來說：編輯的工作就像確保一頭文學駱駝能夠輕鬆穿過針眼門。而這件事情真正的成功就是讀者完全忽略這個奇蹟。所以，漢斯根，對於你憑耐心締造的這十個奇蹟，我真摯並衷心感謝。

Contents

# 目次

# 致謝詞

這本書的緣起，是我作為歷史學家的工作，尤其二〇一五年與二〇一六年四次演講。因此，我要感謝邀請我參加這些會議的人：大衛・古魯密特博士（Dr David Grummitt，中世紀的眼界）、安・科里教授（Anne Curry，戰爭）、佩特・惠騰（Pat Whitten）與吉兒・馬斯蘭（Jill Maslen，廷代爾）以及艾登・格瑞格博士（Dr Aiden Gregg，個人主義）。有關原始演講的詳細資訊請參見相應章節的注釋一。

像往常一樣，我要感謝我的經紀人喬治娜・凱普爾（Georgina Capel）及她辛勤的團隊，特別是艾琳・波多尼（Irene Baldoni）與瑞秋・康威（Rachel Conway）。同樣感謝我的出版商史都華・威廉斯（Stuart Williams）及他在 The Bodley Head 出版社的團隊，特別是我的編輯約格・漢斯根（Jörg Hensgen），這本書獻給他。再一次，漢斯根敏銳的提問和批評都非常寶貴。另外特別感謝劍橋大學歷史系的賽伯．佛克博士（Dr Seb Falk），他熱心協助，閱讀本書的初稿，並提出許多有益的建議。當然，本書其他錯誤都是我的，而且如果不是佛克博士對細節的關注和善意的建議，錯誤可能更多。

我要感謝路易絲．安森（Louise Anson）慷慨允許我引用海倫．沃德爾（Helen Waddell）對「大詩人」（Archpoet）幾節詩的翻譯，這些詩在第七章。

最後，我感謝最多的是我的妻子蘇菲，感謝她所有的支持。她對工作的投入激勵著我，我的成就因為她的陪伴而有意義。有了她的安慰，我才能進入記錄時間的主教座堂，驚嘆之餘不至於被淹沒。

伊恩．莫蒂默

二〇二二年十月四日，莫頓漢普斯特德

# 前言

若要尋找中世紀的文學形象代表，相信無人能夠擊敗喬叟（Geoffrey Chaucer）約在一三九〇年代創作的《坎特伯里故事集》（*Canterbury Tales*）。喬叟描述一群三教九流，從南華克（Southwark）的塔巴客棧前往坎特伯里（Canterbury）朝聖。沿路上，每個人都說一則故事娛樂大家。其中有個騎士，他曾隨著十字軍東征北非、西班牙、東歐。這個騎士帶著一個背長弓的跟班，他的兒子也與他作伴；這個兒子不僅是鄉紳，也擅長馬上比武。此外，這群人中還有女修道院院長、修女、托缽修士、僧侶、另外五位祭司、商人、牛津大學的學者、律師、船長、醫生、結過五次婚的巴斯女商人；地方官、磨坊主、贖罪券商、法庭差役、倫敦某間法院的伙房採購、三個農夫、廚師、客棧老闆、其他五個商人，最後是喬叟本人。我們隨著他們騎馬旅行，沿路聊天、吵嘴，逗彼此發笑，前往聖托馬斯・貝克特（Thomas

Becket）的祭壇——中世紀英格蘭的縮影。

然而，我們常常忘了，喬叟的世界多麼短暫。說起中世紀的時候，好像只有幾個固定角色，整個時期相對缺乏變化。其實，不到兩百年，生活已經改頭換面，喬叟筆下很多人物已經過時。中世紀的騎士已經落伍，馬上比武也是；火槍已經取代長弓。在英格蘭沒人會去朝聖。這裡沒有女修道院院長或修女；僧侶、托缽修士、贖罪券商早就絕跡；祭司早就不是羅馬天主教。對伊莉莎白時代的人來說，喬叟筆下的世界早已被人遺忘，沒有什麼重大啟示，差不多就像珍．奧斯汀之於我們今日。

喬叟這些中世紀的人物，對諾曼人的英格蘭也一樣，難以稱得上典型。當我們比較《坎特伯里故事集》和一〇八六年的全國土地調查清冊《末日審判書》（Domesday Book），就能明顯見得。相較喬叟的時代，十一世紀的僧侶與修女很少，商人和船長也較少；完全沒有托缽修士。也沒有任何贖罪券商、法庭差役、醫生。沒有牛津大學的學者，因為牛津大學根本不存在，法院也是。當然也沒有十字軍東征或馬上比武；沒有長弓。沒幾個人會去朝聖，非常少數的有志之士，會優先發願去耶路撒冷或羅馬，不會去坎特伯里。絕大多數的人都在務農——犁田、畜牧、養豬、擠奶、養蜂——而且他們多半不能自由離開生長的地方。他們不可能獲准和喬叟一起去朝聖。

不由得令人納悶，我們說的「中世紀」，到底是什麼意思。和這個詞有關的社會千差萬別，我們指的到底是哪個？如同上述的比較，中世紀有很多個，不止一個。用相同的方式描述全部，就像說十七世紀和二十一世紀的歐洲都是「現代」——即使我們幾乎不會說十七世紀處決女巫是「現代」的做法，反而完全相反。這樣串連時代，顯然有誤導之虞。

你可能會問，這有什麼關係？首先，歷史上有關係。用「中世紀」一詞描述將近五百年，隨著時間變化的日常生活將有多少消失其中。但更重要的是，那樣表示，所有被我們放進「中世紀」紙箱的東西，會與現代世界隔絕。結果，我們就不會知道，今日我們的生活方式，很大部分是十一至十六世紀之間社會發展的結果。許多當前的概念、價值、優先順序其實源自中世紀。我們許多文化與社會慣例也是，從發現其他大陸和種族，到使用姓氏、依賴金錢和書寫文字。簡而言之，不知道中世紀發生的變化，代表不懂塑造現代世界特色的諸多革命。也代表不懂我們自己。

我的這一番話可能令你吃驚，因為我們通常不把中世紀當成革命的時期。我們傾向認為影響我們生活最重大的變化是發生在現代的變化。我們會指出十九世紀的發明，例如鐵路、照相、電話；二十世紀的電視、航空和太空旅行、電腦與網路。但是，雖然這些創新徹底改變我們做事的方式，我們身為人類的當務之急，過去四百年穩定的程度令人訝異（只有幾個顯著的例外）。在那之前，反而完全稱不上穩定。如果你將眼光超越工業革命以來令我們目眩神迷的技術進步，你會發現，較早的世紀承受數個社會與經濟壓力，深刻改變我們祖先的思想，影響他們的行為。當時發生的許多變化，現在深深埋在我們集體的心靈，我們從來沒有停止思考那些變化。你怎麼看待身為個人的你？你為何需要旅行？你為何期待國家保護你？你為何需要金錢？我們為何認為和平是常態，戰爭不是？

本書的目標，是將這些根本問題帶到讀者面前，表達中世紀是現代世界的性格形成期。與此同時也會顯示，阻礙我們看見這些早期重大變化的原因，是我們對於科技的沉迷。我們如此重視現代生產的精密裝置，以致許多人認為智慧手機和飛機比餵飽自己的能力更重要。對於吃飽喝足的人而言，食物生產的方法，比起旅行到世界另一端或和家鄉的人通電話，根本沒什麼了不起。但是對於營養不良，又因為歉收隨時可能餓死的農夫，那些技術是毫無意義的奢侈。而且在這方面，我們虧欠中世紀的祖先太多。因為他們承受殘酷的現實，所以引進各種方法，逐漸減輕磨難，持續裨益我們直到今日。

我們對於古代的興趣是另一個阻礙我們理解中世紀影響的原因。我們似乎比較了解羅馬人，比較不了解例如生活在十三世紀的人。我們陶醉在羅馬人的家事安排、他們人聲鼎沸的市集、他們的行政管理系統、他們的詩作和愛情生活，輕易認為他們「就像我們一樣」。因此，皇帝奧古斯都（Augustus）的世界和我們的世界彷彿是連續不斷的兩千年。我們沒有發覺羅馬人和中世紀歐洲人之間並不一定連貫。當我們閱讀十三世紀的人，我們想像他們的日常生活或多或少就像他們之前的羅馬人。但是如果我們看個仔細，試著重建他們的思考方式，就會發現中世紀的人民無論和羅馬人，或者和我們，都很不同。

例如，將在第七章討論的鏡子。羅馬人有小小的玻璃鏡，羅馬女性利用那種鏡子化妝，就和我們一樣。但是，隨著羅馬文明崩潰，鏡子停止生產。因此，我們和我們中世紀的祖先不同，我們知道自己的長相，但他們不知道。你從池塘的倒影還是不大清楚你的模樣。你需要一片背後是金屬的玻璃或磨得發亮的銀板或銅板。金屬鏡在十二世紀初期重新引進歐洲，但是價格依然昂貴，只有地位高貴的個人能夠享受。因此，一三〇〇年在義大利，玻璃鏡再次發明，越來越多人可以像我們看見自己一樣，看見他們自己。在那之前，一般女性並不知道她們在人前是什麼模樣。如果她運氣夠好，活到老年，也永遠不會知道自己臉上有多少皺紋。既然不知道自己的模樣，化妝也與她的生活無關。遠更重要的是，鏡子快速普及，導致人民對於自我產生新的意識，逼得他們開始與他人比較：改變他們的外表和行為，設法變得更吸引人等。同時，社會也把比喻的鏡子轉向自己——為人類本身而檢視人類，不僅作為神的所造之物。我們開始意識人類處境。

像引進鏡子這樣小小的改變——說不定最終產出我們自拍的世代——暗示中世紀的變化複雜而且深遠。我還可以舉出更多例子，說明在中世紀看似次要的創新，卻對現代世界造成深遠影響。實在是太多了，恕我難以在這本書中窮盡。同一時期，全世界也出現類似的發展，導致某些區域與其他區域分道揚鑣，我也無法在此說個仔細。我能做的，是提供理解這些變化的方式。在第一章，我概述我們可以如何利用比喻的眼界，欣賞社會變化的範圍與重要程度。我所謂「比喻的眼界」，最簡單的解釋方式，就是探險家。十一世紀的時候，歐洲沒有任何人知道耶路撒冷的東方或撒哈拉的南方有什麼。幾乎沒有歐洲人航行穿越大西洋。但是到了一六〇〇年，已有幾次環繞地球的航海探險。換句話說，檢視這些探險，我們可以看見基督教界的眼界如何逐漸擴展，直到包圍整個世界。

我們知識範圍的擴展是生活許多其他方面的典型。我們展開的眼界不只在地理方面。同樣地，越來越多訊息被人記錄下來，也在開拓我們記憶的眼界。其他展開的眼界包括擁有財產的人口比例、女性享受的自由等等。因此，第一章的目的是介紹眼界作為領受社會變化的概念。接下來的章節，我會討論某些歷史上最重要的主題，更深入地展現眼界改變的比喻如何讓我們欣賞各種發展。一六〇〇年的人，旅行比西元一千年的人快多少？他們的一生，花在保護自己不受暴力傷害的比例是多少？他們認為，同時代的人中，和他們平起平坐的人有多少？多少人識字，識字又為何重要？我希望，一旦你理解比喻的眼界這個概念，你會在不同的光芒之中看待中世紀的人民——這裡說的光芒就是他們心靈的光芒。

本書的時間範圍為西元一千年至一六〇〇年，讀者內心可能疑惑，我在這裡對「中世紀」的定義為何。針對這點，不可能有令所有人滿意的時間範圍。某些英格蘭的政治歷史學家堅持，一四八五年八月二十二日下午，理查三世在博斯沃思原野戰役（Bosworth）被殺後，中世紀便戛然而止。這樣硬生生切斷不但幫助不大，反而偏向誤導。事實是，所有時期都會逐漸轉為另一個時期，不會隨著某人死亡終止。因此「中世紀」一詞，對不同的人，在不同的脈絡，代表不同的意義。多數歐洲歷史學家同意中世紀始於五〇〇年左右羅馬崩潰，終於一五〇〇年左右——通常介於一四五〇年代印刷術誕生和一五一七年開始的宗教改革。

然而，英格蘭的作者通常將這個時期分為兩個階段：中世紀前期，從四一〇年羅馬統治結束，到一〇六六年諾曼人征服；中世紀後期，從一〇六六年到一五四〇年修道院最終解散。有些人偏愛以一五〇九年亨利七世死亡作為終點，其他人以一五五八年最後一個天主教君王瑪麗去世作結。這些差異幾乎沒有對錯。針對你的主題選擇適合的時間範圍，好過硬是遵守別人為了不同理由訂下的日期。

在本書中，我的意圖是呈現十一至十六世紀之間數個社會變化，因此時間範圍大約從西元一千年到一六〇〇年。從西元一千年左右開始，主要的理由是中世紀幾項最重大的發展，其實源自十一世紀中世紀溫暖期（Medieval Warm Period）的後果，我將在第三章討論。至於結束日期，選擇一六〇〇年有兩個主要理由。第一，一六〇〇年這個世紀開始發展統計、數學、醫學思想、科學方法，改變我們看待世界的方式，以及我們在世界的地位。這個世紀也首次出現許多新的科學儀器。顯微鏡與望遠鏡都在一六〇〇年左右發明，而這兩個新的儀器預示知識眼界全新的浪潮，影響超越中世紀。

選擇一六〇〇年的另一個理由是莎士比亞，他的戲劇橫跨十六與十七世紀。我們常說，莎士比亞還不曉得汽車、飛機、電腦、手機等等我們認為重要的生活物品的時候，他就「表達我們的心聲」。他讓我們知道，我們互相尊重的方式，理解彼此情緒的方式，其實和一六〇〇年的人們相同。儘管從那個時候開始發生多少技術變化與社會革命，然而我們的內在生命，改變其實很少。但是莎士比亞幾乎無法代表《末日審判書》中的人民；他和他們的關係甚至比喬叟更遙遠。在十一世紀，十個英格蘭人中就有一個是奴隸，而且至少其他七個是不自由的人，意思就是他們隨著居住和工作的土地讓人買賣。莎士比亞大概連這件事情都不知道。幾乎可以說，他以為英格蘭大部分的人都可以來去自如。因此，英格蘭人經過六個世紀的社會與文化動盪之後，過著什麼樣的生活，他的戲劇會是有用的文化標準。

身為一位英格蘭的歷史學家，不可避免的是，我舉的例子多數來自英格蘭。這當然完全不意謂我認為英格蘭帶領所有本書討論的文化發展，或者其他國家較不重要。在中世紀，英格蘭處於基督教界邊陲，通常是追隨者，而非開創者。這麼說好了，我是在引用我最熟悉的史料，呈現比喻的眼界如何用於理解社會變化。德國或義大利的歷史學家也可能強調他們國內的經驗，用以探索中世紀歐洲這些變動的文化眼界。熟知亞洲、非洲、美國歷史的人也會採用相同取徑。如果他們那樣，當然很好。即使這樣的研究顯示那些地區重大的文化衝擊發生得較早或較晚，然而既然也是應用比喻的眼界這個概念，於理解世界歷史亦是重要的對比。

最後，我須不遺餘力強調，本書的目的不是解答中世紀這段期間生活如何改變，而是作為一項工具，應用在過去的社會，讓你學會估計社會變化的程度。就這方面，本書之於社會史，就像一六六五年勞勃．虎克（Robert Hooke）出版的《顯微術》（*Micrographia*）之於顯微鏡。虎克率先呈現幾個物體放大的影像——最出名的是四十五公分寬的跳蚤圖——他的讀者從此對於微小有機體有了新的理解。但是該書也顯示，過去受到忽視、他也沒有描繪的生物，還有許多需要學習。本書同樣告訴讀者，許多深刻的歷史變化並非立竿見影。同理，近在眼前的事物，反而不易得知遠看的模樣——見樹不見林——所以我們今日對於技術的感受和執著，嚴重阻礙我們見識中世紀的發展力量。當然，比喻的眼界有其限制。就像顯微鏡本身，並不適合所有任務。但是，我仍提出這個概念，希望幫助讀者更加理解我們生活的世界——以及何時、如何，演變成今日這樣。

# 第一章 眼界 1

當我們思考世紀以來事物如何變化，自然想到技術發展方面。那也難怪。我們身邊盡是一些讓我們的生活和祖先非常不同的事物，從電視、廚房電器到汽車和GPS手錶。當我們思考人類歷史最重大的發展，焦點通常放在發明。飛機、手機、太空旅行、電腦、核能武器等，都是這些辯論的亮點。偶而我們會想起較早世紀的某些東西，例如印刷機、火槍、羅盤、疫苗或時鐘。但是無論談論哪個時期，我們往往將社會變化與技術發明相連。我們的社會整體崇拜技術。你可以說，現代的信仰，不是意識裡相信某個神，而是潛意識裡相信技術——「我們信仰技術」。*

* 譯注：出自美鈔一元背後的印字「我們信仰神」（In God We Trust）。

重視技術導致我們依照技術創新的順序來校準社會變化。軍事史鼓勵我們以武器問世的先後解釋戰爭方法：火炮、手槍、迫擊炮、魚雷、飛機、化學武器、坦克、炸彈、雷達、導引飛彈。工業史也是類似，注重機械發展的不同階段，從十八世紀的手搖紡紗機，到十九世紀的蒸汽水車，再到二十世紀的自動化生產線。由於技術變化是相對現代的特色，所以我們越往回看，見到的改變越少。於是，當我們想到中世紀，就會認為很少或沒有社會變化。那段時期，彷彿是好幾世紀的耕田、祈禱、持劍對打。

其實，這個想像大錯特錯。

這種自我欺騙奇妙的地方在於，就連專業的歷史學家也來背書。中世紀的歷史專家並不公開主張，十四世紀之於現代世界的發展，就如十九、二十世紀一樣重要。他們知道，技術的力量是普遍信仰，看在這個份上，別人也會認為他們與現實脫節，立刻否決他們的觀點。即使他們本來打算發表的是中世紀實在的技術貢獻，結果也會強調較近期的成就與重要性。相較手機或雷射導彈的精緻程度，中世紀的發明相形見絀。因此，中世紀的名聲，在大眾的想像之中，一直陷在泥沼。就連最偉大的學者也無能改變。[2]

專家為了說服廣大民眾中世紀的重要性，遇到的兩難並非不能理解。任何人聽到某個教授想要勸人改變觀點，很容易就斷言，這個教授為了研究升等，所以抱持偏見，刻意強調。但是很多通才和意見領袖也認為中世紀的社會變動很少，而且如果有個名揚國際的作家看著過去一千年，認為前半段相對不重要，誰敢反對？

就舉哈拉瑞（Yuval Noah Harari）暢銷全世界的著作《人類大歷史》（*Sapiens: A Brief History of Humankind*）來說，英文版於二〇一四年發行。第十四章開頭是這樣的：

如果有個西班牙農夫在西元一千年睡著，五百年後醒來，聽見哥倫布的船員吵吵鬧鬧登上尼尼亞號和聖瑪麗亞號，世界對他來說還是相當熟悉。儘管技術、禮節、政治界線經歷許多變化，這位中世紀的李伯還是會像回到家一樣。但是如果哥倫布其中一個船員也這樣睡了五百年，醒來之後聽到二十一世紀的蘋果手機鈴聲，他會發現自己身處一個無法理解的世界。「這是天堂嗎？」他可能會這麼問自己。「還是地獄？」

哈拉瑞在耶路撒冷的希伯來大學教授歷史，也是中世紀戰事的專家。因此，他從哥倫布出發的地點，西班牙西南的巴羅斯港（Palos de la Frontera），選了一個農夫來舉例，似乎有點奇怪。西元一千年，這個區域屬於哥多華（Cordoba）的哈里發國；直到一二六二年，都是穆斯林統治。哈拉瑞的穆斯林農夫醒來的地方，絕對比一四九二年收復失地運動（Reconquista）末期更多敵人、更陌生。他可能會親眼目睹基督信徒征服他的家園，而且驅逐、處決他的同胞，或者強迫他們改信。他絕不可能像「回到家一樣」。如果他在二十一世紀醒來，手機鈴聲可能會令他非常困惑，但至少西班牙政府不會因為他的宗教追殺他。哈拉瑞比較的時候，偏好以技術變化作為共通語言，似乎樂於忽視歷史細節。對於站在國際舞台上演說的人，利用讀者隨手可得的工具好處多多。但是以這樣的方式建構比較，哈拉瑞是在順從觀眾的假設，而非引導他們思考。對於中世紀時期重要的社會變化，他不予考慮，彷彿無關緊要。

我在某本二〇一八年的雜誌讀到伊安．摩里士教授（Ian Morris）的文章，這是第二個例子，而且同樣驚人。摩里士教授的暢銷著作《西方憑什麼》（*Why the West Rules–For Now*）寫道：

> 例如英格蘭：如果我們從西元前一七五〇年選一個農夫，把他丟到西元後一七五〇

年，工業革命剛要發生之前，他很快就會適應。某些事情當然改變了：人們住的房屋從圓的變成方的，農場（多數）變成村莊，銅器變成鐵器，太陽神變成耶穌。有錢人現在頭戴灑上髮粉的假髮，身穿緊身胸衣。有幾個人現在能夠讀寫，有些人有眼鏡，而且一七八四年，就會有個蘇格蘭人搭著熱氣球飛上天空。但是很多事情沒有改變。基本型態——生與死、稅金與租金、播種與耕作、領主和淑女——西元前一七五〇年的訪客全都認得。但是，把那個農夫放進時光機，發射到這個時代：汽車、電腦、電視、識字率、摩天大廈、性別重新分配、性自由、民主、核能武器……我們的農夫會精神崩潰。[3]

對此，摩里士所謂西元前與西元後一七五〇年唯一關連的「基本型態——生與死」，今天的我們仍然如此。我們現在還是要繳稅金與租金。我們依然需要在土地上播種與耕作（雖然我們多數不是親手）。超級有錢人和名流之間的差異和十八世紀領主與淑女的一樣多。至於西元前後一七五〇年日常的差異，問題是，我們沒有文字紀錄描繪在這三千五百年的開端，英格蘭人的生活是什麼模樣。當時的一切都需要從考古學推論。然而，我們確實知道在西元一世紀，這段時間的中間點，凱撒對英國人的描述。他說我的祖先穿著動物皮毛、蓄著長髮；為了打仗時看起來比較嚇人，用菘藍把身體染成藍色，而且留著山羊鬍，「和一群十或十二個男人共享妻子」。老實說，我看不出來，要凱撒時代的英國人去國王喬治二世的宮廷，會比穿上牛仔褲去酒吧喝杯啤酒來得容易。其實，長髮、開放式關係的古代英國人，應該相當能夠融入現代某些音樂節。

如果我們永遠只把變化的標準設定在技術創新，就會像透過紅色鏡片看世界，然後宣布一切都是紅色：你無法發現藍色或綠色。以我們的情況，鏡片染上的是技術，生動呈現技術從十八世紀以來如何影響我們的生活。同時，這片鏡片隱藏其他重要變化，例如都會化、傳染病、女性與工人權利。而且較早的世紀發生的一切，幾乎朦朧不清。技術不會造成法國大革命，但這場革命可能是現代時期最重要的事件。技術不會造成文藝復興或黑死病，或羅馬帝國崩潰。長話短說，若要理解一七五〇年之前的社會變化，技術創新不是從事這件工作的工具。

請容我再舉一個例子，表示德高望重的作家暨意見領袖，恐怕低估中世紀變化的重要。A・C・格雷林教授（A. C. Grayling）於二〇一六年出版的著作《天才的世紀：十七世紀與現代心靈的誕生》（*The Age of Genius: The Seventeenth Century and the Birth of the Modern*

*Mind*），開頭寫著：

若你在溫暖晴朗的夜晚走到戶外，抬頭看，會看見什麼？想像在四百年前回答這個問題。當時的人們凝視著星星，看見什麼？特別的是，儘管和今日的我們望著同一片星空，他們看到意義完全不同的宇宙，無論是宇宙本身，還是他們自己的人生。這也道出一件非常重要的事實：在十七世紀初期，我們受過最高教育，而且最深思熟慮的祖先，他們的心靈——思想、世界觀——根本上依然延續他們古代與中世紀的前人，但是這個世紀的尾聲，已經變成現代。這個驚人的事實意謂十七世紀是人類歷史非常重要的時期。

嚴肅的歷史學家都會同意，一七〇〇年歐洲人的「心靈」，早已經歷許多深刻的轉變，本質上成為現代。確實，科學方法、醫學程序、統計，逐漸獲得普遍信任，這個重要的轉移於十七世紀穩健進行，而且我會主張，這裡就是中世紀與現代根本的分水嶺——對於科學的信任正在取代對於神的信仰。但是格雷林教授並未足夠肯定一六〇〇年之前的發展。伊莉莎白時代的人，他們的世界觀，絕對不是「根本上依然延續他們古代與中世紀的前人」。我們別忘了羅馬人火燒基督信徒。他們鼓勵競技場上的鬥士為了娛樂大眾搏鬥至死。他們對著動物內臟問卜，決定未來。他們蓄奴。他們的性觀念開放：公共藝術可見勃起的男性和人獸交合；他們的油燈和酒杯描繪三人和四人的性行為。這一切在童貞女王的宮廷都不會發生。

不只如此。伊莉莎白一世的世界觀甚至不是「根本上延續」她自己的祖父。她的祖父不僅是天主教徒，而且相信太陽繞著地球轉。伊莉莎白截然不同，她是基督教徒，而且很有可能見過備受尊敬的天文學家暨國會議員托馬斯．迪格斯（Thomas Digges）。迪格斯在伊莉莎白統治期間推廣並延伸哥白尼的日心說。伊莉莎白和她祖父的世界觀，看待神、聖人、凡人之間的互相影響也不同，而且對於來世的觀念更是迥異。十五世紀的天主教徒相信，如果你的手臂痛，就做一隻手臂的模型放在祭壇，然後付錢給祭司，請他為你禱告，令你早日康復。但是基督教徒認為這個做法是在召現巫術。真的，說到宗教，女王伊莉莎白一世（一五三三－一六〇三）的世界觀和伊莉莎白二世（一九二六－二〇二二）共同之處較多，反而不像虔誠的羅馬帝國皇帝，他敬拜的萬神從熱情洋溢的維納斯到好色的朱庇特。這些世界觀，唯有當你完全聚焦在科學發現，用染上科學的眼鏡看待一切事物的時候，才會看似「根本上延續」。

這三個例子說明，就連我們最尊敬的知識分子也相信社會發展大多依賴技術創新。而我的主張是，這樣的觀點不僅誤導，還會貶低中世紀的文化，帶給大眾「黑暗時代」這樣的野蠻印象。中世紀的聯想是殘酷、暴力、迷信、無知——如同有人詆毀塔利班是「中世紀」；電影《黑色追緝令》（*Pulp Fiction*）有句台詞是「我要讓你的屁股嘗嘗中世紀的滋味」。但是這種認知是錯的。十二世紀的文藝復興怎麼說？義大利的文藝復興怎麼說？偉大的主教座堂怎麼說？如果你認為「中世紀」是倒退的同義詞，你就暴露自己的無知——因為這個年代給了我們大學、國會，和某些歐洲最精緻的建築。

只要想想義大利文藝復興時期傑出的畫家。有些人主張，達文西和米開朗基羅的成就不可能被超越——畫家的技巧在一五〇〇年左右達到顛峰。達文西約在一四九〇年代初期創作〈岩窟中的聖母〉（*Madonna of the Rocks*，現藏於羅浮宮）和〈維特魯威人〉（*Vitruvian Man*）；〈蒙娜麗莎〉繪於一五〇三年。米開朗基羅在一五〇八至一二年之間，在西斯汀教堂創作穹頂畫。西元一千年創作的任何事物都不能比較。伊莉莎白一世和伊莉莎白二世的油畫有許多相似之處——但你不會在西元一千年找到能與文藝復興肖像相當的任何圖畫。

語言也是如此。看看一五二六年威廉・廷代爾（William Tyndale）翻譯的《馬可福音》，開頭：

1. The beginnynge of the Gospell of Iesu Christ the sonne of God.
2. As yt is wrytten in the Prophetes: beholde I sende my messenger before thy face which shall prepareð thy waye before ye.
3. The voyce of a cryer in the wildernes: prepare ye the waye of the Lorde make his pathes streyght.
4. Iohn dyd baptise in the wyldernes and preche the baptyme of repentaunce for the remission of synnes.

一、神的兒子，耶穌基督福音的起頭。
二、正如先知書上記著說：看哪，我要差遣我的使者在你前面，預備道路。
三、在曠野有人聲喊著說：預備主的道，修直他的路。
四、照這話，約翰來了，在曠野施洗，傳悔改的洗禮，使罪得赦。

當時的語言我們可以看懂。過去五百年的改變非常稀少，除了字的拼法——尤其古代的ð（發音「th」），出現在「prepareð」最後。但是，西元一千年恩斯罕的埃爾弗里克（Aelfric of Eynsham）翻譯的版本就不能這麼說。

1. Her ys Godspellys angyn Haelendes Cristes, Godes Suna;
2. Swa áwriten ys on þæs witegan béc Isaíam, Nu ic asénde minne engel beforan þine ansyne, se gegearwað þinne weg beforan ðe.
3. Clypiende stefn on þam westene, Gegearwiað Dryhtnes weg, doð rihte his siðas.
4. Iohannes waes on westene, fulligende, and bodiende daed-bote fulwiht, on synna forgyfenesse.

未受過古英文訓練的我，甚至無法念出埃爾弗里克的翻譯。這大部分是因為一二五〇年之前語言發展的方式。在那之後，隨著越來越多人學習讀寫，改變的速度減緩；十六世紀，聖經印刷建立標準之後，語言發展幾乎停滯不變。現在的我們可以理解五百年前的英文，豈不驚人。但是五百年前的人無法懂得距離他們三百年前的語言，更不用說五百年前。就此而言，技術——印刷術的發明——對於變化扮演煞車的角色，而非加速。

當我們觀賞或閱讀莎士比亞的戲劇，我們立刻理解百分之九十五，而剩下的百分之五，稍花一點力氣也能克服。[4]如果莎士比亞聽人背誦一首十一世紀的英格蘭詩，他大概完全聽不懂。即使他弄懂那些詞，內心也不會感動。如同我在前言提到，雖然莎士比亞對我們複雜的現代生活一無所知，我們卻常說他「表達我們的心聲」，可見過去四百年的技術創新，並未大幅改變我們思考或感受的方式。與此形成鮮明對比的是，沒有哪個十一世紀的作家這樣爬梳人類情感。沒有哪個盎格魯－撒克遜的詩人可以對他身後四百年的讀者說話，而且人們公認那個人「表達他們的心聲」。文學上和語言上一樣，過去四百年的經歷，相較中世紀的劇變，明顯可見延續。十六世紀的文化與西元一千年的文化，就和時鐘與日晷的距離一樣遙遠。

話雖如此，我們說起中世紀，依然像是一段漫長又停滯的時期，充滿暴力、無知、迷信，直到十七世紀，技術大駕光臨，世界從此成為更好的地方。確實，我們對於科學與技術的執著有個隱藏的面向，支持我們一路以來的信念。技術傾向向我們保證，事情正在變好，而且永遠越來越好——不管什麼天大的災難降臨，技術會拯救我們。「我們信仰技術。」因此，對於中世紀暴力、無知、迷信的想法已經根深柢固。

這對中世紀的歷史學家造成一個問題。事實是，依照技術發展劃分社會變化，等於使用完全誤解這個時期的工具。我們徹底錯過其他就和技術一樣重要的變遷。人們的日常生活與他們的「世界觀」在十一世紀到十六世紀之間發生極大變化。他們經歷好多好多革命，根本難以道盡。然而，那正是我們希望清楚掌握西方現代生活如何演變，需要理解的部分。

說比做來得容易。但是，如果我們將文化的改變視為擴張和（偶而）收縮的眼界，而非技術創新，這項工作就會變得比較直接。《牛津英語辭典》對於「眼界」（horizon，又譯天際線）一詞，給予字面上和比喻上的定義，分別為「陸地與天空交界的線」，以及「個人知識、經驗、興趣的範圍」。憑藉新的建築方法，加上都市擴張，字面意義的眼界在中世紀發生劇變——人們的知識、經驗、興趣也是。在這一章，我會舉出十個例子，說明「眼界」如何作為社會與文化變化的指標。這十個例子對於我們的世界觀都非常根本，以致我們甚至不把這些當成重要的歷史變化：我們單純無法想像世界沒有這些。但是由此可見這些多麼重要。

## 有形的眼界

西元一千年至一六〇〇年，天際線歷經什麼樣的改變？起初，基督教界最高的建築物是君士坦丁堡的聖索菲亞大教堂（Hagia Sophia），從地面到巨大的圓頂尖端是一百八十二英尺。由皇帝查士丁尼在西元五三〇年代下令興建。第二大的建築物大概是第十世紀的修道院教堂，位於勃艮第，高度大約一半。當時北歐多數的教堂塔樓不會超過八十英尺高。但是西元一千年後，高樓接二連三出現。一個世紀內，許多教堂塔樓超過一百英尺，某些超過一百五十英尺。現今還在的知名教堂，是義大利的彭波薩修道院（Pomposa Abbey）。到了一一〇六年，兩百英尺的門檻已經被位於德國斯派爾（Speyer）的帝國主教座堂尖塔超越。沙特爾主教座堂（Chartres Cathedral）南邊的尖塔在一二二〇年完竣，高度三百四十四英尺。事實上，長四百三十英尺的沙特爾大教堂勝過歐洲所有西元一千年之前的建築，包括聖索菲亞大教堂。位於倫敦的舊聖保羅主教座堂（Old St Paul's Cathedral）在一三〇〇年的高度是四百八十九英尺。到了一三一一年，高度五百二十五英尺的林肯主教座堂（Lincoln Cathedral）超越舊聖保羅主教座堂，幾乎和當今世界最高的獨立石造建築——費城市政廳——一樣高。

五百四十八英尺的費城市政廳已經差不多是石造建築的物理極限。對照聖索菲亞大教堂，林肯主教座堂簡直是龐然大物，歷經東羅馬帝國留存。我們也能見到短短三百年，建築能力提升五倍之多。不妨想想，西元一千年至一三〇〇年之間，倫敦天際線的最高點變成五倍，而從一三〇〇年之後，二〇一〇年完工的碎片塔（the Shard）高度只是兩倍。[5]

中世紀時期的歐洲，到處可見建築物拔高與擴張的趨勢。教堂如雨後春筍豎立，因此，到了一六〇〇年，每個教區的中心都有壯觀的石造建築。一三四八年，基督教界的每個王國，最高的建築高度大概都是之前的三倍。修道院數量不知翻了多少倍，一五〇〇年，整個歐洲已經超過一萬兩千座，而且許多都與大教堂相連。世俗的建築也在成長茁壯。哈拉瑞的農夫會怎麼看待中世紀巨大的城堡，以及城堡的城牆與高塔？西元一千年的時候，幾乎沒有防禦的住宅結構可言，所以，像法國洛什在十一世紀初那樣一百二十一英尺高的城堡主樓會把他嚇傻。都會定居的成長趨勢也不遑多讓。他又會怎麼看待一四九二年的時候往四面八方擴張的城市，例如根特、佛羅倫斯、格拉納達、巴黎、里斯本，這些人口已經超過十萬的地方？見到完全由「紅磚」砌成的阿爾比主教座堂（Albi Cathedral），他又會作何感想？鋪滿中世紀教堂窗戶和牆壁的大片玻璃，會帶給他什麼衝擊？他在自己的年代，完全沒有看過這些東西。花窗玻璃最近才在西元一千年發明。事實上，如果他走進沙特爾主教座堂這座驚人的建築，四周是深藍與紅色的光線，而他聆聽詩歌合唱時，正好響起蘋果手機的鈴聲，我不認為他會注意到。

雙眼可見的眼界經歷的變化，對盎格魯-撒克遜農夫而言，不亞於哈拉瑞的西班牙農夫。在西元一千年，他只會看見一層樓的木架房屋，偶而的例外可能是教堂塔樓、莊園鐘樓，或者少見的宮殿。與之形成強烈對比的是，一四九二年，每天與他同在的是成千上萬的教堂、城堡、碩大的主教座堂。城鎮也在成長，尤其倫敦，人口已經增加四倍，從一萬人變成五萬人。鄉村的改變也稱得上戲劇化。他會見到所有可得的農地都有人耕作，完全沒有閒田，否則就是改為公有地；敞田也開始圈圍。[6] 如果我們將他沉睡的時期延長到一六〇〇年，我們的農夫睜開雙眼就會看到倫敦的人口膨脹為二十萬人——是西元一千年的二十倍。他會抬頭看著五、六層樓高的房屋，而且注意到空氣之中刺鼻的燃煤味。雖然許多現代的摩天大樓，高度是中世紀最高尖塔的兩倍，而且許多歐洲城市規模是一六〇〇年的二十倍以上，然而，巨大工程與城市擴張，以及隨之而來的喧囂、噪音、惡臭，是從中世紀時期開始。

## 個人的眼界

用不著說，人們總是在旅行。只要想想北歐的船隻穿越大西洋，到北美的文蘭（Vinland）——他們竟然在西元一千年就做到了。到處旅行的也不只是盜賊。第十世紀末出生在冰島的居茲麗·索爾比亞德納爾多蒂爾（Gudrid Thorbjarnardóttir）航行到文蘭、格陵蘭、挪威。她甚至去羅馬朝聖，最後回到冰島成為修女。然而，維京人的世界觀並不代表十一世紀的基督教界整體。其實，居茲麗出生的時候並不信基督，而且她的族人改信基督後，也逐漸不再長途襲擊或貿易。雖然某些冒險犯難的基督信徒——朝聖者、商人、王室使節，在西元一千年的時候確實會長途旅行，但是絕大多數的平民不會。男人被要求待在家裡耕種，女人幫忙務農，而且需要釀酒製乳。多數領主不允許奴隸和農民離開他們居住的莊園。此外，旅行非常危險。人們待在家裡反而比較安全。總之，西元一千年，「不去」旅行的理由比去旅行多太多了。

經歷中世紀後，旅行變得普遍。市場和集市激增。到了一五〇〇年，每個人一生之中，都會在某個時候上市場，許多人經常去。朝聖也是一種擴大的旅行。去羅馬、耶路撒冷、聖地牙哥康波斯特拉的人不計其數。十二與十三世紀興建的修道院有上千座，許多此時已經收藏供朝聖者崇拜的聖髑。從十二世紀末開始，光是前往坎特伯里朝聖的人，就使英格蘭東南部的道路人數大幅增加。法律實施的方式也助長旅行次數。巡迴法官為執行國王的法律開始定期前往城鎮。就地方而言，保安官若逮捕重罪嫌犯，必須帶著他們到郡縣的大城審判。在德文郡，從偏遠的地方，例如哈特蘭（Hartland），到埃克塞特，至少距離五十二英里。冬天的時候，保安官和他的囚犯來回要花上五、六天。

被傳喚到教會法院*的人，可能還要旅行更遠。十五世紀的制度是這樣：如果某人過世的時候，財產完全屬於一個執事長轄區，他的遺囑就要在當地執事長轄區的法院驗證。但是，如果他的財產分屬兩個執事長轄區，他的遺囑就要到教區的法院驗證。因此，一個持有德文郡與康沃爾郡土地的西康沃爾人過世之後，他的遺囑執行人必須走上一百英里到埃克塞特去履行他的職責。如果那個康沃爾人死的時候在另一個郡縣持有動產，他的遺囑執行人就要走上三百英里去倫敦驗證遺囑。任何人，若為個人法律事務，要去位於西敏的皇家法院，也得長途旅行。被控道德墮落罪的人則要出席執事長轄區的法院，不僅他們要走這一趟路，還需要六個或更多的宣誓助訟人去為他的清白作證。

從十三世紀起，大學創造其他長途旅行的需求。國會也是：符合資格的人必須前往郡城投票；當選的國會議員會被傳喚到西敏，或任何國會的所在地點。另有代表教會而出發的旅行：僧侶在他們的修道院和莊園之間來回；托缽修士走遍城鎮；修道院院長與副院長參加他們教派的集會；聖職人員出國參加天主教會的大公會議。

然後，還有為戰爭旅行的必要。雖然你可能主張，男人本來就會外出打仗，但在西元一千年，人數不如後來的世紀這麼多。一〇六六年，與國王哈羅德一起，浩浩蕩蕩行軍到斯坦福橋（Stamford Bridge），然後又到黑斯廷斯（Hastings）保家衛國的男人大約有七千人。而一三四六至四七年的加萊圍城，出現在薪資單上的英格蘭人有三萬人；和亨利五世一起渡海赴阿金科特（Agincourt）打仗的男人超過一萬五千人。十四與十五世紀英法之戰期間，非常多男人駐守在法國。一五四四年，至少四萬八千個男人跟著亨利八世去布洛涅（Boulogne）。戰場上大有人在，軍隊人數迅速增加。到了一六〇〇年，西班牙有二十萬名陸軍，其中許多人駐守在荷蘭，離家好幾百英里。

＊ 譯注：當時的教會法院，除了審理有關宗教信仰與教會的事務，也審理民事事務。

以上表示經過中世紀，個人旅行的規模也大幅改變。十一世紀的時候，相對稀少的男人會騎馬或走路離家二十英里以上。但是到了一六〇〇年，多數的人可能在人生當中各種時期都須如此，而且相當比例的人需要經常出門。中世紀前後，離家旅行變得正常。我們不能測量普通個人移動多遠。然而，在歐洲，每年每人為了商業、公務、法律、教會、教育、軍事目的而旅行的里程，恐怕有數百倍之多。客棧數量節節攀升，接待其中富裕的旅客。西元一千年之前，英語裡頭沒有「客棧」（inn）一詞，而在十二世紀，只有最大的城鎮才有一家，到了一五七七年，這樣的設施在英格蘭已有超過三千所。[7]因為基礎設施改善，外出住宿變得比較容易，所以人們甚至可能為了休閒旅行。當然，到了一六〇〇年，多數的一般人移動的地理範圍，早已遠遠超過出生地周圍。

## 集體的眼界

以上所提個人眼界的擴張，對於整體社會具有多種影響。人們騎馬或走路，隨著移動距離，他們的地理知識也成倍增加。如果你離家旅行二十英里，相較你只旅行十英里，可能會見到四倍多的地方。這是數學半徑的問題：二十英里的旅人理論上可以涵蓋一千二百五十七平方英里，相對十英里的旅人涵蓋三百一十四平方英里。此外，如果人人經常離家旅行不只十英里，而是二十英里，他們也會遇見更多來自遠方、地理知識同樣豐富的旅人。理論上，離家旅行二十英里的人，可以遇見住在超過二十英里外的人。如果那個人從他的家反方向旅行二十英里，第一個人可能就會聽見距離自家六十英里的第一手消息。理論上那涵蓋超過一萬一千平方英里。顯然，旅行需要翻山越嶺、蹚水過河，還會遇到沼澤與海岸，意謂事情沒有那麼容易，然而重點是：當人們往外旅行，他們的整體知識成倍增加。隨著中世紀推移，數萬人離家移動越來越遠，某些情況多達數百英里，對於英格蘭與其他國家的知識大幅增加。整體眼界的擴張有助提高地理知識的信心，因為人們對於離家可能的遭遇已經具備更多先備知識。這樣的信心回過頭來允許他們探索更遠的地方。

先不論更早之前維京人遠征這個特殊案例，十二世紀起，人們開始四處旅行。例如一〇九六年開始的十字軍東征，見證地理眼界巨大拓展。我不認為西元一千年的北歐平民會知道耶路撒冷在穆斯林的手中。他們一定是在一〇九九年第一次東征之後聽說十字軍攻陷耶路撒冷。第二次東征見證神聖羅馬帝國皇帝（德意志邦國選出的霸主）親自為了聖地出征，而且加入該次東征的英格蘭遠征隊拿下里斯本。第三次東征，英格蘭的國王背起十字架，而且試圖經陸地穿越歐洲回來。第四次東征，基督信仰的騎士在君士坦丁堡的街上暴動。此外，戰鬥結束後，與聖地的連結並未中斷。這些並非一波一波、週期性的武裝朝聖，而是導致中東新聞持續往返的行動。到了一二二八年第六次東征，埃克塞特的主教認為有必要花上五年和當地英格蘭西南的騎士離開教區，支持神聖羅馬帝國皇帝再次號召，為朝聖者收復耶路撒冷。他們之中，某些人是東征的第二代，他們的父親曾經跟隨理查一世前去第三次東征。英格蘭人越來越關心三千英里外，在中東的一舉一動。

耶路撒冷之外的世界，對十一世紀的歐洲人來說是個謎。一〇二五年與一〇五〇年之間，英格蘭南部製作的世界地圖大略呈現長方形，包括歐洲和部分非洲、亞洲，地中海與蘇格蘭周圍許多零星島嶼。紅海與北非的大河畫上紅色。英國出現在四分的西北；巴比倫（位於現代的伊拉克）是最東邊的城市，印度則在世界東方邊緣，標記為小小一點，被當成大小如英國外島的地方。這張地圖出現在一本名為《東方驚奇》（*The Marvels of the East*）的書中。書中的文字還描述八英尺高的男人，體型八英尺寬，頭在胸口；另有腿長十二英尺的食人族部落，以及二十英尺高的生物，嘴巴是扇形，有獅子的鬃毛。[8] 顯然，人們對於遙遠世界的知識基於想像和謠言。十三世紀末，赫里福德世界地圖（Hereford World Map）比盎格魯－撒克遜人的世界地圖描繪更多細節，但是對於耶路撒冷以東，除了紅海與底格里斯河、幼發拉底河、恆河，同樣沒有標出特定地名。這張地圖與較早的地圖主要的概念差異在於，它是圓的，而非方的，而且以耶路撒冷為中心，而非地中海。

正是在十三世紀，幾個勇敢的旅人突破知識的東方前線。一二四六年，方濟各會的托缽修士若望．柏郎嘉賓（Giovanni da Pian del Carpine），去到距離巴黎五千英里、靠近哈拉和林（Karakorum）的蒙古營區，再經基輔回來。隔年，道明會的托缽修士克雷莫納的阿思凌（Ascelin of Cremona），見到蒙古的指揮官拜住汗（Baiju Khan）。一二五四年，教宗使節魯不魯乞（William of Rubruck）進入哈拉和林，遇見一個匈牙利出生的英格蘭男人，和一個匈牙利出生的法國女人，還有一個諾曼主教的姪子，顯示人們旅行到亞洲的目的不僅為了宗教任務。一二七一年，馬可・波羅陪伴他的父親和叔叔往東旅行，一去就是二十四年。一二八九年，若望．孟高維諾（Giovanni de Montecorvino）為了參見中國皇帝忽必烈，步行橫渡亞洲。五年後，他抵達大都（北京），並於一三〇七年被任命為該城的總主教。

早在十五世紀西班牙與葡萄牙的大航海時代之前，基督教界的眼界已經大肆擴展。十四世紀伊始，往西延伸至格陵蘭，往東至中國。南方邊界隨著葡萄牙於一四一五年征服北非的休達（Ceuta）而擴張。葡萄牙的恩里克王子每年出航，逐漸繪出東非海岸的地圖，他更以「航海家恩里克」留名青史。恩里克王子死後，這些旅程繼續，向南方步步推進。古代最偉大的地理學家斯特拉波（Strabo，約前六四或六三－二四）與托勒密（Ptolemy，約一〇〇－一七〇）並未提到非洲南端。較早的世界地圖也沒有準確描述這個地方。儘管如此，一四八八年，巴爾托洛梅烏．迪亞士（Bartolomeu Dias）領船航行繞過好望角，或者如他稱呼的「風暴角」，他的發現很快傳遍各地。

重點在此。維京人的盜匪可以航行數千英里，但是他們的知識無人傳承。相反地，葡萄牙和西班牙的探險家互通有無，於是獲得更多信心，航行得更遠。如果哈拉瑞的西班牙農夫在一四九二年曾和任何準備與哥倫布一起出航的船員交談，他馬上就會知道歐洲人已經乘船繞過非洲南端。如果這位農夫見過最早的地球儀——一四九二年，就在哥倫布從伊斯帕尼奧拉島（Hispaniola）回來前在紐倫堡（Nuremberg）生產——他會看到上面有歐洲、非洲、多數的亞洲。上頭顯示的地理知識往東延伸七千英里，一路到今日的印尼，往南延伸八千英里到好望角。從一五七〇年起，你可以買到印刷的地圖集，就是亞伯拉罕．奧特留斯

（Abraham Ortelius）的《寰宇全圖》（*Theatrum Orbis Terrarum*），內含輪廓可辨識的幾個洲和個別國家。到了一六〇〇年，當時世界地圖最好的製圖師和現代的製圖師，差異只在南美洲的形狀、假想的*Terra Australis*（字面意思為「南方大陸」），也缺少某些邊陲地區，例如太平洋的島嶼和南極大陸，還有地圖位置整體的準確程度。

對於世界大陸的形狀，我們的探索成就其實主要在中世紀。十六世紀至少有過三次世界環航：一五一九至二二年麥哲倫、一五七七至八〇年法蘭西斯・德瑞克（Francis Drake）、一五八五至八八年托馬斯・卡文迪什（Thomas Cavendish）。古代的作家已經知道世界是圓的——即使他們不總是這麼說——但是，就我們所知，希臘與羅馬不曾完成環航探險。維京人也沒有；即使他們有，他們的知識也和他們一起化為骨灰。因此中世紀的貢獻最大。到了一六〇〇年，世界六大洲中，歐洲人集體的眼界已經涵蓋五個。

與此同時，人們也開始認識住在世界偏遠地區的人。倫敦是俄羅斯商人的家。來自非洲的男人和女人在上流社會紳士家裡服務。往另一個方向，英格蘭的航海家威廉・亞當斯（Will Adams）搭乘荷蘭的商船，在一六〇〇年登陸日本。兩個美洲阿爾岡昆族（Algonquian）的原住民，名叫曼蒂奧（Manteo）和旺卻斯（Wanchese），在一五八四年被帶到英格蘭。他們教授數學家托馬斯・哈里奧特（Thomas Hariot）阿爾岡昆的語言，所以隔年哈里奧特去到北美洲的時候可以跟他們的族人談話。任何人都不能主張，一六〇〇年歐洲船員的「世界觀」，根本上和西元一千年的祖先一樣，更不用說古代世界。

這些全都相當驚人，尤其當你考慮這些領頭的水手旅行途中將會面對什麼。然而，這些航程真正的價值——尤其哥倫布發現伊斯帕尼奧拉島與中美洲、南美洲東岸——在於他們向知識分子證明，古代世界的偉大作家可能出錯。世紀以來，人們相信希臘與羅馬的智慧無法超越。十二世紀在西班牙和西西里的穆斯林圖書館發現數百卷翻譯文件，更是強調希臘與拉丁作者的智慧。亞里斯多德象徵古代學問的深度，尤其重要。然而，後來人們忽然發現，在某些重要的點上，他是錯的。顯然，如果關於世界的地理，有某些事物亞里斯多德不知道，其他方面他可能也搞錯了。這意謂某種認知革命——知識史上真正重要的時刻。亞里斯多德完全遺漏北美與南美兩個大洲。現在，一切都可能受到質疑。

基督教界的好奇心正在綻放，像一朵盛開的花。人們努力收集世界各地的物品，伸出雙臂觸摸所造之物散發的光芒。任何一五九九年造訪倫敦的人，可以去渥特・科普爵士（Sir Walter Cope）的家，欣賞一件來自非洲、人類牙齒做的護身符，犀牛的角和尾巴，來自中國的陶瓷，一面放大鏡和北美原住民的獨木舟。[9]宴會上，有錢人家品嘗新大陸的物產——馬鈴薯、番茄、火雞、菸草。透過他們不斷擴張的集體眼界，人們已經挑戰古代世界的思維，發現其中不足。美麗的探究精神已經誕生。

## 商業的眼界

任何十一世紀的農夫若在十六世紀醒來，不可能不注意到商業活動增加的程度。西元一千年，在歐洲北部許多地方，旅行超過三十英里卻完全沒有經過任何市場城鎮，是很正常的事。即使再過一百年，英格蘭也只有一百六十九個市場。但是到了一五一六年，政府已經又特許了兩千兩百七十四個市場。[10]結果供過於求，其中大約只有六百七十六個在一六〇〇年依然生意興隆。但是那樣代表每走十英里就會遇到一個市場城鎮。

然而，中世紀前後市場城鎮數量增加，尚不足以顯示商業眼界的整體圖像。金錢也是中世紀變遷的重要特徵。雖然十一世紀鑄造許多銀幣便士，非常多數的交易還是依賴以物易物。在某些地方，例如英格蘭西南，以物易物是預設的交易形式。[11]而在其他地方，金錢已經融入生活。整個英格蘭，十一世紀錢幣的發現數量和人口呈現強烈的相互關係，除了市場非常稀少的區域。這必定表示，沒有市場的地方，也沒有金錢的需求。在偏遠的地區，經濟依然依賴自給農業和以物易物。但是到了十四世紀初期，市場經濟已經轉型完成。在西元一千年自給自足的農夫，若在一四九二年醒來，他會非常困惑，而且發現金錢是王道。

這件事情的重要性不僅在於，我們貧窮的農夫無論走過哪個城鎮，想要什麼東西，他都要付錢。如果他在十一世紀想要某樣東西，他要親手製作、親自栽種，或者透過交換取得。他使用的每件物品可能都來自他家方圓二十英里內。歉收自然意謂匱乏，也可能意謂飢餓。但是市場和集市大量設立後，任何人只要有足夠的錢，就能購買例如食物和衣服等生活必需品，以及來自地中海的染料、來自中國的絲綢、來自北非的地毯、來自印尼的香料等奢侈品。在法國東北部的勃艮第有六個國際貿易集市——以省分的名稱「香檳集市」著名，提供珍奇百寶給歐洲北部的市場。作為交換，歐洲北部的商人提供羊毛和白銀給地中海的商人。銀行在十三世紀發展，促進遠距金錢傳送，也能透過借貸提供投機的貿易公司金錢。一六〇〇年，股份公司已經開始在國際間做生意；東印度公司就在那年成立。來自西元一千年歐洲北部的農夫在集市閒晃，看見待售的絲綢、香料、地毯、染料，會覺得蘋果手機的鈴聲不過是其中一項從前作夢也想不到的驚奇事物。

## 記憶的眼界

西元一千年，在英格蘭，過去的知識透過數種文件保存。租約、地界、權利會寫在特許狀上。貴族和聖職人員寫過幾張遺囑。國王發布的命令有幾張留存至今。書記官正在編撰《盎格魯－撒克遜編年史》。阿塞爾（Asser）的《阿爾弗雷德傳》（*Life of Alfred*）大約也在這個時期著作，埃塞爾維爾（Aethelweard）的編年史和幾篇聖人與國王的生平也是。還有一些更舊的文字，例如吉爾達斯（Gildas）、年尼爾斯（Nennius）、比德（Bede）的著作，當然也有為了娛樂所作的歷史詩作。但是關於過去的著作，仍然存在的差不多就是這些了。埃塞爾維爾的編年史只利用三個來源：《盎格魯－撒克遜編年史》、比德的《教會史》（*Ecclesiastical History*），以及八九三至九四六年的年鑑，現在已經遺失。此外，除了比德的著作，這些來源現在都很罕見。《盎格魯－撒克遜編年史》今日僅存五本手抄本，《阿爾弗雷德傳》兩本。至於一〇六六年之前的特許狀，我們已知約有兩千份這樣的文件，但許多是僧侶為了取得土地與權利所偽造。我們必須總結，在西元一千年，在英格蘭，關於過去的文字紀錄相對稀少。記憶的眼界多半是個人回憶、村中耆老講古，以及非常單薄，又不知飄零至何處的文件。

接下來六個世紀，文件製作的數量大幅增加。只要想想《末日審判書》。這本書調查全英格蘭的財產，在一〇八六年僅花八個月就完成。書記官外出調查每座莊園，並與二十年前舊撒克遜賦稅系統登錄的價值比較。他們必須懂得四種語言才能從事這項工作：拉丁語、各種形式的古英語、諾曼法語、古康沃爾語。這些筆記接著彙整為每個地區的初稿，最後所有初稿再條理分明謄寫為兩大冊，成為今日的《末日審判書》。這是了不起的成就。儘管現代電腦誕生，而且交通便捷，你也無法想像英格蘭所有實體財產在短短八個月內記錄完畢。但是《末日審判書》只是早先的例子，各式各樣的紀錄與調查隨後爆發。

十二世紀的財政部經歷許多官僚革新，調查更多騎士的土地，彙整在《國庫紅皮書》（*Red Book of the Exchequer*）和《國庫黑皮書》（*Black Book of the Exchequer*）。還有王室記錄的「財稅案卷」（pipe rolls），從亨利一世開始每年執行。一一九〇年左右，英格蘭與法蘭西的皇家文祕署（royal chanceries）重組，並且開始保存所有官方對外信函的副本，因此在英格蘭，我們擁有上千卷中世紀的王室信函，也有大量的王室案卷。此外，每個主教開始登記官方契據與書信，並且調查自己的土地。這個國家的每個領主很快也起而效尤。修道院和擁有土地的人家開始謄寫登錄簿，記錄他們所有的特許狀。十三世紀後期又見文字紀錄另一波高峰，領主開始保存莊園清冊：法庭案卷、租金、帳目、物品。到了一三〇〇年，政府開始保存賦稅紀錄，寫下這個國家每位納稅人的姓名。私人信函開始流通，私人帳目也開始條列。到了一四〇〇年，大概所有莊園每年都有一本帳本，寫著收入和支出。那個時候，教會委員也在幫教區編寫年度帳本。各式各樣的記事都有，不是僧侶就是百姓私人所撰。文字紀錄這項革命之後，緊接著發生記憶眼界擴展的第三個重要時期——印刷術。

印刷術的誕生是如此重要，以致我們不會想到這是中世紀的發明。畢竟人們想到中世紀，就想到負面、無知、暴力，而這個時期任何看似文明的事物都與文藝復興思維有關，印刷術單純就是太過強大，難以與「中世紀」聯想。但是到了一五〇〇年，全歐洲大約兩百五十台印刷機已經製作兩萬七千版的書籍。如果每一版平均印刷五百本，就有大約一千三百萬本書，在八千四百萬人之間流通。[12]印刷術無疑是中世紀的現象。

記憶的眼界正在改變，將舊世界與新世界一刀兩斷。英格蘭讀寫能力從十一世紀初期，男性人口的一小丁點（大約小於百分之〇．二五），到一五〇〇年超過百分之十，一六〇〇年是百分之二十五。女人之間，一五〇〇年仍然少於百分之一，但是到了一六〇〇年有百分之十。[13]這個國家文件的產出數量也同樣激增，包括教區記事、法庭紀錄、政府公文、信件與上千本書籍。英格蘭的出版品數量在十六世紀首十年大約是四十本，末十年是四百本，總共大約兩萬版。如果每一版都印刷五百本，那麼十六世紀從頭到尾，大約有一千萬本書在英格蘭流通。這些書在大約四十萬個讀者之間傳遞，每人平均二十五本書。但是書本的主人也會將書出借。每一次閱讀——不僅是每一本書——都貢獻成長中的讀寫能力和逐漸擴展的記憶眼界。

我們集體的記憶，經歷這樣多面向的擴展，背後的意義十分重大。例如，鞏固法律。人民可以期待財產和權利的判決是基於書寫證據，而非個人記憶。自然哲學家記錄並流傳天文觀測與計算，如今較為容易。音樂尤其經歷徹底的變革。我們所知的音符是阿雷佐的圭多（Guido of Arezzo）在十一世紀初發明。在這之前，保存曲調的唯一方法是在歌詞上面註記音調上升或下降。因此，歌手必須記得旋律，傳授給下個世代的吟遊詩人。然而，光憑記憶，難以傳承複雜、多部的作品（想像要把一首交響曲背起來，教給好幾個從沒聽過的樂手）。寫下音樂因此不僅可以流傳世代，乃至世紀，音樂本身也能更加精緻。今日，我們傾向將所有一六〇〇年之前寫的音樂貼上「早期音樂」的標籤，但是事實上，音樂之所以能比從前更為複雜，必須歸功中世紀音樂家創造的系統。到了十六世紀尾聲，義大利作曲家已經在寫歌劇。若是中世紀沒有發明多部製譜，十八與十九世紀偉大的作曲家就無法發揮他們的水準，更不用說將他們的音樂資產流傳給我們。

中世紀這段期間，個人開始熱衷記錄事物，無論歷史、旅遊見聞、醫藥、烹飪食譜，或者天文與數學論文。中世紀的人們開始出版科學著作——印刷術是關鍵。藉由印刷，困難的文字和圖表得以正確產出，並且大量快速流通，因此新的理論和發現能夠直接傳達給遠方讀者，不用害怕手抄錯誤。從西元一千年到一六〇〇年，在英格蘭，每年書寫與印刷的文字總數，無論目的，從大約一百萬字增加到一千億字。[14]儘管容易受人忽略，積少成多的成果，從根本改變社會，與哈拉瑞和摩里士的農夫不識字的世界形成鮮明對比。而且格雷林讚不絕口的天才世紀，其間所有的成就，若非印刷術，絕不可能。

## 宗教的眼界

我們都會認為中世紀的特色就是宗教。無論我們心中首先想到的是主教座堂、修道院、朝聖或十字軍東征，十字架之於中世紀的意義，大概就像電話之於過去一百五十年。然而，同樣是電話，對於使用電話的各個世代意義不同，所以十字架隨著時間推移，意義也不同。

中世紀剛開始的時候，許多王國才剛改信基督。伊比利半島很大部分還是住著穆斯林。東歐某些部分也不信基督。西元一千年的基督教界，範圍比一五〇〇年小得多。此外，在教界內，教宗的權威薄弱。許多教區幾乎沒有教會建築，甚至沒有祭司。教宗管不了各個王國的宗教領袖，更不用說那裡的國王。晚至一〇四六年的蘇特里大公會議（Council of Sutri），教宗不過是神聖羅馬皇帝指派的總祭司。但是從那時候起，情況開始轉變。接下來的四百七十年，教宗權威逐漸增長，向外大幅擴張。

關鍵的任期是教宗額我略七世（一〇七三－一〇八五年）。甚至早在額我略就任前，他已協助改革教宗選舉的流程，使教宗脫離皇帝控制。他自己成為教宗後，激烈對抗皇帝亨利四世。他著名的事蹟是在一〇七七年命令亨利穿越阿爾卑斯山到卡諾莎（Canossa）向他懺悔，從此教會的權力凌駕基督教界世俗的國王。額我略也首先發動大幅度改革，聖職人員受教會集權管理，禁止買賣聖職、放高利貸、結婚。教宗此時欲將權威施展在所有祭司身上，無論他們居住在哪個王國。到了一二一五年第四次拉特朗大公會議（Fourth Lateran Council），教宗的職權已經到達顛峰，成功改革聖職人員，而且不僅嚴格控管他們的行為，還有整個基督教界——規範歐洲每個男人、女人、小孩的道德生活。

更團結的教會不僅目標明確，而且威力強大。教會的財富更是多得不可思議，如日中天的景象從上萬座修道院與堂區教堂興建，以及諸多修道會成立，可以見得。富裕的原因部分來自中世紀溫暖期——有益的氣候變遷，將在第三章討論——但是更重要的因素是所收到的捐獻規模。十二世紀出現新的概念——煉獄，意思是，信徒死後，等待祈禱的力量將你帶往天堂這段期間，所滯留的地方。煉獄意謂成千上萬的祭司受託，為了死者的益處頌唱彌撒。作為答禮，教會收到大筆的金錢和土地。此外，全大赦（plenary indulgence）的想法，意即透過奉獻的行動（例如東征）赦免所有的罪，在西元一千年並不存在；現在出現這樣的赦免，可以讓你順利前往天國。朝聖也高度受到歡迎，平民百姓可以獲得聖人和聖髑的治療力量。從前鮮少有人為了宗教目的離家，現在數百萬人在歐洲移動，他們去過的教堂因為捐獻變得富有。基督教界的宗教眼界擴展，而且教會深入社會，彷彿暴風雨後的大水，滲透個人日常生活所有縫隙與角落。

在中世紀，雖然天主教會地理上持續擴張，但是本身並不團結，十二世紀開始出現嚴重分裂。許多基督信徒對於主教與執事長不斷成長的財富誠惶誠恐，敦促教會重返基督的清貧。狂熱的信徒唯一擔心自己靈魂的救贖——以致將自己的良心看得比宗教服從更重。懷疑主義也悄悄潛入，導致許多教會不容的信仰言論。教宗回應的方式有幾種。一是增加他們監督的能力，直接介入平民百姓的生活。教宗依諾增爵三世與繼承人何諾三世，在十三世紀初期正式承認兩個托缽修士的修道會——方濟各會與道明會。托缽修士不像必須待在修道院的僧侶，反而必須走進世界，在街道與市場傳達神的旨意。他們直接向教宗報告，而非他們當地的主教，因此凌駕國家利益。不可避免地，他們也成為教宗權威的代理人。因為他們能夠進入大學，利用教育機會，所以是極為有用的宗教外交官——不僅糾察並根除威脅，還能拉攏信仰基督的國王，達成教宗目標。透過這些修道會，並且強化地方教會法院的權力，教會緊密控管居住在基督教界每一個人的行為。

教宗另一個主要行動是狠狠打壓異教。一一七九年，第三次拉特朗大公會議要求國王和領主根除各自王國內的異教。火刑是標準懲罰。數名彼得．瓦勒度（Peter Waldo）的追隨者，也就是瓦勒度主義的創立人，他們支持教會清貧，反對教會權威，結果在一二一一年被綁在木樁上燒死。教宗為剷除卡特里派，由阿爾比十字軍發動浴血戰爭，從一二〇八年起，持續進行二十年。雖然十三世紀後期迫害減少，讀寫能力上升也種下更多人在十四世紀初期質疑教會權威的種子，尤其對於聖經並未提及的主題。帕多瓦的馬西略（Marsilius of Padua）在十四世紀初期說，耶穌並未主張任何世俗的權力，為何教會的領袖以他之名行使？

儘管恐怖的火刑，一三四七至五一年的黑死病後，異教的數量再次增長。人們開始追問為何神以如此可怕的疾病詛咒基督信徒。難道這是第二次的洪水滅世嗎？有些人相信這的確是人類墮落的處罰。再次有人呼籲教會恢復原本的清貧。顯然，這樣的觀點從前不受富裕的教會高層歡迎，現在依然不討喜。因此十五世紀初期經常見到火葬堆，殲滅直言的信徒。天主教會本身的成就也反過來危害自己。教會鼓勵興建學校，閱讀神的福音，如此超過兩百年，結果，讀寫能力持續上升，然而諷刺的是，神的福音究竟是什麼意思，意見也越來越多元。

教會也開始沿著民族主義的界線分裂。教宗打算限制法王腓力四世，不讓他在國內對聖職人員課稅，於是腓力在一二九〇年代堅決削減教宗博義八世的權力。由於法國施壓，克勉五世在一三〇九年將聖座從羅馬遷至法國亞維農（Avignon）。接下來繼任的教宗都是法國人。法國成功取得教宗權力。然而這僅僅加深法國與周圍國家的緊張關係，尤其英格蘭與神聖羅馬帝國的侯國。感謝法國與義大利統治者之間的對立，一三二八年，羅馬任命一位對立教宗。一三七八年，教宗職位分裂為二，法國的教宗持續在亞維農統治，而義大利的教宗在羅馬指揮。敵對的歐洲統治者各自選擇他們支持的教宗。一四〇九年，雖曾試圖化解分裂，然而並未成功；事實上，竟又選出第三位教宗，位於比薩。直到一四一七年，康士坦斯大公會議才重新整合教廷，真正解決這件事情。到了那個時候，傷害已經造成。在世人眼裡，教宗已經變成貪圖錢財與權力，而且被強大的國王為了各國權力玩弄於鼓掌之間的人。你不需要擔心你的救贖也會知道，這並非教會原先的目的。

所有的宗教衝突最後都在十六世紀初的宗教改革爆發。一五一七年，馬丁・路德在德國維滕伯格將他的《九十五條論綱》釘在教堂門上，宗教改革於是開始。幾年之內，整個基督教界被撕裂為支持教宗是世間最終權威的人，以及世俗統治者成功建立自己國家教會的人。這些國家教會裡頭也有諸多分裂，最嚴重的是基督教（又稱新教）的不同派別。這樣的發展僅僅放大基督信仰分裂的本質。隨著人民開始為自己閱讀聖經，不同的信念倍增，又強化這項本質。原本的集體宗教，毅然決然轉向良心主導的個人信念。到了一六〇〇年，歐洲人民不是靠著信仰團結，反而已經因為信仰分裂。西元一千年，羅馬天主教會曾是信仰基督的國王「不」向彼此作戰的理由，現在已經變成惡化他們政治差異的因素。

## 科學的眼界

格雷林教授相信中世紀的世界觀僅是古代風俗習慣的延續，而且十七世紀之前根本上並未改變，他的依據正是科學。若要支持他的信念，我們可以觀察，神的力量依然被視為星球的主宰。占星學也在官方占有一席之地：伊莉莎白女王的加冕日期，請來約翰・迪伊博士（Dr John Dee）觀測一個良辰吉時。一五六三年與一六〇三年的《巫術法》，依舊認可迷信行為。然而，雖有些做法從過去延續到現在，不代表人們的世界觀沒有重大改變。今日的醫生宣誓希波克拉底的醫師誓言，不意謂他們提倡希波克拉底的方法。

起點必須是教育，而中世紀這段期間，教育經歷革命。西元一千年，學校幾乎不存在，但是教育改革的浪潮完全改變這個情況。一一七九年第三次拉特朗大公會議欽定每座主教座堂都須辦學。一二一五年第四次拉特朗大公會議又補充，資金充足的每座教堂都須比照辦理。十三世紀已經創建多所學校，但是接下來兩個世紀又成立更多，於是，到了一六〇〇年，每個城鎮都有一所學校。此外，大學誕生了。牛津大學於十二世紀成立；劍橋大學於一二〇九年創設。到了一三〇〇年，全歐洲出現另外十七所大學；一五〇〇年又多了數十所。他們教授文法、邏輯、修辭（所謂「三學」〔trivium〕），以及幾何學、算術、音樂、天文學（所謂四術〔quadrivium〕）。有些大學還會教授自然哲學——科學思想的先驅——賦予亞里斯多德的物理學、生物學與其他學問新的生命。最重要的是，大學教導學生思考與辯論，因此提供他們工具，產出他們自己的原創貢獻。

中世紀的大學多半教授古代的讀物，這麼說並沒錯。但是，許多新興的原創元素日漸重要，最終推倒亞里斯多德主義的城牆，允許思想家重新探索世界與天堂。這點從宇宙學來看再明顯不過。亞里斯多德相信地球位於宇宙中心，周圍有數個內含星星與星球的旋轉球體圍繞。庫斯的尼各老（Nicholas of Cusa）在十五世紀中期質疑這個想法。哥白尼在一五一四年寫下他的日心理論給親友看，而這份初稿最終成為他的著作《天體運行論》（*De Revolutionibus Orbium Coelestium*），在他過世那年一五四三年出版，開創新的局面。也許有人會說，薩摩斯的阿里斯塔克斯（Aristarchus of Samos）在西元三世紀的時候也曾有過相同的想法，但那樣的主張忽略連續性的重點。如同西元一千年的時候，沒人記得歐幾里得的數學或亞里斯多德的邏輯，西元一千年的時候，也沒人記得阿里斯塔克斯的理論：古代世界的科學知識已經遺失。

後來到了十六世紀，義大利思想家，例如伽利略、焦爾達諾·布魯諾（Giordano Bruno），以及英格蘭人，例如迪格斯與威廉·吉爾伯特（William Gilbert），他們逐漸相信哥白尼是對的，地球其實繞著太陽旋轉。和丹麥天文學家第谷·布拉赫（Tycho Brahe）等人一樣，迪格斯在一五七二年十一月親眼目睹「新星」，發現這恰好證明亞里斯多德固定的天球理論錯誤。一五七六年，他延伸哥白尼的理論，提出宇宙無限大的想法。一五八四年，布魯諾表示，星星是其他的太陽系，有自己的行星。一六〇〇年，威廉·吉爾伯特在《論磁石》（*De Magnete*）一書中正確假定，地球是個巨大的磁鐵，在真空的空間旋轉。他也提到物體之間的某種力量，他稱為「電」（*electricitas*）。我們的中世紀在第一次提到電的時候結束，也許正好。

描述歐洲科學思想在十一與十六世紀之間的進步，最簡單的符號是一個小小的圓圈：

零。古羅馬人完全不懂零，他們的數字系統沒有零。想像僅僅使用羅馬數字做乘法與除法——或任何科學計算——會有多麼困難。零會來到歐洲，是因為有人在十二世紀翻譯穆斯林數學家的著作。到了十三世紀初期，比薩的列奧納多（Leonardo of Pisa）試驗阿拉伯數字之後，或稱印度－阿拉伯的數字系統，懂了這個概念。十四世紀，自然哲學家和天文學家已經經常使用阿拉伯數字。然而，商人計算還是普遍使用羅馬數字，直到十六世紀初期，之後阿拉伯數字更強大的數學能力逐漸取而代之。到了十六世紀後期，阿拉伯數字已經非常常見，建築物標示日期的石碑多半都用阿拉伯數字。而且有阿拉伯數字的地方，就有零。沒有零，說不定就沒有現代科學。有些人說，「我們受過最高教育又最深思熟慮的祖先，他們的心智從羅馬時代到一六〇〇年都沒有改變」，這句話沒有比「零」更好的反駁。

中世紀人民在科學眼界上進步的證明，在於生活這樣的面向：創新是如此根本，以致無人發現。時間是另一個例子。一小時有多長？我們隨口就能說出「六十分鐘」，但是如果你沒有計算分鐘的時鐘，只有日晷或沙漏，六十分鐘是沒有意義的答案。西元一千年的時候，一小時是日光的十二分之一，以及夜晚的十二分之一。這樣代表盛夏的一小時是隆冬的兩倍，因為盛夏的日光大約是隆冬的兩倍。但是日光確切從何時開始？你怎麼測量？

為了創造利用機械報時的時鐘，你必須要能測量一日的標準長度。為此，你需要使用沙漏或類似的時間器具。接著你需要找到一個方式，製作一個金屬圓圈，在你的沙漏測量的一天當中，旋轉整整三百六十度。你把時鐘做好之後，要叫每個人採用你的新概念，而非神給的自然時間。否則你製造的，會變成只會滴答作響，除此之外沒有任何意義的機器。儘管如此，中世紀的思想家解決技術問題，而統治者處理社會問題。十四世紀這段期間，人們發明、改良機械時鐘，而且採用。到了一四〇〇年，許多宮殿、主教座堂、修道院、貴族宅第，都依照鐘聲生活。在十五世紀，越來越多地方採用「鐘聲」或「時鐘」作為地方的計時方式。有錢人的臥室有可攜帶的時鐘。到了一五〇〇年，時鐘已經無所不在。就像哈拉瑞的農夫聽到手機鈴聲會有點困惑，聽到臥室的時鐘於整點自動報時，他也會同樣困惑。

時間標準化是科學研究的基礎。在眾多中世紀的成就之間，重要性並不亞於主教座堂的建築、世界環航、發明印刷術。許多十七世紀的科學實驗，若無時間測量的標準單位，根本就不可能。但是中世紀做到的，可不只將小時標準化。從羅傑·培根（Roger Bacon，一二二〇—一二九二，英國方濟各會修士、哲學家、鍊金術士）開始，十三世紀以來，天文學家就不斷對一個又一個教宗指出，以凱撒大帝命名的古代儒略曆（Julian Calendar），每天誤差一百三十分之一天，等於每年誤差十一分鐘又四秒，所以這個日曆不適用。準確問題逐漸干擾四季。吵了超過三百年後，額我略十三世正視這個問題，並在一五八二年建立格里曆（Gregorian Calendar）。我們今日遵循的標準年，不僅理論，包含實際執行，都是中世紀的成就。如果十七世紀的數學天文學家還用著錯誤校準的年份長度，工作會有多麼困難。相對地，讚美十七世紀善用中世紀工具的科學天才，然而忽視想出那些工具的人，就像為射門的人喝采，忽視隊伍的其他人。這麼做，正是忽略科學的根本重點。若無準確的測量單位，測量什麼都沒有意義。

## 技術的眼界

如同時鐘的情況所示，認為中世紀的人沒有技術創新的能力，簡直大錯特錯。試想如果無法在紙上標出你在地球的地理位置，現代世界會有多麼不同。如果沒有火藥，十二世紀會是如何？如果第二次世界大戰是拿弓、箭、長矛、十字弓、拋彈器打仗會是如何？試想如果所有資訊都必須手寫，不能打字或印刷，今日的生活會有多麼不同。現代世界沒有羅盤、火槍、印刷術，單純無法想像。

點出這三大要件的是自然哲學家法蘭西斯・培根（Francis Bacon）。見到他自己時代的世界觀與古代的世界觀出現重大的斷層，他在一六二〇年寫道：

> 發明的力量、價值、後果，值得好好觀察，而且在三件古代人不知道的東西上面最為顯著，這三件東西的起源，雖然是在最近，卻沒沒無聞，就是印刷術、火藥、磁鐵。這三件東西徹頭徹尾改變世界的樣貌與狀態；第一在文學，第二在戰爭，第三在航海，隨後締造不可計數的變化。就這方面而言，似乎沒有帝國、教派、星辰，比起這三項機械發明，曾經施展更大的力量，影響人類事務。[15]

這三項「機械發明」都源自中國——印刷術在古代，而火藥和羅盤大約在西元一千年。但是在一六〇〇年之前，歐洲就都知道了。西方在十二世紀首度記載羅盤，在十三世紀開始使用火藥，在十五世紀開始活字印刷。如果哈拉瑞來自西元一千年的農夫不知道自己是在天堂還是地獄，第一次聽到炮彈發射時，絕對認為自己在地獄。一四四九年，蒙斯梅格大炮

（Mons Meg）那樣規格的火槍，重六．六噸，口徑二十吋，會把他嚇得屁滾尿流。一四六四年鑄造的達達尼爾大炮（Dardanelles Gun），重十七噸，口徑二十五吋，聽到這個東西，會比聽到任何電子產品更恐怖。到了一四九二年，很多事情的變化都足以震撼我們農夫的世界觀。到了一六〇〇年，改變甚至更多：伊莉莎白時代的大炮是鑄鐵做的，尺寸五花八門，端看射程和用途，發射標準口徑的鐵彈。這個時候打仗靠的是槍炮實力，而且國家為了有比從前更多的軍人、訓練、火槍，必須向公民課重稅。

至於世界觀，必須注意到，十六世紀後期的思想家非常清楚，他們的技術在方方面面都超越技術不那麼先進的人民。一五八五至八六年，托馬斯．哈里奧特去了美洲北卡羅來納地區，向說阿爾岡昆語的人展示他從英格蘭帶來的器具。他的報導如下：

> 我們帶來的多數物品，例如數學儀器、航海羅盤、能夠吸引鐵的極磁鐵礦（磁鐵），能夠看見許多奇怪景象的透視玻璃、燃燒透鏡、煙火、火槍、書籍、寫字和讀字、自行運轉的發條時鐘，對他們來說似乎全都非常陌生，他們也無法理解這些物品是如何製造或操作，他們覺得應該是神的傑作而非人，或至少是神給我們或教我們的。他們很多人

因此對我們產生某種觀感，彷彿他們不懂神或宗教的真理，我們才懂……[16]

哈拉瑞的西班牙農夫可能也會有類似的反應。他對清單上的每件事物也都會感到陌生，除非他看過祭司朗讀。他也不曾看過風車、上沖式水車、煙囪、船舵、手搖紡車、鏡片或鏡子，以上這些到了一四九二年都已經常使用。對他而言，活在擁有這些變化的地方，就和對我們而言，活在沒有這些發明的地方一樣，無法想像。

最後這裡應該還要提到一項技術創新，因為對於我們的文化茲事體大——紙。沒有紙，不可能出現以上提到的印刷革命，記憶的眼界就得依賴手寫的羊皮紙卷，知識傳播也將難以預料並且受限。是的，這是歷史學家經常忽略的中世紀技術——如同法蘭西斯·培根忽略了——可能因為這只是另一種低階的書寫工具。事實上紙的地位不只如此。中國人約在兩千年前發明紙；十二世紀，阿拉伯商人與義大利商人做生意的時候將紙帶來歐洲。相較羊皮或牛皮紙，紙很脆弱，容易破掉。因為這個原因，一一四五年，西西里的魯傑羅二世（Roger II of Sicily）下令，他之前的國王，每張寫在紙上的特許狀都要抄寫在犢皮紙上，然後銷毀紙本。[17]但是紙有某些巧妙的性質，魯傑羅沒能欣賞。在犢皮紙上，你可以擦掉一個數字，然後寫上另一個，然而在紙上，如果你使用適當的墨水，浸入紙的表面，筆跡就擦不掉了。因為擦不掉，所以更安全。十三世紀，當義大利的銀行開始遠距借出大筆款項，紙就變得重要，可以保證付出與收入確實的總額。在一二七五年，愛德華一世敦促倫敦市長與市議員利用紙張建立新的行政系統。[18]他大概從他在加斯科涅（Gascony）的書記官那裡得知紙張的價值，那裡已經習慣使用紙張。

到了一四五〇年，紙張已經普及，主要仍在法蘭西與義大利製造，但固定出口到整個基督教界。在英格蘭，多數的莊園人家記帳，會寫在特別為記帳進口的紙本書。許多書記官利用紙張撰寫文件草稿。為了安全理由需要立刻銷毀的信件也會寫在紙上。因此，一四五〇年代，當印刷術在歐洲發明時，紙張已經到處可得。雖然犢皮紙也能用於印刷，但是紙張便宜得多。古騰堡（Gutenberg，一三九七－一四六八，歐洲第一位發明活字印刷的人）印刷的犢皮紙聖經大約需要三百頭羊的皮：因此，相較生產紙張聖經一百八十本，他只能生產犢皮紙聖經三十本。紙張較輕，也較容易運送，而且如果裝訂妥當，能像犢皮紙那樣長久保存。到了一五〇〇年，印刷術和紙張攜手並進，產量穩定增加。中世紀初期，歐洲尚沒有紙張，中世紀尾聲，已經生產上千噸，以史無前例的速度，促進知識在世界傳播。

## 法律與秩序的眼界

十一世紀初期，歐洲的每個地區，都比在十六世紀末期更加危險。個人暴力是日常生活。阿爾弗雷德大帝（King Alfred）頒布的七十七條法令中，三十四條完全關於斷人手腳和傷害他人詳細的賠償金額。[19]其他法令也與暴力行為相關，包括謀殺，於不當場所實施暴力，殺害孕婦與強姦修女、年輕女性、兒童。從十三世紀後期開始，我們可以計算殺人率。在英格蘭，一三〇〇年暴力死亡率每年每十萬人大約二十三人，在十六世紀後期下降到每十萬人大約七人。[20]循著這些數字，極端暴力在中世紀後期下降超過三分之二，所以到了一六〇〇年，就和現代的美國差不多安全，多數人外出時不會非常擔心。

法律與執法方面，在中世紀出現重大轉折。當然，第十世紀不是沒有法律。阿爾弗雷德的法律只是其中一部尚存的盎格魯－撒克遜法律，而且我們知道有其他未能留存的法律。然而，當時並無全面適用的法律制裁。法律系統以「十家區」為基礎，十戶人家為一群體，共同為他們的端正行為負責。如果區裡的某個成員犯錯，十戶人家都會被找來評判他做的壞事。發生犯罪行為時，發現的人必須發出「追捕呼叫」，召集鄰近所有體格健全的男人幫他追捕罪犯。他也必須向負責百戶（郡縣所轄的行政單位）的官員報告該項罪行。司法系統取決於地方人民認知的法律，也因此簡單。在許多地方，莊園領主擁有權力吊死他認為違法有罪的人，如果女人犯下重案被當場逮捕，他也可以淹死她。直到十二世紀，我們知悉的普通法才出現，強力且集中的法律系統取代地方司法。受過訓練的王室法官被派到郡縣法庭，通常每七年一循環，走訪每個地區，審判最重要的犯罪。十三世紀後期，巡迴法院的法官每六個月行使類似職責，取代這種七年的巡迴。

在十四世紀，地方司法隨著引進治安官員，也稱為地方法官（magistrates），效率越來越好。地方法官主持郡縣法庭，起訴大量罪犯。到了十六世紀，層層疊加的法庭，審理每件可以想像的不法行為。最低層級有莊園法庭，接受水溝堵塞、公路擁擠、打破柵欄、損壞道路等事務。較高的層級有小法庭（petty sessions），由地方法官組成，處理輕罪，例如非法遊戲、流民、煽動叛亂、付給工人與僕人過多工資。（你可能不覺得付給工人高額工資會犯法，但當時就是。）再往上一層是季審法庭，同樣由地方法官組成，處理各式各樣的問題——從道路維修、客棧與啤酒酒館的執照，到文字誹謗、口頭誹謗、偽造、非法入侵、夜間入屋行竊、偷盜、暴力搶劫、一般襲擊、盜獵。最嚴重的犯罪會上呈巡迴法院，由王室法官審理叛國罪、煽動叛亂、謀殺、縱火、強姦、重傷害、巫術、暴動、殺嬰。法院系統經過中世紀的擴張，可被視為整個法律眼界的開展，越來越多犯罪與爭執進入法律更長、更專業的雙臂。

除此之外，到了一六〇〇年，教會法院已經建立西元一千年不存在的完整階層。十一世紀教宗額我略七世改革之後，教會開始伸手主持正義。指派執事長監督教區當中，不只祭司的操守，還有所有教區居民的行為。現在我們似乎已經忘記那些主教的教區法院，但是當時他們每年處理數萬宗案件。教會法院驗證過好幾百萬份遺囑。西元一千年，只有少數貴族和高級教士會寫遺囑，但是到了一六〇〇年，任何人都可能。教會法院也曾處理震驚社會的道德案件，包括未婚懷孕、性慾無度、賣淫、非婚生子、亂倫、誹謗、酒醉、放高利貸、不上教堂、異端邪說。訴訟的規模異常巨大。一位歷史學家曾經計算，伊莉莎白一世在位期間，埃塞克斯約有兩萬七千件性侵報案，相對成人人口總數大約三萬五千人。[21]西元一千年的農夫如果誘拐別人的女兒，可能會被血洗氏族，如果對象是大戶人家的女兒，他甚至會被立即處決。無論何種，都是地方事務。到了中世紀後期，情況完全改變。執事長轄區的法院可能會強迫誘拐者為他犯下的罪苦行，穿著白袍，舉著白色短杖，站在地方教堂門口。

中央法院也在中世紀成立。在英格蘭有三處：王座法院、財稅法院、民事訴訟法院，全都位於西敏。財務成為法律問題，並且接受個人案件與外國原告。如果你是西元一千年的法蘭西商人，因為英格蘭人蒙受委屈，你也無可奈何。你或許能向國王求情，但是他忙著和挪威人打仗，這樣芝麻綠豆大的事情，可能難以引起他的注意。而且，他自然會傾向維護他的子民。然而，十三世紀開始，有皇家的法院讓你上門告狀，這麼做也受到認可。如此一來，法院取代氏族血洗。在西元一千年，幾乎沒有法理可言，到了一五〇〇年，已有許多律師以此為業。伊莉莎白統治期間，某些全國最有錢的人是律師。

無論我們說的是什麼種類的法律，世俗的或教會的，王室的或個人的，相較十一世紀，十六世紀的應用遠更全面。由此可見，一個王國法律的眼界，例如英格蘭，擴展至每個個人——從謀反的貴族，到丟臉的債務人、通姦的農夫。而當各式各樣的法律眼界聚集，我們就能領會「秩序」本身如何建立。在任何年代，幾乎沒有什麼比秩序更重要。只要想想，打算去另一個國家時，你最在意的是什麼？令你打消念頭的是什麼？手機訊號不良？大概不會。食物品質？也許。法律與秩序徹底崩壞？絕對是。除非你是記者或受僱的軍人，你幾乎絕對會選擇別的地方，否則乾脆待在家裡。你單純不會想要去到一個沒有保護措施，不讓你遭到搶劫、強姦、毆打、奴役、虐待、殺害的地方。

## 醫藥的眼界

在某些方面，醫藥知識從古代到一六〇〇年可見延續。第二世紀的醫生暨哲學家蓋倫（Galen），他的作品依舊是醫學教育的基礎；他的體液理論廣為接受，持續到很久以後。但是蓋倫的想法，傳播與應用的方式，在十一世紀與十六世紀非常不同。首先，西元一千年的時候，幾乎沒有專業的內科或外科醫生，醫藥從業也沒有內外科之分。蓋倫的文章少數保存在西方，但是絕大多數乏人問津，時間靜靜停留在阿拉伯人翻譯希臘文的時候，譯本也躺在穆斯林的圖書館。有幾本藥草和古醫的書，裡頭結合一知半解的古代醫學方法，加入咒語和植物與動物做成的藥方。然而，幾乎沒有人使用，理由很簡單，因為沒什麼人能讀。此外，祭司占據絕大多數的識字人口，而教會對於醫藥抱持矛盾的態度。有些人認為疾病是天譴，是神對這個病人的判決，我們不應介入。這樣的觀念持續到十二世紀。偉大的格萊福（Clairvaux）修道院長聖伯爾納鐸（St Bernard）宣布：「就醫與服藥不是虔誠的表現，而且違背純潔。」[22]

正是十二世紀的文藝復興——重新發現被翻譯為阿拉伯文的希臘與拉丁文獻，以及文獻中的啟發——催生醫藥知識的系統組織。來到西方的著作當中，有上百本都與蓋倫和希波克拉底有關。其中也有知名阿拉伯內科醫師著作的論文——伊本．西那（Avicenna）、拉齊（Rhazes）、阿爾布卡西斯（Albucasis）——以及將蓋倫的著作寫成合輯的約翰尼提烏斯（Johannitius），名為《入門》（*Isagoge*）。因此，古代世界與中世紀的連續性，明顯可見是個幻想：希臘與羅馬作家著作的醫藥、地理、科學知識，多半都已遺失超過半個世紀。而各式各樣遺失的古代知識當中，醫藥衰退最多。因此，重新發現醫藥，對社會的影響深遠。十三世紀初期，在義大利薩萊諾（Salerno），《醫術》（*Articella*）一書圍繞《入門》的核心所寫，發展為醫學教學大綱的模範。在這個世紀的尾聲，歐洲的御醫都受過正式教育，通常擁有醫學文憑。他們的知識其實基於古代醫學，這件事情相較之下沒那麼重要。重要的反而是，現在已有公認的醫學文集，學習內外科的醫師都必須精通。之後的世紀便是以此文集為基礎，逐漸向上建立。

教會好長一段時間不斷限制醫藥眼界擴張。從一一六〇年代開始，嚴格禁止僧侶與教士為了研讀醫學離開修道院。一二一五年第四次拉特朗大公會議禁止祭司實施外科手術。四年後，教宗何諾三世發布詔書（*Super speculam*），禁止聖職人員研讀「任何」種類的醫學。[23] 法理上，這不意謂他們不能從事醫藥——而且某些從醫藥轉向教會的人繼續他們之前的行業——但是幾乎所有受過教育的聖職人員都被禁止踏進醫學的前線。教宗博義八世在一三〇〇年禁止「為任何理由」支解屍體。[24] 他的目的不是為了禁止解剖本身，而是有錢的人會將他們的骨頭埋在一個地方，但將心臟與內臟埋在另一個地方。無論如何，解剖知識因此更加貧乏。如果將死者解剖，可能會妨礙他們的靈魂上天堂，這麼一來，說服他們的親友更是難上加難。

儘管教會設下諸多限制，醫藥的眼界持續擴張。即使教會的權威如日中天，也無法阻止新的疾病出現，甚至還有舊的捲土重來。中世紀初期人們最害怕的痲瘋病，到了十六世紀幾乎已經消失。令人難過的是，痲瘋病雖然走了，但是各式各樣新的疾病遞補上來，包括鼠疫、梅毒、汗熱病、流行性感冒；結核、天花、斑疹傷寒也擴散開來。西元一千年的農夫如果在一四九二年醒來，發現自己或親人感染鼠疫，身心痛苦，我不認為他會比你或我更像「回到家一樣」。

受過教育的菁英，他們的世界觀也受到這些疾病動搖。黑死病後，有錢人家請人製作「死亡象徵」（*memento mori*），例如骷髏頭的屍體雕刻，並有蛆從眼窩和腹部爬出來，提醒自己人終須一死。某些人配戴的珠寶是屍體的圖案。他們的想法似乎是，相信鼠疫就像洪水再臨，因為人類所犯的罪而來摧毀人類；因此這些死亡的提醒，用意在於保護自己不受天意懲罰。羅拉德派（追隨教會改革者約翰・威克里夫〔John Wycliffe〕的教派）的宗旨同樣顯示極深的自我貶低，彷彿在說他們沒有一絲可能招致天譴的傲慢。某些國王和總主教的遺囑在黑死病初期也透露這種極度謙卑的意味。同一時間，蓋倫的著作譯文提到的傳染概念也開始散布。市場上品質不佳的肉品尤其敏感，人們認為腐爛的肉導致黑死病。因為這個原因，通過許多規定，要求市場販賣新鮮乾淨的食物。

這些發展和觀念——原因很多，例如病毒變種、古代醫學典籍翻譯——促使有識之士回應。於是，醫藥知識逐漸進步。神聖羅馬帝國皇帝腓特烈二世（Frederick II）對於學習抱持相當自由開放的態度，遙遙領先十三世紀同年代的人。為讓醫學生學習，他要求至少每五年解剖一次屍體。義大利佩魯加（Perugia）、帕多瓦（Padua）、佛羅倫斯的大學，要求醫學博士候選人至少參與一次解剖。出現新的疾病時，人們詢問實際造成的原因。十六世紀初期，梅毒改變人民看待道德與性的態度。他們對於泡澡的態度也改變了。一五〇〇年之前，負擔得起的人會固定泡澡，但是經營浴場的娼妓開始散播梅毒時，客人都被嚇跑。此外，他們也發現，泡澡令身體吸收好的物質，也吸收腐敗的物質。人們遭遇的懷疑、問題、壞事越多，他們越想知道答案。到了一六〇〇年，全歐洲已有幾十所大學成立醫學院。會思考的人已經不再像聖伯爾納鐸四個世紀之前那樣接受疾病純粹是神的旨意。

在十六世紀，教會實質上已經沒有能力阻撓醫藥發展。雖然對於大體的態度意謂一五〇〇年的解剖學學生，使用的教科書依然是十四世紀初期蒙迪諾·德·盧奇（Mondino de Luzzi）的著作，但是解剖次數已經足夠令外科醫師了解盧奇對於人體的說明並非完全正確。一五四三年，安德烈亞斯·維薩留斯（Andreas Vesalius）出版《人體構造》（*De Humani Corporis*），盧奇的著作就被摒棄。《人體構造》內含人體肌肉與骨骼正確的版畫。同樣重要的是醫藥相關的新觀念。很多人開始相信神在世界的動植物身上創造所有疾病的解藥，而且找出這些解藥，提煉治病的精華，是人類的責任。十六世紀偉大的德國醫學哲學家暨醫師霍恩海姆（Theophrastus von Hohenheim），又名帕拉塞爾蘇斯（Paracelsus），教導人們如何利用非有機物質治療身體疾病。到了一六〇〇年，進口到倫敦的醫藥成分著作，數量已經大幅增加。[25]

到了中世紀尾聲，人們已經主動尋找新的物質，相信醫藥干預是神意欲的行為，否定則違抗神的旨意。一六〇八年，瑪麗亞・泰恩（Maria Thynne，一五七八－一六一一，英格蘭貴族之女）寫信給她當時生病的丈夫，她說：

> 切記我們的信仰要求我們盡可能維持生命，而且雖然神的大能可以創造奇蹟，然而我們不能因為祂能夠，祂將會，因而指望祂，那麼，祂不會說祂創造藥草供人使用。[26]

由此可見社會觀念從四百八十年前格萊福的伯爾納鐸反醫藥的立場，至此已經完全轉變。醫藥的取得與運用，一度被視為違反神的旨意，現在成為神的作為。與此同時，醫藥行為不僅編纂成冊，也系統化、專業化。西元一千年，英格蘭沒有受過訓練的醫藥從業人員，業餘的人也很少，到了一六〇〇年，這個國家某些地方（尤其東南部），執業中的內外科醫師、藥師，與病人的比例是一比四百。[27]這比今日英國全民健康服務（NHS）的醫病比例高出一半以上。這項改變的重要性不可低估。過去一千年最重要的發展——也許不是「之一」——就是從相信神保護我們的利益，到相信我們在各自領域取得專業能力的人類同胞。就我們的健康這點而言，改變從中世紀開始。

以上十點顯示我們的文化眼界如何在西元一千年至一六〇〇年之間劇烈改變。像這樣的重點整理，能為我們帶來的哲學啟示可能是，過去的某些面向，從不同的觀點看待，反而比用向來熟悉的觀點更好。以技術為基礎而思考社會變遷，會將我們的注意力放在最複雜的發明，於是不適當地偏重中世紀最後的階段。相較之下，這樣的取徑會令我們文化與智性的發展，較早的階段顯得原始且微不足道。誤導我們相信最新款的法拉利跑車比輪子的發明還要重要許多。這樣顯然搞錯方向：只有少數的人擁有法拉利，然而有數十億的人生活仰賴輪子。

著重技術也會將我們祖先非技術的成就蒙上陰影，彷彿那些成就並不重要。過去的跌跌撞撞，例如黑死病、炮彈作戰的恐怖、古代世界遺失的醫學著作，因此遭到掩蓋，而且讓「中世紀」的一切，似乎除了原始，沒有別的。透過多個擴張的眼界回顧過去，優點在於，允許我們從時間的起點這個脈絡之中看待變化，而不苦苦背負現代價值判斷的包袱。升起的天際線、旅行與貿易的擴張；讀寫能力成長與印刷術誕生；時間標準化；基督宗教從集體儀式過渡到個人信仰；槍炮問世，以及醫藥視野開展；法律四面八方伸出的觸手——我們將這一切視為理所當然。最後，我們中世紀的祖先最大的成就，是解鎖人類潛能。我們也將此視為理所當然。

請容我以一個知名的類比結束這一章。一六七六年，艾薩克．牛頓寫信給勞勃．虎克。他說，如果他的光學研究，比虎克和他們的同事笛卡兒進步一點，那是因為他「站在巨人的肩膀上」。其實首先說出那句話的人，是十二世紀索爾茲伯里的約翰（John of Salisbury），而他說他是從哲學家夏特的伯爾納鐸（Bernard of Chartres）那裡聽來的。因此，即使是類比的選擇，牛頓也是取自中世紀的思想家。還有多少中世紀的文化與發明支持他的研究？貿易、法律與秩序、印刷術、鏡片、醫學、教育——長長的名單。牛頓和他同時代的人並不只是站在幾個科學「巨人」的肩膀，而是由每個曾經活著的人建造，從前那座更廣大的人類金字塔。

我們也是。

# 第二章　戰爭

## 對於暴力的態度轉變1

文明最大的諷刺必定就是，我們作為社會整體越是發展，摧毀自己的能力越是進步。中世紀的國王無法一次殺死很多人，然而今天，完全滅絕地球上的生命就在我們政治領袖的能力範圍以內。因此，戰爭的本質和特徵似乎已經完全改變，現代的衝突和中世紀毫無相似之處。然而，雖然使用的技術確實如此，其他方面也可以這麼說嗎？人民對待戰爭的態度在中世紀這段期間是否改變？或者我們現代對待衝突的態度，完全就是某種後中世紀現象？

有個簡單的方法顯示我們現代對於戰爭的態度，許多來自中世紀的思想家。如果我們看看人們如何討論現代戰爭的道德面向，可以發現，通常反映十六世紀初期兩個立場其中之一。第一個立場認為，戰爭在所有方面都是災難，應該不計代價避免，沒有例外。這是十六世紀初期荷蘭學者伊拉斯謨（Desiderius Erasmus）的觀點，他在他的專著《反戰》（*Against War*，約於一五一五年）寫道：「最不利的和平好過最正義的戰爭。」第二個道德立場是與伊拉斯謨年代相近的英格蘭人托馬斯·摩爾（Thomas More），主張戰爭是必要之惡。他在著作《烏托邦》（*Utopia*，約於一五一六年），描述想像的新世界島嶼：

> 視戰爭為殘忍而且厭惡，人類發動的戰爭比任何野獸更多，是人類本性的恥辱。和其他國家的意見相反，他們認為沒有什麼比戰爭得來的榮譽更不光彩。所以，儘管他們日復一日進行軍事演練與戰爭紀律……但是他們並不輕易參與戰爭，除非為了保衛自己或朋友對抗任何不公義的侵略者……或者，協助受到壓迫的國家擺脫專制政權的箝制。

伊拉斯謨和摩爾兩人說出西方世界多數人民過去五百年的心聲。然而他們對於這個題目，意見與更早的作家不同。他們兩人暗示戰爭「永遠」是可悲的。摩爾甚至認為那是「不光彩」的最後手段。中世紀的文章有數百篇推崇戰爭，讚揚戰略與領袖的英雄氣概，他們的負面評論顯然與之矛盾。兩位作家都忽略了中世紀之前就為戰爭產生的神學理據。古代世界有許多文章支持戰爭，包括某些流傳夠久的，能供中世紀的指揮官詳細研讀。事實是，中世紀的人民，可說絕大多數，看待戰爭的方式和伊拉斯謨、摩爾，當然還有我們，非常不同。換句話說，今日我們之於戰爭最普遍的道德立場，不是近代感慨現代戰爭的後果才形成的，而是經過中世紀，思想與經驗的結果。而這些思想與經驗單純又因為更加恐怖的天災人禍與戰爭暴行，一而再，再而三強化。

現代的人基於道德立場反對戰爭，其中世紀的起源並不明顯，也鮮少有人討論。所以，我們很容易就誤解中世紀的戰爭。我們傾向預設我們現代的態度一直無所不在，結果就是，我們無法知道人們竟然可能一度支持戰爭。我們也無法發現衝突的本質與特性在中世紀這段時間如何變化，以致種種懷疑產生，阻撓我們用正面的眼光看待戰爭。如同伊拉斯謨和摩爾的引言可見，早在一六〇〇年之前，知識分子的圈子就開始批評戰爭。我們也許還可以看看偉大的劇作家怎麼說。克里斯多福．馬羅（Christopher Marlowe）在《帖木兒大帝》（*Tamburlaine the Great*，一五九〇年）寫道：「詛咒首先發明戰爭的人。」莎士比亞同樣在《亨利四世》第二篇（*Henry IV Part Two*，一六〇〇年）提到「極其醜陋的戰爭之神」。不需要現代的坦克、炸彈、飛彈誕生，人們就想避免短兵相接了。

本章希望檢視伊拉斯謨和摩爾以外的觀點，呈現態度如何在十一世紀與十六世紀之間改變。為此，我們需要暫時放下現代的觀點，嘗試理解人們如何視戰爭為正面、榮耀、英雄、富裕、高貴、精神上的刺激、成就感的來源。如果我們從一開始就預設立場，認為戰爭完全是人類的失敗，將永遠無法理解人們最初打仗的理由。而且理由很多。思考支配十一世紀的暴力文化之後，我們再檢視戰術與技術、鼓勵騎士階級打仗的尚武精神、聖戰的精神益處、軍事侵略帶來的政治機會、越來越頻繁的戰爭……在中世紀的過程如何變化。概念上和實務上，我們將會看見，隨著個人越來越脆弱，個人獲得榮譽的機會越來越少，人們對於打仗的熱忱也會日漸衰弱。而且個人元素是重點。差異就從真誠的交戰意願，到托馬斯·摩爾極不情願的背書，到伊拉斯謨完全拒絕引起戰爭。

## 十一世紀的戰爭

暴力是人類的本質。早在文字紀錄之前，社群之間就會對外發動敵對行為，小至劫掠、小規模的衝突，大至完全征服。如同霍布斯（Thomas Hobbes）在《利維坦》（*Leviathan*，一六五一年）所說，以及眾多現代考古研究已經證實，戰爭在史前時代的部族之間是常態。唯一的例外似乎只有位置偏遠的聚落，例如奧克尼群島（Orkney Islands）的斯卡拉布雷（Skara Brae）。這種每日作戰的生活型態持續到歷史時代。羅馬帝國沒有一天安寧。帝國崩潰後，衝突更是擴大，因為小的王國爭奪霸權，人潮一波一波在歐洲大陸遷移。維京人入侵又是另一次暴力。戰爭如此常見，甚至不須正式宣戰。如果有一幫凶神惡煞，揮舞斧頭闖進你的村子，你就知道打仗了。因此你隨時都要準備戰爭。因此，說西元一千年，戰爭是常態，一點也不誇張。和平在這樣的情勢之間，只是下一次戰爭之前的空檔。

雖然在十一世紀，人們對戰爭習以為常，並不表示戰爭就不恐怖。但是，當時的戰爭和現代機械化的作戰方式非常不同。沒有相隔數百英里、彼此對望的「前排」士兵。無差別的殺戮也少很多——完全沒有今日飛彈、機關槍、坦克、化學武器那樣的規模，更不用說核子飛彈。中世紀的戰爭不可能殺到好幾千人，除非指揮官下令軍隊實施焦土政策，因此造成饑荒。戰爭的恐怖在其他地方。肉搏戰之間，人會被砍殺然後倒下。襲擊的人可以看到他們拿斧頭砍的、拿劍殺的、拿刀刺的是誰。當代的編年史通常不會鉅細靡遺描寫誰對誰做了什麼，但如果我們需要有人提醒我們戰爭的形式多麼殘暴駭人——即使只是徒手作戰——我們可以參考現代許多例子。只要想想一九九二至九五年在波士尼亞戰爭的種族清洗、強姦、大屠殺；或是一九九四年的盧安達種族滅絕，當時超過六十萬人被民兵有計畫地拿彎刀砍殺，許多婦孺在死之前遭受強姦和性肢解。本書寫作的同時，烏克蘭尚未完全揭露當地殺戮和殘暴的規模，但是已經有許多恐怖事件報導出來。一九三七至三八年在南京，據說兩名日本軍官比賽誰能最快拿刀殺死一百個中國人。不難想像，十一世紀歐洲的武士以殺害手無寸鐵的農民為樂。

確實有部分十一世紀的編年史描述所犯的恐怖行為。對於第一次十字軍東征的說明極為生動。一〇九九年，耶路撒冷淪陷時，有個騎士在現場，報導：

> 某些異教徒被砍頭，算是仁慈；其他……被折磨了很久，在炙熱的火焰之中焚燒至死。頭、手、腳，在房屋和大街，堆成一落一落，男人和騎士在屍體之間來回奔跑。[2]

根據另一段文獻：

殘忍殺害大批撒拉森人（Saracens）*之後，他們約有一萬人倒在原地，東征的士兵又拿起劍，追殺在城裡各處驚恐逃命的異教徒。士兵刺殺逃進宮殿和房屋的女人，從母親的腿上或搖籃抓起嬰兒的腳，猛力甩向牆壁，摔斷他們的脖子。[3]

這些行為在那個時候是否發生不是重點：這些是「基督信徒」說明他們在征服那座城市時所做的事，描述人民相信這樣的攻擊過程所發生的事。當我們閱讀《盎格魯－撒克遜編年史》關於維京人劫掠的時候，這是我們需要想像的邪惡暴行，而且男人「行惡」或「大肆殺戮」。相較二十世紀的大屠殺，那些暴行的規模也許算小，但無論如何都很恐怖、悲慘。

這種凶殘的行為絕大多數都是社會權貴所為。雖然傳統上我們會用「紳士」稱呼社會地位高貴的英格蘭人，然而在十一世紀，社會權力最大的成員——控制土地的封建領主——可一點都不紳士。那個時代的人描述他們的暴力，並不感到任何良心譴責，因為暴力就是貴族做的事。在第十世紀，恩斯罕的埃爾弗里克寫道：

* 譯注：撒拉森在西方的歷史文獻中泛指伊斯蘭的阿拉伯帝國。

> 這個世界上有三種人：勞動的人、祈禱的人、戰鬥的人。勞動的人用勞力提供我們維生所需；祈禱的人為我們向神懇求；武士保護我們的城市，捍衛我們的土地，不讓軍隊入侵。[4]

在歐洲成立的三個修道會也秉持相同觀念。法國拉昂（Laon）的主教在十一世紀說，三個修道會「同心協力，不可分離，如此，每個修道會的功能奠基在其他修道會的工作，並且回過頭來幫助全體」。[5]因此，以宗教所組織的社會中，武士是不可或缺的部分，功能上和工人與聖職人員一樣必要。

要成為「戰鬥的人」，一個男人必須得到領主承認，願意帶著他上戰場，賜給他作戰裝備。接著他會宣誓效忠：絕對服從，用生命保護領主。重要的是，這些忠誠與義務的羈絆只在上層階級之間。廣大的農民並不負有任何義務，作戰階級認為他們的地位遠遠低下。一個高階騎士可能帶著部下騎馬踏過他的農民的作物；去到他們的村莊，可能占女性便宜，要求最好的食物，然後隔天命令村民修理他的穀倉或幫忙興建他的城堡。在履行軍事職責，保家衛民時，恣意打擊敵人就是他的地位證明。傷害敵人的農民與奴隸，就是在打擊敵人。反之亦然。在這個暴力與悲慘的循環之中，農民不過是間接的受害者。

因此，許多人每天都活在戰爭的恐懼之中。住在海岸或大河旁邊的人尤其脆弱，他們隨時會被來自水上的軍隊突襲。敵對領主邊界的村莊也不宜居住。而且當一個國家被外國的國王侵略時，走到哪裡都不安全。

日常生活也充滿暴力。就算不是在互相殘殺、踐踏作物和偷竊牲畜的時候，人們也是殘忍。在法律雙臂短淺的社會，每個人都必須為了自己殘忍。爭執經常訴諸暴力和殺害解決。封建領主經常互相開戰。氏族血洗依然盛行，因此家內的爭端也必以眼還眼。就連司法訴訟也很血腥。諾曼人引進戰鬥審判的慣例到英格蘭。法律事務由械鬥決定，雖然較弱的原告可以由第三方代表。修道院甚至也用這個方法解決土地糾紛，各自選擇自己的冠軍。如此潛在的暴力同時拿來對待女人和兒童。簡單來說，承平時期也不比戰爭和平。

英格蘭人在十一世紀幾乎一直在打仗——和他們自己，和丹麥人、蘇格蘭人、威爾斯人。諾曼人入侵之後，被驅逐的盎格魯-撒克遜人與野心勃勃的諾曼領主接續發起數場動亂，接著又與威爾斯人和蘇格蘭人大動干戈。《盎格魯-撒克遜編年史》記載的十一世紀，超過一半都與戰爭有關。和軍事行動不直接有關的也不見得比較和平。除了數不清的紀錄記載主教之死，文獻盡是關於納貢、饑荒、海盜襲擊、沸騰著血的水池、謀殺以及人被剜眼的事情。愛爾蘭的編年史也是一樣血腥。一個領主殺死另一個領主，而後者的親屬為報復而殺死這個領主。你可能以為，饑荒連年，生活環境這麼悲慘，日子很艱難，人們必定渴望和平。但是那些「戰鬥的人」，反而確保暴力全年無休。

十一世紀的教會對於戰爭抱持矛盾的態度。一方面而言，教會有義務教導「不可殺人」。另一方面，從五世紀初聖奧古斯丁（St Augustine）的時候開始，「義戰」的概念就已發展。這個概念是說，如果戰爭是基於道德目的，而且欲求的結果是和平，戰爭就是合理的。教會一方面希望提供神學的框架，合理解釋戰爭，另一方面主張多項限制苦難的道德行動，以維持平衡。「神命和平」運動（Peace of God）就是為了在戰爭發生的地方保護手無寸鐵的人民。從九七五年開始，教會會議不斷敦促政治領袖分辨士兵和非士兵，並命令武士不可強姦或殺害婦孺、商人、聖職人員。後來「神命休戰」（Truce of God）限制每週從週三日落之後，到週一日出之前，不准戰鬥；四旬期和將臨期亦同。這樣的妥協允許教會領袖一定程度影響軍事事務，同時展現他們限制破壞的意圖。

無論神命和平，還是神命休戰，都令人懷疑暴力是否因此大幅減少。然而有趣的是，後者對於戰鬥的限制，就像教會對於縱慾的人設下的各種禁慾形式。例如，週五、週六、四旬期、將臨期，皆不准吃肉。週日、聖人的瞻禮日、四旬期、將臨期，皆不得從事性行為。這給人一種印象，十一世紀的戰鬥就像盛宴和性，被視為貴族的自我放縱。義戰的教條不是鼓勵從事暴力，而是為武士習慣做的事情提供神學理據。

維京人的文化當然推崇暴力，程度乃至，北歐的宗教將打仗當作一種獎勵形式，保證來生每天都在打仗。殺戮是件好事，這樣的觀點，在斯堪地那維亞的國王改信基督之後，依然沒有明顯改變，誠如斯文（Sweyn）和他的兒子克努特（Cnut）征服英格蘭可見。克努特即位第一年，下令殺死所有他懷疑可能謀反的英格蘭權貴。他的謹慎態度可以理解。如同後來挪威的赤腳王馬格努斯（Magnus Barefoot）貼切地說：「國王是為了榮譽存在，不是為了長壽存在。」

因此，在中世紀初期，戰爭是正常且經常的狀態，因為戰爭是必要。戰爭定義領主身分，而且統治菁英從中獲得滿足。他們的部下享受打仗，造成重大傷害也在所不惜。他們認為那是他們的權利——無論是因為他們高貴的地位，還是因為戰爭的好處。

## 一五〇〇年之前的戰術和技術

城堡是中世紀的象徵符號，這麼說沒錯。城堡約於西元一千年左右從法國開始發展，是西方世界歷史上數一數二的重大創新。從前，外來的軍隊可以輕易入侵並控制一個國家；沒有邊界或城牆阻擋他們。這意謂著，早期的中世紀國王，是「人民」的領主，不是土地的領主：他們只治理王國內的人民。加固的城鎮越來越多後，可以抵禦攻擊，這件事情也開始起了變化。但是要到城堡出現，才會徹底翻轉政治統治。領主開始在住所加強防禦工事，在一片土地之上興建許多城牆包圍的城鎮，意謂入侵的軍隊必須攻擊並控制每棟加固建築。每次圍城都會拖延他們，並使自己遭受攻擊。因此，國王身為領主的統治者，握有所有城堡，也就擁有更強大的能力保衛他們的王國。國王的定義，現在是統治「人民」與「土地」。一〇六六至六九年，英格蘭迅速被諾曼人征服，常被提到的原因就是缺乏城堡。征服者威廉和他的軍隊很快就改善這個缺點。到了十一世紀末，整個英格蘭已經興建大約五百座城堡，將領主的權威與土地緊緊相繫。

為適應圍城的作戰策略，城堡迅速演化。十二世紀與十三世紀，早期的木造城堡重建為石砌城堡。塔樓突出，保衛環繞的城牆；厚實的圓形牆壁保護住在裡面的人，抵禦投石攻城。塔樓也有突堞，阻止攻擊的人爬上牆壁。此外，更發展出吊橋和閘門，捕捉突破門樓入侵的人。如果入侵的人突破外面的防禦，也可能進入直角拐彎門，困在黑暗之中。而屠眼是門樓上面的孔洞，可以從上面殺死困在底下的敵人。雄壯的城堡於是不只用於保衛王國，更成為控制土地的激進手段。到了十三世紀，這樣的防禦工事已經成為政府主要的策略工具。一二七二年，愛德華一世取得北威爾斯之後，隨即興建多所堅固的城堡，加強控制侯國。十四世紀初，勞勃．布魯斯（Robert Bruce）想從英格蘭手中奪取蘇格蘭的主權，大肆攻擊北方邊界所有英格蘭軍隊駐守的城堡。在黑死病之前，城堡和權力是同義詞。

到了十四世紀後期，事情開始轉變。火炮開始證實自己在攻城戰的價值。到了一四〇〇年，大型的火炮，僅僅一發就可拿下城堡塔樓或大片的幕牆。一四〇五年在沃克沃斯城堡（Warkworth Castle），亨利四世只從他的其中一座大型火炮發了七發炮彈，就擊潰防禦，強迫駐軍投降。城堡再也不像從前那樣是權力堅不可摧的堡壘。對於地區控制，城堡還是重要，但越來越不是決定地域安全的關鍵因素。更重要的是政治階級的團結程度。把火炮和士兵留在戰場——因此控制土地，包括土地上的城堡——所需要的，是金錢和政治支持。城堡沒有金錢和政治支持那麼萬用。

中世紀的戰爭也隨著曠野上的戰術和兵器使用逐漸變化。十一世紀剛開始的時候，英格蘭的戰役幾乎都是徒步作戰。然而，諾曼人引進騎馬衝刺，馬上證明他們的戰術無往不利。身穿盔甲的騎士騎在馬上，排成緊密的隊伍，同時全力衝刺，勢頭銳不可擋。騎士藉由馬上比武訓練騎馬衝刺。早期，馬上比武從團體搏鬥，或說「混戰」（*mêlée*）演變而來。相較騎馬衝刺，混戰也不見得比較和平。後來，武士騎在馬上正面對決，防護衣物從鎖甲演變為複雜的板甲。十三世紀的步兵，通常穿著皮革的束腰上衣與鎖甲，手持斧頭、長矛、劍。他們若是看到大批武士，騎著特別為作戰哺育的重型戰馬，手持尖銳的鐵戟，朝著他們衝刺而來，必會害怕發抖。

貴族騎士衝刺的威力，在十四世紀初期出現勢均力敵的對手。一三一四年在班諾克本（Bannockburn），勞勃・布魯斯在他預期英格蘭騎士即將衝刺的地上，灑滿銳利的爪釘。他命令士兵帶著突出的矛，排成*schiltroms*，也就是盾牆，緊緊駐紮在土地。任何武士騎著貴重的馬，衝進十五英尺長的矛陣，都有可能犧牲他底下的馬。從一三三〇年代開始，又發明更有效率的方法對抗騎士衝刺，就是在長矛士兵之間部署長弓手。如同大批騎士策馬衝刺比零星幾個來得更恐怖又更有用，長弓也是在萬箭齊發的時候效果更好。長弓手迅速發射的時候，短距離的力道足以穿透板甲。面對全速衝刺的騎兵中隊，長弓手在盔甲被刺穿之前，雖然只能發射一、兩枝箭，然而大量長弓手可以發射足夠的箭，阻擋衝刺隊伍前排，並且利用後排騎士在受傷與瀕死的同袍和馬匹之間踉蹌的時候，拖延隊伍的速度。愛德華三世利用這個方法，於一三三三年在哈利敦丘（Halidon Hill）戰勝蘇格蘭人，又於一三四六年在克雷西（Crécy）戰勝法國人，預示騎兵衝刺的威力已經衰微。

然而，大批衝殺的騎兵並未從此消失，其實只有英格蘭人能夠一次聚集夠多的長弓而抵銷他們的威力。這是因為愛德華三世堅持長弓手每週必須在靶場訓練，而且為了作戰，下令大量製造長弓與箭。其他國家持續重視披甲戰士甚於地位卑微的長弓手。而且他們這麼做不無道理，因為長弓的優勢並不如英格蘭民族主義的歷史讓你想像得那樣偉大。一四一五年，法國人帶著數千名騎兵抵達阿金科特，隨行的長弓手只有少數幾個。他們完全相信自己可以光憑騎兵掃蕩戰場上的英格蘭軍隊，包括英格蘭的長弓手。如果不是打仗前一夜的雨下得那麼大，他們說不定可以。但是，因為下雨，地面太軟，法國騎兵無法高速衝刺，所以英格蘭的長弓手有時間近距離對著戰馬發出好幾枝箭，因此阻斷法國騎兵的勢頭。

然而，到了十五世紀末，大批人馬衝刺實際上已是多餘。軍隊人數越來越多，現在更常僱用專門的長矛手抵抗騎兵衝刺。騎士高貴的社會地位意謂他們非常重視個人價值，拒絕視自己為團體成員。他們不再集體訓練衝刺。此外，騎士衝刺需要空曠遼闊的土地，但是土地逐漸被籬笆和城牆切成小塊，大批騎士全速騎馬衝向敵軍時，也就不可能保持完整的隊伍。同時，火槍在交戰的時候越來越重要，尤其用於攻擊城堡與城牆圍繞的城鎮。因此，到了一五〇〇年，軍隊的成員，已經變成使用矛、劍、弓、強力火炮的步兵。受過精良訓練的騎士菁英一起衝刺，已經是過去的事。

## 對戰爭的熱忱

並不難見，當個中世紀的武士有多大的吸引力。光是這個身分，就能為你帶來極高的敬重與權威。此外，憑著你的盔甲和武器，能對農夫為所欲為，當時絕大部分的人口正是這群手無寸鐵的平民。如果同樣一群裝備精良的武士想要阻擋你和你的同伴，你還能夠感受短兵相接的快感。戰鬥文化本身就是引戰或參戰的強大誘因。同樣地，身為保家衛國的武士令人驕傲，回過頭來，賦予男人權利與權力指揮他們的人民。

上層階級展現他們武藝，並從中得到愉悅，這一點可從馬上比武受歡迎的程度見得。根據一位十二世紀的編年史家，一個男人如果「從沒看過自己流血，或在對手毆打自己時聽見牙齒斷裂，或感覺敵人完全壓在身上的重量」，就是還沒準備上戰場——因此不是完全的男人。[6]雖然近距離混戰非常危險，年輕人有時非常積極參加比武，以致公然反抗國王「不得比武」的命令：一三〇六年，二十二名英格蘭武士就是那樣；一二四一年，八十名武士據報死於德國諾斯（Neuss）一場比武。儘管如此，男人還是爭先恐後參加。[7]一百年後，一三四一年十二月，盎格魯對蘇格蘭的戰爭背景之中，威廉·道格拉斯爵士（Sir William Douglas）與十二個男人，兩度挑戰德比伯爵（Earl of Derby）與伯爵的十二個同伴，在羅克斯堡（Roxburgh）和貝里克（Berwick）比賽馬上槍術，而且配戴磨亮的騎槍。他們同意在驚人的條件下對打——完全不穿盔甲。我們不知道有多少人受傷，但第二次的比賽有三人死亡。一三九〇年在法國聖安格勒韋爾（St Inglevert）的比賽，三個法國武士連續四十天接受所有來者挑戰，包括英格蘭未來的國王亨利四世。雖然沒有要求，每個參加的人都拿著磨亮的騎槍。男人顯然喜愛這種致命的對打形式。

同樣的好鬥精神可以在真實的戰場看見。一三一四年班諾克本之役，吉爾斯・阿根廷爵士（Sir Giles d'Argentein）據說曾經宣布：「我不習慣逃出戰場。我寧願死守這裡，也不要羞恥地逃跑！」然後他真的死在戰場。一三四六年克雷西之役，盧森堡的約翰（John of Luxembourg），即波希米亞的盲眼國王，要求自家騎士帶他進入戰場，所以他可以在激戰之中去世。除了以上這些，你還可以補充更多在戰場上不計後果，無論會不會賠上生命，只為贏得同袍尊敬的披甲戰士。這樣的男人生來作戰，訓練作戰，而且有神的見證，他們要去作戰。

騎士故事不斷流傳，助長戰爭文化。最著名的例子是亞瑟王的傳說，充滿勇氣、冒險、正義，令人緬懷想像的亞瑟王執政時期。從十二世紀，英格蘭國王和領主經常重演這些故事，並大聲朗讀，創造他們與重要武士的兄弟情誼。這樣的故事極度受到歡迎之外，還有更嚴肅的目的：灌輸武士榮譽、公平、決心、自我犧牲等等價值，正如亞瑟的同伴所展現。我們可以看到這種蠻幹的文化反覆出現在十四世紀。還有一個例子是蘇格蘭的愛國人士詹姆斯・道格拉斯爵士（Sir James Douglas）夜間突擊當時還年輕的愛德華三世，大膽的他騎馬穿過英格蘭的軍隊，直達國王的營帳後砍斷拉索。另一個是托馬斯・達格沃斯（Thomas

Dagworth）和他八十披甲戰士與百位長弓手的故事，他們在一三四六年不屈不撓抵抗人數二十倍的軍隊。還有很多關於在法英人的例子。尚・傅華薩（Jean Froissart）的編年史與《英格蘭編年史》（*Brut*）敘述許多這樣的故事，激勵許多讀者。

騎士文化一路延續到十五世紀。雖然在一三九〇年代，某些虔誠的武士開始基於宗教理由反對戰爭，多數持續相信騎士精神才是指揮軍隊最好的方式。一四一五年依然如此，因此亨利五世能夠指揮強大的兵力上場作戰，最終在阿金科特之役獲勝，其中嘉德騎士團超過一半的武士親自上陣。即使那場戰役是因為長弓手屠殺法國的精銳騎兵所以得勝，英國的精銳騎兵顯然相信他們仍然扮演重要角色。然而，大約在一四五〇年，托馬斯・馬洛里爵士（Sir Thomas Malory）著作《亞瑟之死》（*The Death of Arthur*）的時候，騎士的故事顯然已經略顯懷舊。雖然亞瑟的後羅馬不列顛可以經過現代化，加入城堡、馬上比武、板甲，但火槍就有點勉強。騎士精神關於「個人」：像機器那樣無差別殺死勇敢的武士，完全違反騎士精神。為騎士精神蒙上陰影的，是一四二一年十二月，在法國摩城（Meaux）的攻城戰中，約翰・康威爾爵士（Sir John Cornwaille）目睹深愛的獨子死亡。這位年輕人當時十七歲，他站在父親身邊，被大炮的炮彈斷頭。約翰爵士震驚不已，深受打擊，發誓再也不對信仰基督的同胞提起武器。[8]但是騎士不需親眼目睹這種場合，也會知道他們的優越地位已經走向下坡。十五世紀邁向尾聲的時候，火槍的射程已經超越長弓。戰事也越來越危險——更無差別，更無關個人，更缺乏騎士精神。

## 聖戰

鼓勵中世紀男人提起武器相當重要的因素是希望得到神的恩寵。有鑑於戰爭在十一世紀深入日常生活的程度，你可以理解，一〇九五年十一月，教宗烏爾班二世在克萊芒大公會議（Council of Clermont）布道，勸勉基督教界西邊的男性前往聖地作戰，十字軍東征立刻受到響應。如果你是武士，從殲滅敵人當中獲得成就，現在你可以滿足欲望，同時得到榮譽，而且——所有的罪都會獲得赦免，保證你踏上通往天堂的路。真是誘人！一〇九九年第一次十字軍東征，歐特維爾的坦克雷德（Tancred de Hauteville）到了聖地之後，站在橄欖山（Mount of Olives）上，俯瞰耶路撒冷的城牆。這位編年史家告訴我們：

他將目光轉向城市，僅僅相隔約沙法谷（Valley of Josaphat），看到了主的墳墓……他深深嘆了口氣，坐在地上，願意當下犧牲生命，只為了有機會親吻那座最神聖的教堂。9

坦克雷德是不是真的這麼覺得，並不是重點；重點是編年史家和他的讀者相信人們所感覺的。在那些地方，征服、發財、成為領主的可能性，紛紛添加到靈性的動機之中。訊息非常明確。對抗非基督信徒的戰爭，得到神的許可，而且是自我證明與享受戰爭紅利的工具。

隨著時間過去，東征的理想也逐漸腐敗。一二〇四至〇五年為第四次十字軍東征集結的武士，出發之前就已積欠威尼斯人大筆債務。他們傻傻地和義大利的城邦簽約，要對方提供三次航運，船隻數量不限，載他們去聖地。為了償還債務，他們去當威尼斯人的傭兵，攻打亞得里亞海岸的扎達爾（Zadar）和君士坦丁堡這兩座信仰基督的城市。一二二八至二九年第六次十字軍東征，神聖羅馬帝國皇帝取得耶路撒冷，靠的是談判和「付錢」；因此這相當是做生意，沒有犯下戰爭暴行，沒有罪被赦免，也沒有靈魂保證進入天堂。儘管如此，東征的精神持續。十四世紀邁向尾聲的時候，喬叟描述他的騎士是個「熱愛騎士精神、真理、榮譽、自由、禮儀」的人，而且曾經參加多個地方的東征，諸如亞歷山大港、普魯士、立陶宛、格拉納達、阿爾及爾等。直到一四一〇年格倫瓦德之戰，西歐的武士仍然經常搭船去立陶宛參加每年的戰役，或加入條頓騎士團對抗立陶宛的異教徒，稱為*reysen*。如此以神之名所行的戰爭侵略，不是「必要的惡」，也不能單純被當成帝國主義而唾棄。這是軍事享受，也是靈魂救贖。當季的戰爭結束時，武士就會回家。

聖戰的本質在中世紀後期出現變化。十二、十三世紀，數個歐洲國王親自領軍東征；雖然他們的繼承人承諾照做，卻從未啟程。轉捩點在一二九一年，以色列阿卡（Acre）淪陷，失去基督信仰在聖地最後一個前哨基地。收復耶路撒冷無望的情況下，國王們已經不想繼續投入大把資源千里迢迢去打仗，尤其他們也需要親自平定國內威脅。為了保護信徒前往耶路撒冷朝聖的兩個修道會，其中之一聖殿騎士團在一三一二年廢除。從此之後，聖戰武士變得更加個人主義。參加 *reysen* 和其他十四世紀戰役的騎士，只會小群出發，他們並不雇用大批長弓手，也不使用大量火槍。他們比較像是為了個人榮譽而戰的馬上比武。到了一三九一年，蘭卡斯特的亨利（未來的亨利四世）參加 *reysen* 時，東征已經變成個人的信仰試驗。但是，隨著東征軍隊幾次慘敗——一三九〇年在突尼斯、一三九五年在尼科波利斯（Nicopolis）、一四一〇年在格倫瓦德——東征的想法也漸趨式微。因此，對於聖戰的熱忱，大約也在火炮粉碎騎士加入世俗戰爭的衝勁時，一同瓦解。

## 突襲

為了訓練「戰鬥的人」，維持他們最佳的作戰能力，軍隊需要練習突襲。維京人突襲英格蘭，基督信徒突襲穆斯林控制的西班牙，安茹人突襲法國布耳瓦（Blois）或布列塔尼公國，英格蘭人突襲威爾斯——這些都是為了測試士兵的能耐而為。因此，蘇格蘭整個中世紀入侵英格蘭的行動，不光是為了戳英格蘭雄獅的後腿或為了蘇格蘭獨立的愛國宣言，也是為了讓武士展現自己國家的軍事威力。

某些國王將這些訓練提升為完全的侵略戰爭。一三二七年，愛德華三世即位時，他的首要之務就是停止國內貴族互相征戰。前一任君王的統治時期充滿這樣的衝突，以致國王施政招致諸多怨言，政府最後甚至垮台，國王被迫退位。愛德華小心不要重蹈覆轍。他的目標是大規模的國際突襲。軍事領袖和他們的部下在蘇格蘭和法國能夠體驗真正的戰爭，而且海陸都有。但是他的政策總是在外國的土地打仗。如同愛德華自己在一三三九年說：

根據戰爭理論，避免不便最好的方法就是到遠離你自己的國家去做，我們到可惡的敵人陣營去打仗，帶著我們盟軍的力量一起，這才合理，好過等待他們來到我們的門前。10

因此他的戰爭有多重目的。戰爭提供他的軍隊管道，施展騎士精神的抱負。戰爭提供軍事經驗。戰爭餵養這個共同的事業，確保他的盟友前來協助。戰爭讓他的敵人——法國人和蘇格蘭人——感到壓力。而且戰爭成功在他的統治期間終止貴族之間的衝突。

戰爭因此不是「必要之惡」，而是政治的權宜之計。亨利四世在一四〇〇年公開宣布，他要帶著軍隊深入比他祖父愛德華三世與伯父黑太子更遠的法國，也是基於相同用意。由於健康情況欠佳，亨利從未成行，但他允許英格蘭的士兵參加一四〇七年爆發的法國內戰。英格蘭這次的介入也不是「必要之惡」，而是利用機會獲得政治利益。亨利五世更是刻意延續愛德華三世的政策。戰爭的好處在他的時期不僅全數適用，他還另外有個誘因，需要證明他的王朝正當。以法國王位為目標的亨利，可以向兩個王國展現，在戰場上擊敗法國，表示神應允他的目標。但是為了國內目的入侵外國土地的時代也走向終點。國王和貴族提起武器攻打鄰國，可能威脅國家主權與重要的貿易。涉入的國家每個內部的法律系統也是。這些因素全都非常重要，不能僅僅為了訓練武士或展現神的應允而涉險。整個十五世紀，歐洲王室發起的突襲減少。越來越需要合理的說明——有什麼特殊原因或目標，非打仗不可。十一世紀，國王和領主任意攻打鄰居，那樣像是日常般的戰爭已經過去。現在的日常是和平。

## 戰爭規定

如同以上所示，對於戰爭的正面態度——例如鼓勵東征、馬上比武、跨國突襲——在十五世紀已經明顯減弱。然而，甚至在此之前，已有許多規定開始改變交戰的本質，使戰爭更加遠離我們這個時期剛開始時的權貴殊榮。這些規定最早來自十一世紀初期的兩個運動：神命和平、神命休戰。此外，教宗權力增長，意謂國王越來越需要向教宗證明他們出兵有理。他們不能只是入侵同樣信仰基督的王國，然後期待沒有任何外交影響。

不過，最終限制國王征戰能力的，還是金錢——軍隊很花錢。隨著十三世紀市場大量增加，金錢從來沒有像現在這麼重要。在英格蘭，這意謂國王必須確保國會授予一大筆稅金，才能持續延長軍事行動。一二九七年，愛德華一世因此承認，打仗的決定權在國會手中。一三三九年，愛德華三世告訴教宗使節，任何他與法國達成的停戰協議都須經過國會批准，因為無論戰爭或和平，最後是國會說了算。[11]這麼說也許有點虛偽，因為真正決定的還是國王，但是關於戰爭的議題，再也不可能不管國會的意見，以及國會拒絕給予必要稅金的能耐。所以，至少在英格蘭，對外國的戰爭必須得到國會支持，才有正式、合法的基礎。戰爭再也不像中世紀初期是日常，而是需要共識、特別協議、法律背書。

國王可能打仗的條件不只是中世紀戰爭唯一的規定與限制。還有交戰守則。我們通常認為戰爭就是通殺無赦，而交戰的國家會不計一切代價取得勝利，無論慣例、規定、守則、行為規準。其實不盡然。戰爭通常會在騎士準則所規範的道德情況之中進行。尤其，「戰鬥的人」必須承認對手高貴的社會地位，如果俘虜他們，也需要以禮相待。他們通常會對高階的人要求贖金，不會直接殺了他們。騎士精神在這方面就是如此重要，雖然有時這樣的行為方式，在我們眼中非常奇怪。例如釋放被俘虜的武士，讓他回去自己的國家籌措贖金，這種情況並不算罕見。更奇怪的是，如果籌不到錢，他還可能主動回去，讓自己繼續被人囚禁。更不可思議的是，蘇格蘭的詹姆士四世情操之高尚，一五一三年的時候，他提前一個月告知英格蘭，他即將從北邊入侵。就這個案例，可惜的是，詹姆士的預告可能就是敗戰原因，而他自己也死在戰場上。

我們也能從十四世紀頒布的法令，規範軍隊在外國的行為，看見騎士精神的馴服效果。一三四六年，愛德華三世規定：「在他人的法國，不可焚燒城鎮與莊園，不可掠奪教堂或聖所，不可傷害或猥褻老弱婦孺。」[12] 一四一五年亨利五世發布的法令要求他的士兵保護教堂和宗教建築，而且不可入內行竊；不可俘虜或傷害任何聖職人員與女人，或囚禁任何聖職人員，除非他們武裝或敵視；不可強姦、殺害任何女人。接下來的兩百年，類似的法令一再更新、重複公告，定義人民的戰爭觀念。當莎士比亞談到「憐憫」、「仁慈」、「榮譽」，他的靈感來源是普遍的戰爭文化。當然，這樣的法律和準則極為理想，現實往往非常不同。愛德華三世的規定於一三四六年被徹底破壞，大火吞噬城鎮和莊園，許多女人遭到強姦。儘管如此，至少他們有理想。證據指出，在阿金科特之役，高道德標準不只是期待，而是要求，有個進入教堂偷竊的男人被吊死。行為準則的底線是，禁止搶劫、殺害囚犯、強姦女人、掠奪教堂、殺害兒童和安分的百姓。相較不計一切代價贏得勝利，這樣的戰爭取徑較為人道。此外，也為軍隊提供基本原則，比起十一世紀，更加善待農民、兒童、女人、祭司。

## 十六世紀

儘管大眾常將中世紀與戰爭聯想，中世紀這段期間，戰爭狀態其實逐漸消退。維京人、諾曼人等那個時期不受約束、原始的攻擊行動，到了一五〇〇年，已經不再是日常生活的特徵。隨著王國之間的界線在十二與十三世紀明確建立，王國之間的戰爭越來越少見。西元一千年，戰爭必然造成的暴力，到了一四〇〇年也逐漸受到守則與規定約束。聖地重要的前哨基地已經喪失，領主內心的優先順序改變，加上教會內部的裂痕，到了一四二〇年，聖戰已經失去從前的光環。一四五〇年的時候，火炮與長弓大幅減少個人展現英勇的機會。領主和武士更常住在莊園大宅，不住城堡了。一五〇四年，緊接著玫瑰戰爭（Wars of the Roses）之後，亨利七世通過法令，禁止領主讓支持者穿著制服，因此在英格蘭有效禁止私人軍隊。到了那個時候，戰爭已經國家化，也制度化，需要經過國會同意。戰爭已經變成萬不得已的政治策略，如同托馬斯．摩爾所說，需要特別解釋的「必要之惡」。

重要的是，所有的衰退都發生在火槍成為戰場主力之前。一五〇〇年之前，大型火炮已經證實能夠更快結束攻城戰，但是拿著刀的會戰還是有贏有輸，這裡說的刀，指的是劍、矛或箭矢。早在法蘭西斯．培根表示火藥（以及印刷術和羅盤）已經改變世界的一個世紀之前，作戰方式早就徹底改變，完全認不出來了。城堡、教宗權力上升、騎士精神、長弓、東征衰微、道德規範、和平的經濟優勢……都是影響。

儘管如此，法蘭西斯．培根說的話也沒錯。火槍在十六世紀帶來的好處完全證明他的論點。而且如同他所暗示，效果遠遠不只影響戰爭的結果。歷史學家麥克．羅伯茲（Michael Roberts）在一九五〇年代主張，手持火槍興起，造成一五六〇年至一六五〇年之間歐洲的軍事革命。戰術、策略、衝突規模、對百姓的影響，意謂戰爭完全轉型，連帶的政治與經濟後果也遍及整個社會。某些人批評羅伯茲教授的理論，而我認為，他強調的改變，多數在十四世紀的英格蘭已經相當明顯。早在火槍和大批軍隊改變歐洲戰爭的面貌之前，長弓在英格蘭已經造成相同效果，也同樣需要稅金和國會同意。當然，難以否認火槍改變歐洲戰場的規模更大。

理解前述的軍事革命，關鍵在於，以長射程的拋射武器作戰時，如果你的武器比敵人更多，比較可能會贏。因此，有越多火槍，你的軍隊越強。而且，回過頭來，數量龐大、裝備優良的軍隊，必須有稅金供給資金，因此，納稅人、政府、武器製造者、軍事指揮官，也形成新的關係。

我們從規模的問題談起。在中世紀初期，戰役的規模通常偏小，最多幾千人打仗。黑斯廷斯之役兩邊各有七千至八千人。一三〇〇年之前多數戰役都比這個小：幾十人之間的小規模衝突是最常見的行動形式。編年史家號稱六萬、八萬，甚至十萬大軍對峙，都是幻想的數值，靈感來自聖經裡頭號稱的軍隊。更可靠的財務紀錄顯示，每邊超過一萬人打仗的戰役非常稀少。一三四六年，約有一萬兩千個英格蘭人和威爾斯人跟隨愛德華三世在克雷西作戰。在阿金科特，八千至九千個英格蘭人面對一萬兩千至一萬五千個法國人（三萬或更多的說法是當時誇大）。[13] 玫瑰戰爭那個時候，軍隊已經膨脹：一四六一年，大約一共五萬人出現在陶頓（Towton）。在義大利，帕維亞之役（Pavia）——法國與義大利僵持不下的關鍵戰役——大約兩萬六千個法國人被稍微少一點的哈布斯堡軍隊擊敗。

軍隊在十六世紀更加茁壯。到了一五九〇年代，西班牙政府領導二十萬大軍，是一四七〇年代的十倍。法國軍隊在那段期間加倍，有八萬人。就連英格蘭的軍隊人數也從兩萬五千增加到三萬。[14]如此膨脹的原因是，這些軍隊現在都有火槍。戰爭已經變成數字遊戲。十六世紀的評論家因此有兩個好的理由敦促政治領袖不要打仗。首先是戰爭的恐怖，大批軍隊橫掃你的土地，在上面燒殺擄掠，更是極端恐怖。第二，需要花錢，因此必須提高賦稅。

從騎士精神的戰爭——特徵是大批騎士衝刺並徒手作戰，到拋射炮彈的戰爭，也改變「戰鬥的人」的社會成分。在十一世紀，這個位置完全由上層社會的男人占據。到了十四世紀末期，「戰鬥的人」通常是士兵、長矛兵、弓箭手，沒打仗的時候他們是小地主與農夫。因此武士的身分已經從社會金字塔的頂端轉移到較低的位置。由於十六世紀要求更多可以發射武器的男人，這個趨勢持續往社會階層下方移動。貴族、生活優渥的小地主、商人，為何要冒著生命危險站上前線？不如付錢給沒有選擇的人去做。任何人都可以接受訓練，學會使用步槍，或在步槍手旁邊舉著長矛。這麼一來，火槍不只瓦解騎士精神的原則，也減少上層社會男人參戰的必要。中世紀早期，貴族男性全都要去打仗，然而到了一六〇〇年，唯一要去打仗的貴族是當指揮官的人。結果就是，英格蘭的貴族遭受暴力致死的比例，逐漸從一四〇〇年百分之二十五，到一七五〇年百分之二．五。[15]

國王同樣開始從戰場上退下。中世紀早期的君王別無選擇，只能打仗。這是每個人對他們的期待，包括「祈禱的人」和「勞動的人」。戰爭之中保衛國土是中世紀國王兩個主要責任（另一個是為子民主持正義）。但是當火槍出現，政治權力與軍事指揮兼具的個人開始瓦解。越來越常見到，國王不在戰場上賣命，反而委派資深貴族指揮。一五一三年，蘇格蘭的詹姆士四世在弗羅登（Flodden）指揮作戰時陣亡；一五二五年，法國的法蘭索瓦一世（Francis I）在帕維亞之役被俘；一五二六年，匈牙利的拉約什二世（Louis II）對抗鄂圖曼人時被殺。這些事件之後，王室很少出現在戰場。一五七八年，葡萄牙國王塞巴斯蒂昂（King Sebastian）在摩洛哥的阿爾卡塞爾阿爾克比（El-Ksar El-Kebir）喪命。一六〇〇年以後，極少戰役會見到君王。一六三二年，瑞典國王古斯塔夫・阿道夫（Gustavus Adolphus）是最後一個御駕親征而不幸陣亡的國王，但是他指揮作戰的將才流傳後代。國家元首再也不會置自己的生命於危險之中。否則他們和他們的子民損失將會非常慘重。[16]

軍事歷史學家麥克・霍華德爵士（Sir Michael Howard）在他的著作《戰爭與自由良知》（*War and the Liberal Conscience*）開頭表示：「有可能自從人類社會起源，人，或至少某些男人與多數女人，便斷斷續續地感慨戰爭存在。」[17]很難不同意。男人失去生命，看著親人和朋友被殺；女人和女孩被人強姦；農夫看著土地和家園被人摧毀，非基督信仰的人民因為宗教被人屠殺。但是我們可以同樣確定，在十一與十二世紀，戰爭幾乎是日常生活。男人與女人活在戰爭的恐怖之中，感慨戰爭，同時也感慨奴役、災害、瘟疫、極端氣候。事實上，中世紀自始至終，瘟疫和歉收遠比戰爭更為致命。當然，親愛的人死在戰場上是悲劇，但是親愛的人死於疾病或饑荒也是。對於極度務實的中世紀人民，感慨戰爭存在，倒像抱怨冬天存在。如同冬天每年都來，最好盡其可能利用，所以減少戰爭引發的傷害，關鍵也是設法化危機為轉機。

同時，十一與十二世紀的男人為什麼熱衷戰爭，也有許多正面理由。包括在戰場上證明自己、冒險、聲望、榮譽、忠誠、金錢誘因、縱情性慾的機會，而在東征的情況，則是有機會赦免他們的罪，並在天堂獲得一個位置。這些人之中，也有人是為了軍事責任而戰。國王不能允許自己因為戰爭犧牲，否則他的鄰居會趁機壯大，他的王國邊界將岌岌可危。另一方面，如果他突襲鄰國，對他們施壓，這麼一來，等於讓敵人幫他的軍隊訓練實戰，他也不用擔心自己的王國國防。因此積極進攻往往是整個社群贊成的政策。一個社會確保必要武力最好的方法，就是以一個為作戰生養的軍事貴族為首。國王能夠帶領領主和男丁在戰場上取得成功，人民就會獲得安全、富強、榮譽作為報酬。相對地，國王猶豫不決或征戰失利，等待人民的，就是傷害、暴行、苦難、羞辱、死亡。

如我們所見，中世紀後期，個人參與戰爭的誘因都沒了。軍事勝利的手段越來越無關個人，也沒有騎士精神。戰爭裡頭已經沒有英雄元素，也沒有神聖元素，東征的熱度已經消退。戰爭勝敗越來越取決於金錢和後勤，端看政治人物怎麼策劃，國會怎麼批准。同時，潛在損失越來越多。顯然的事實是，本章開頭伊拉斯謨和摩爾的引言，和輝煌但沒有必要的阿金科特之役，正好相隔一個世紀。《亨利五世事跡》（*The Deeds of Henry V*）這本拉丁文的編年史，很有可能緊接在戰爭結束之後著作，這位國王希望告訴歐洲讀者他的軍事將才。但是一百年後，伊拉斯謨會說那場戰爭「愚蠢」，而且所有戰爭領袖都是「軍事白癡、愚笨至極的領主……除了外貌根本不是人類」。[18]亨利五世驕傲的來源不僅已經被視為不智，而且不仁。「戰鬥的人」、「祈禱的人」、「勞動的人」三種神所區分的層級已經崩潰。當十七世紀災難般的戰爭爆發——英格蘭內戰、歐陸三十年戰爭——已經沒有那些的區分。每個人都戰鬥，每個人都祈禱，而且幾乎每個人都勞動。沒有騎士精神的光芒，沒有被赦免的罪，沒有上天堂的靈魂。「必要之惡」允許戰爭砍傷國家或撕裂社會，所以成千上萬的男男女女生活在水深火熱之中。那些戰爭結束的時候，他們的政治領袖精疲力竭，作戰的動機理由也消失殆盡。戰爭本身已經成為嚇阻。

這是我們今日都認得的情況，即使俄羅斯的總統為了征服鄰國喬治亞與烏克蘭，仍在煽動戰爭。我們對於戰爭的厭惡，以及認為戰爭僅在極端必要的情況始為合理的認知，是中世紀諸多發展的結果。於戰爭，或於第一章所提及的日常生活所有面向，我們和中世紀祖先的差異，不是來自我們的行動或思維方式，而是他們的。而且既然本章從一個諷刺說起——我們作為社會整體越是發展，摧毀自己的能力越是進步——似乎也適合以另一個諷刺收尾。我們聯想到騎士、城堡、戰役、連年征戰的時期，其實就是啟發我們期盼長久和平的時期——如果現實並不可及。

# 第三章——不平等

## 英格蘭財富與社會地位的差異

中世紀的社會因為不平等而四分五裂，任何人聽了都不會訝異。然而，幾乎沒有人發現有多麼不平等。我們不公開討論十一世紀英格蘭的奴隸制度，即使某些地區奴隸的比例就和十八世紀的美國一樣高。同樣地，我們並未意識種族和性別的偏見程度。我們反而只是預設社會極度不平等，有錢有勢的人對所有其他人作威作福。如果我們被迫說得更清楚明白，就端看我們是要娛樂人們，還是要告知人們事實，決定看待這個主題的方式。因此在我們開始檢視這個主題本身之前，對於大眾認知裡的中世紀不平等，有些話必須說在前頭。

先從娛樂的面向說起。如果你要拍攝一部電影，關於暴力、性別歧視、種族歧視的軍閥，而且他們的妻女完全認同他們的虐待行為，那麼你的觀眾將會難以同情任何一個角色。

同樣的理由，歷史小說家也不想讓大家在他們的小說看到剝削窮人的人。任何說故事的人，光是稍微反映中世紀城市每天都會見到的殘酷惡行，讀者就會立刻厭惡那個社會。這就是為什麼，真實呈現歷史比正確呈現歷史更難：真相可能會令人不快。[1]而且，觀眾不喜歡認為，中世紀的人民當時對於這些事情就是照單全收。他們不想看到奴隸和農民高高興興接受他們低下的地位，也不想看到女人任由自己遭人踐踏與虐待。廣大的社會弱勢溫順地接受自己受到的壓迫，對我們來說難以下嚥。於是，我們將自己的偏見強加於過去，重新創造為「以前必定是如何」，以符合我們的觀點。因此，為了吸引現代的觀眾，書本或電影裡頭，中世紀的女英雄必須要能控制她自己的人生。或者，她必須像是持續不斷對抗壓迫的人。男性農民必須同樣包含至少一個勇敢大膽、像羅賓漢那樣的角色，帶領其他人挑戰權威。結果就是，再造一個穿著中世紀服飾的現代社會。確實，「羅賓漢症候群」相當適合用來描述作家和藝術家有義務讓中世紀符合現代人的期待。[2]

不過，即使作品是為了告知人們事實，事情也不會比較容易。我們傾向用自己的標準評價中世紀人民，因為是非優劣的道德規準似乎恆久不變，適用每個年代的每一個人。我們知道我們不會想要經歷中世紀農夫經歷的苦難，所以我們據此預設中世紀受到壓迫與侵害的人民，痛苦的感受就和我們遭受相同對待的時候一樣。那麼說，對，也不對。麻煩在於，例如，當我們譴責十一世紀蓄奴的人，就像我們譴責十九或二十世紀蓄奴的人，等於完全抹煞中世紀的觀點。說得更廣泛些，評價中世紀人民，認為他們未能符合我們的行為標準，就是無視他們自己的道德價值。我們認為蓄奴不道德，所以我們認為中世紀的農夫把他們小孩賣給別人當奴隸，這麼做的理由絕對不道德。但是如果不這麼做，這個小孩會餓死，那「就是」合乎道德的理由，甚至可能可以繼續說是基於父母對子女的愛。同樣地，我們自然會批評中世紀的領主禁止他的農民嫁給夢想的男人，認為這麼做非常無情。但是譴責領主的時候，我們也會忽視中世紀的觀點。理解中世紀的時候，這麼做形同災難。我們不能將二十一世紀的標準套用於十一世紀的人民，想像他們將會符合我們的期待，如同我們自己應該被以三十一世紀的價值檢視。

十一世紀的人民和我們不同。他們普遍相信治理他們的強人是神選之人。因此，神所指定的國王或領主，他們的權利優於受壓迫者的苦難。農民之所以存在，僅是為了支持社群之中強大的成員與宗教的成員。一個女人的命運完全依賴在丈夫身上，如果沒有丈夫，就是依賴在父親和領主身上。自我提升的機會單純不存在。如果莎士比亞出生在一〇六四年，而非一五六四年，他會被迫在領主的土地當個不識字的勞工。他可能永遠沒有機會發覺自己的天才，更不用說施展。但是我們在這一章會看到，十一世紀和十六世紀之間發生許多變化。社會光譜底層的人民逐漸享受越來越多自由。發達的農夫，能將自己的兒子送去接受教育，成為書記官、律師、商人、主教。他們買下自己的莊園。他們透過國會取得某個程度的政治權力。他們開始對抗軍閥統治。女人的社會地位和自由也獲得改善。自由和平等的眼界從中世紀開始擴展，持續影響我們今日的生活。

## 自由

如同我們稍早看過，十一世紀的人民普遍認為社會是由三種人組成：戰鬥的人、祈禱的人、勞動的人。《末日審判書》內細分這三個群體。社會的頂端是國王。接著大概是一百九十個大貴族（magnates），數千個的僧侶、修女、各種層級的祭司，加上位階和世俗領主相當的總主教、主教、修道院院長。以上是「戰鬥的人」和「祈禱的人」，連同這些人的家人，大概組成百分之二的人口。「勞動的人」包括自由人（freemen）、佃農（villeins）、隸農（bordars、cottars）、奴隸（slaves）。自由人占據人口百分之十三。剩下百分之八十五的人都不自由：佃農與隸農都屬於農奴（serfs），依附土地，組成大部分的人口；奴隸必須聽命主人。

農奴未經領主同意，不得離開居住的莊園。他們在領主的土地和自己的土地做工，隨著土地被買和被賣。這影響他們生活的每個面向。想像不能嫁娶你選擇的人，因為他或她來自另一個莊園，被束縛在另一片土地。想像不能送你的兒子去上學，因為領主要求你的兒子在他的土地做工。農奴的地位端看領主允許他擁有多少土地。地位最高的佃農可以使用三十英畝以上，最低下的隸農少於五英畝。生活很苦。最苦的時候，全家都可能餓死。但是就連那些有足夠土地撫養小孩的農奴，自我提升的機會也很少。他們對於人生的職業沒得選擇。他們注定為領主的利益工作，並希望可以存活。

奴隸在一〇八六年占全國人口大約百分之十，雖然在西南部高出許多，約為百分之二十。他們在奴隸市場被當成動產買賣。如果你是奴隸，你賺的任何錢，法律上屬於你的主人，你所有的個人財產也是。你的領主也擁有你的兒女。如果他想賣掉你的小孩，就可以這麼做。如果他想強暴女奴隸，沒有人有權力阻止他。肯特的法律其中一條明訂，奴隸沒有吃食的自由，只有主人叫他吃才吃。[3]根據艾塞斯坦（Athelstan，八九四－九三九，盎格魯－撒克遜國王）的法律規定，如果你是奴隸，而且你的主人懷疑你是小偷，他依法有權命令他的其他奴隸殺了你——如果你是男人，就被石頭砸死，如果你是女人，就溺死或丟下懸崖。同樣地，他可以要求你殺了你的奴隸同胞。如果你不照做，就會受到鞭刑處罰。[4]

女奴隸通常會被買賣，滿足男人的性慾。西元一千年左右，伍斯特的主教烏爾夫斯坦（Wulfstan）公開指責分攤費用買下一個女孩的男人，這樣他們全都可以和她性交。當他們膩了，就會直接賣給奴隸商人，再買新的女孩。[5]當然，不是所有奴隸都會遭受這樣的折磨和虐待，但許多正是。對多數奴隸來說，奴隸的身分等於一輩子的苦工。有時候，主人臨死之前會釋放最喜歡的奴隸，希望善行會幫助自己的靈魂上天堂。然而，絕大多數的奴隸，除非他們死了，否則沒有喘息空間。

你可能以為，教會總該提倡廢除奴隸制度，但教會的立場非常尷尬。當富裕的男人和女人將他們的財產遺贈給修道院，這份禮物包括在土地上勞動的奴隸。如果教會釋放這些奴隸，就會減損禮物的價值。因此教會一方面區別道德，另一方面區別以神之名的事業。教會雖然教導奴隸制度令人遺憾，而且釋放奴隸是善行，但也主張獻給神的奴隸應該為神的利益而維持。你可能覺得虛偽，但是中世紀初期的教會不這麼認為。奴隸制度就像戰爭，是日常生活的事實，而教會必須順應這樣的現實，即使原則上反對。

自由的眼界首先在歐洲大陸看見變化。歷史學家之間激烈辯論原因，因為有太多因素，影響經濟、政治，以及社會對於奴隸制度的接受程度。但是有一點特別值得注意。就是中世紀初期有段時間，全球略微暖化，稱為中世紀溫暖期。這段期間，年均溫上升介於攝氏〇・五至一度。聽起來不是多麼劇烈，但半度的差異意謂，相較以往，春天最後一次冰霜提前大約十天，而秋天第一次冰霜延後大約十天。[6]收成因此進步，食物較為充足。社會最弱勢的成員死亡率下降。雖然社會的上層階級總是豐衣足食，但是更多糧食意謂更多窮人活到成年。領主因而擁有更多農奴可以指使，財富也就增加。更多土地經過整理，移除樹林、岩石、林下植物之後成為耕地。更多剩餘的農產可以出售。回過頭來，第一章描述的商業活動也更多，建立更多市場和集市，更多人使用金錢而非以物易物。

這樣的改變促使領主思考，如果可以要求奴隸像農奴那樣照顧自己，為何要蓄養他們？此外，如果領主釋放奴隸，讓他們成為農奴，從前的奴隸就有誘因整頓更多土地，幫領主賺更多錢。領主還是有權利用他們的勞力，所以等於沒有損失。事實上，他們還會得到靈魂的益處，因為歐洲大陸的聖職人員越來越常頌揚奴隸解放。對於領主來說，豈不是雙贏。或者，應該說是三贏：減少他們的財務負擔、提高莊園的農業價值、疏通靈魂前往天堂的路。

然而，在不列顛群島，領主不急著放棄奴隸。看起來似乎是，他們「喜歡」擁有其他人。不只如此，許多貿易商在愛爾蘭販賣英格蘭的小孩，生意之好。英格蘭的奴隸制度相較其他不列顛群島的王國提早大約一個世紀廢除，原因是諾曼人征服。[7]諾曼人不僅引進歐陸的觀念，認為奴隸制度是道德錯誤，而且強行廢除，新的統治階級幾乎完全取代盎格魯－撒克遜擁有土地與擁有奴隸的階級。征服者威廉本人幫助這項革命，一〇七〇年代宣布反對奴隸貿易。英格蘭教會最終於一一〇二年禁止在奴隸市場買賣奴隸。之後，奴隸制度迅速凋零。奴隸的子女出生還是奴隸，所以某些地方繼續留存這種制度：彼得波羅修道院（Peterborough Abbey）在一一二〇年代還在計算其土地上的奴隸人數。[8]但是到了一二〇〇年，英格蘭的奴隸就算沒有完全消失，也已經很少。

農奴制度倒是持續很久。農夫在十三世紀與十四世紀初期依然絕大多數都不自由，在土地上為領主做工。然而，一三四八至四九年的黑死病之後，農奴制度開始衰退。領主學到沉重教訓，他們多麼依賴他們的農民。他們的工人死了，他們的土地也生產不出東西。作物在土裡腐爛，牲畜流離失所。所以領主能做的，就是提供優渥的工資，希望說服鄰近莊園的農民，逃離出生的地方來為他們工作。一旦出現這種情況，逃跑的佃農等於把莊園的責任丟給前任領主。國王試圖以法令禁止這種情形，但經濟的力量太過強大。更高的工資和社會自由，單純就是極大的誘惑。在某些地方，農民紛紛離開莊園，只有少數留下。接著莊園法庭不再開庭，任何剩下的農奴成為事實上的自由人，得到租約，付出租金。接下來兩個世紀，越來越多莊園佃農獲得自由，所以到了一六〇〇年，英格蘭被土地束縛的農民不到百分之一。[9] 這意謂著，在十一世紀與十六世紀之間，自由的眼界從不到百分之十五的人口擴展到幾乎每一個人。

由於這些變化，一六〇〇年最底層的階級不再是農奴和奴隸，而是僕人、勞工、貧民。地主再也不能阻止一般男人和女人與他們選擇的伴侶結婚。地主也不能禁止他們離開莊園。勞工的子女可能會因為貧窮，被迫在鄰近的大戶人家當學徒，但是一旦成年，他們就能自由選擇結婚對象和工作地點。定義社會地位的不再是法律，而是金錢。如果十六世紀的貧民不能和富農的女兒結婚，不會是因為莊園的領主不准，而是她的父母不准。

因此，個人自由在中世紀經歷重大進步。確實，看在我們現代世界多麼強調自由的份上，很多人會認為這是整個中世紀贈與後代最重要的遺產。雖然在後來的世紀，某些英格蘭的家族成為海外奴隸所有人，奴隸制度作為規定，於英國再也不受法律認可（除了十六世紀有兩年，一五四七至四九年，奴役是遊民的法律處罰）。農奴也在一六六〇年正式廢除。相形之下，哈拉瑞的農夫聽到手機鈴聲，似乎沒什麼了不起。沒有電子產品好到可以適當補償奴役。

## 土地所有權

當經濟歷史學家討論財富不平等的程度，他們傾向援引現代經濟學家使用的統計工具。然而，經濟學家的模型不大適合用在和我們如此不同的社會。例如，你會經常聽到人說，國家總體財富的比例，集中在人口最富有的百分之一或百分之十。托瑪·皮凱提（Thomas Piketty）的《二十一世紀資本論》（*Capitalism in the Twenty-First Century*，二〇一三年）恰好就是例證：裡頭包含許多歷史圖表，顯示自從一八〇〇年以來，一個國家頂端百分之一和百分之十的人擁有的財富比例。這個方法聚焦在非常有錢的人，並將貧窮的人與赤貧的人，和其他不屬於頂端百分之十的人，全都放在同一個籃子——包括第二富有的百分之十。幾乎不需要說，第二富有的百分之十，他們的問題相較社會當中瀕臨赤貧的人，根本微不足道。「頂端百分之十」用於評估有錢人的比較財富是個好方法，但是不會揭露貧窮，反而會掩飾貧窮。

經濟歷史學家援引的另一個方法是計算不同時間點的吉尼係數（Gini coefficient）。這個指標用來呈現一個社會偏離完美的平等多遠。結果會是百分比，或介於〇與一之間的數字，數字越低表示越平等：〇則是完美的平等。補充說明，今日英國的吉尼指數是〇．三七——比德國（〇．二九）較不平等，比美國（〇．三九）略更平等。問題是，這個方法將所有形式的不平等化約為單一統計。這就像是在問「人生、宇宙、萬物的意義是什麼？」然後得到道格拉斯．亞當斯（Douglas Adams）在他的科幻小說《銀河便車指南》（*Hitchhiker's Guide to the Galaxy*）的答案「四十二」。簡潔的解答並未反映複雜的問題。吉尼係數也沒有承認，在中世紀的社會，某些人的財富和財產不是他們自己的，是他們的領主的。而有的社會是這樣：某些人擁有財富，而其他人「就是」那些財富——吉尼係數的設計不是用來測量這樣一個社會。因此，並不意外，經濟歷史學家為十三世紀後期所計算的吉尼係數出現南轅北韓的結果。[10]

那麼，我們應該如何進行？答案是，我們必須釐清，我們所謂「財富」是什麼意思，再使用特定且一致的方法進行測量。在現代世界，我們通常利用兩個方式測量財富：資本與所得。先看資本。我們用的標準，顯然就是土地所有權。中世紀的有錢人，幾乎個個都擁有莊園。雖然富裕的商人是重大例外，但就連他們也經常透過購買鄉村土地鞏固他們的財富。因此土地所有權的範圍是一個方法，可以評價財富不平等在中世紀前後如何改變。

如我們所見，一〇八六年，英格蘭完全為國王所有，相對少數的人從他那裡獲得土地，包括領主、高級教士、自由人、宗教機構。一〇八六年莊園領主總共約是兩千六百五十人。這些「領主」其中幾人可能是不具名的「四位大鄉紳」或「兩位自由英格蘭人」，但即使如此，擁有城鎮外土地的男人和女人不可能超過三千人。包括這些人的家族，整個國家在不到百分之二的人手中。因此，土地所有權極為不平等。

接下來的世紀，情況逐漸改變。一八七三年，在英格蘭和威爾斯有九十五萬九千五百五十二個人與一萬四千四百五十九個機構持有土地。[11]換句話說，當人口成長十三倍，土地持有人也超過三百倍。雖然今日的土地分配依然不公平，全英國的住宅大約百分之三十六是完全由居住人擁有，另外百分之二十八透過房貸。全英國兩千四百七十萬戶，其中大約三分之二不是完全擁有，就是透過房貸，總之擁有自己的住宅。[12]顯然，這其中絕大多數「只」擁有他們自己的家，家門以外幾乎不再擁有其他土地：他們的小塊土地或花園只占據英格蘭百分之五。少數家族和組織擁有鄉村的廣袤土地和都市的昂貴地產。儘管如此，土地持有權的眼界過去九個世紀已經大幅擴大。問題是，這樣擴大的幅度，多少是在中世紀發生？

下表比較《末日審判書》中不同階級擁有的土地比例，以及一六九五年統計學家古格里・金（Gregory King）估計的英格蘭土地持有情況。另外，一八七三年《土地所有者回

| 各階級擁有英格蘭土地比例[13] | | | |
|---|---|---|---|
| | 1086年 | 1695年 | 1873年 |
| 國王 | >17%[14] | 6% | 1% |
| 教會 | 26% | 2% | 3% |
| 大男爵（1086年）／領主與準男爵（1695年） | 25% | 16% | 17% |
| 次要直屬封臣（tenants-in-chief，1086年）／仕紳（1695年） | 29% | 31% | 37% |
| 自由保有人／自耕農 | <3% | 45% | 38% |

報》（*Return of Owners of Land*）所收集的數值也提供比較。這三個資料集顯示土地持有權在一六九五年之前顯著改變——而且之後兩個世紀變化較少。

雖然古格里·金的數值僅是粗略估計，但是不需懷疑，土地在一〇八六年與一六九五年之間大規模重新分配。王室持有比例下降三分之二，主要因為國王陸續分封貴族和騎士，直到一二七九年愛德華一世才試圖停止損失。亨利八世統治期間，教會喪失百分之九十的土地。兩者之間，國王和教會失去全國超過三分之一的土地。明顯的受益人是自耕農。雖然一〇八六年全國的土地僅在大約三千個家族和機構手中，但是一六九五年，已經由二十萬四千個家族和四千個機構共享。換句話說，英格蘭超過三分之一的土地重新分配，導致土地持有人從不到人口百分之二，到超過百分之十五。顯然某些家族擁有的土地比其他家族多很多：古格里·金的清單中，十四萬較小的自由保有人（freehold）*平均擁有僅僅四十七英畝。儘管如此，還是可以清楚發現，維多利亞時期英格蘭的土地持有型態主要是一〇八六年至一六九五年之間的變化所致，即，多數都在一六〇〇之前。[15]

社會其他的人呢？看得出來，一六九五年，百分之八十四的人口完全不擁有土地。這些人當中，部分的人可以從地主那裡取得「公簿保有」（copyhold）†，藉由這個方式使用農地，於是得到短期的權利。其他人可以租用農地。根據金，十七世紀末，有十五萬個家庭是以這種方式擁有土地，即另外百分之十一的人口。考量這些農夫經濟獨立的情況，也許可以和自由保有人並列。儘管地主和佃農的社會地位懸殊，兩個團體都從他們親自管理的土地得到收入，因此有別於勞動階級。兩者相加，一六九五年對土地的控制大約分布在四分之一的人口。相較十一世紀不到百分之二，可見相當的擴張。

## 收入

一六〇〇年的社會比西元一千年更平等嗎？我很想說是，因為已經沒有奴隸，農奴也幾乎不見，而且更多人擁有並控制土地。但是，人們有多「平等」，依然沒有定案。這不只是財富的問題。在十六世紀當個自由但瀕臨餓死的貧民，走到哪裡都半裸身體被人鞭打，耳朵

＊ 譯注：保有人有權占有、處分其地產，如出租、抵押、轉讓等，完全不受限制。
† 譯注：保有人（農奴）以向領主提供農役為條件保有土地，農役內容則依據領主的意志和莊園慣例。

烙上遊民的印記；還是在十一世紀當個奴隸，由主人提供食物、住所、衣服給你？如之前所見，十一世紀許多自由人把兒女賣為奴隸，是基於道德理由，為了讓他們過上更好的生活，希望孩子和原生家庭都能免於餓死。如果我們視個人自由優於食物需求，就會冒險將現代價值強加於過去，無論那樣的優先順序看起來多麼有原則。

有鑑於這個問題，勤勉的歷史學家會去收集某些統計資料，看看經過中世紀，收入差異是否已經改善。但是我們應該選擇什麼數值？理論上，我們可以只取社會當中最窮的人的平均收入，和最富有的人的平均收入相比，但那樣不夠令人滿意。首先，十一世紀和十二世紀沒有那樣的數值。許多人民沒有「收入」這種東西。金錢並不普及。如果你在鄉下某個沒有市場的偏遠地區種植作物，你可能完全不會經手銀幣。因此比較收入非常困難。

這也順勢帶著我們去看另一個關於收入不平等的問題，然而常被歷史學家掩飾：社經地位不利的人數比較重要，還是他們不利的程度比較重要？

如果我們想要知道一六〇〇年的社會是否比西元一千年更平等，我們不能僅僅比較收入，需要用更細膩的方式檢視不平等。為此，值得從基本的差異模型開始。想想以下兩個社會，哪一個比較平等：社會A中，百分之一的人口每年得到一百英鎊，其他百分之九十九全都只得一英鎊；社會B中，最富有的百分之一每年得到一百英鎊，第二富有的百分之一得到九十九英鎊，第三富有的百分之一得到九十八英鎊，以此類推，直到最貧窮的百分之一每年得到一英鎊。

多數人會主張第二個社會，也就是社會B，比較平等，因為看起來不像社會A那麼不公平。在社會A，比起最有錢的百分之一，每個人都很窮。相對來說，在社會B，很有可能有人比你的情況更差。但是，看待這件事情，還有其他角度。在社會A，百分之九十九的人口都只有少量的收入，所以平等。他們賺的錢，全都是平均的一半。除了最富有的百分之一，沒有人比鄰居還要貧窮。所以，雖然看起來不公平也不平等，但是收入沒有分層，也沒有下層階級。人際之間也沒有金錢阻隔，無論工作、社會、婚姻。在社會B，人口最窮的百分之十平均收入約是整體收入的「十分之一」。雖然相較之下這個社會更繁榮——比社會A更富有二十五倍以上——然而，許多人賺的錢比整體收入平均的一半還少。最窮的人不大可能收支平衡，也難以款待比他們有錢的人。最有錢的人大概不會想要和最窮的人有任何交集，或讓他們的兒女和這樣可憐的人們的後代結婚。更大的收入差異形成下層社會。雖然社會B的吉尼係數是〇．三三，比社會A的〇．四九更接近平等，是在統計上更平等的社會，社經地位嚴重不利的人卻更多。總而言之，社會越是分層，最窮的成員越是受苦。

這就是為什麼，在中世紀，收入不平等遠比財富不平等更加重要。沒有擁有土地並不會死人；沒有足夠的食物會。價格上漲時，最弱勢的人會餓死。女人無法產出母乳哺育幼兒和嬰兒（當時的哺乳期比現在長很多）。食物短缺將嚴重傷害兒童發育，導致瘦弱甚至畸形。長期挨餓，體格也會非常虛弱，更可能因為疾病或傷害而死。

如同以上所述，論財富不平等，「由上而下」的取徑有誤導之虞，因為重點放在「不受」不平等影響的人。因此，我們反而應該從「受到」不平等影響的人的觀點來看。美與不美，全在觀者；公不公平，全在乞丐的肚子。

於是我們面臨相當的挑戰。傳統上，歷史學家藉由工資與物價指數判斷某段時間工人購買民生必需品的能力上升或下降。其中一個這樣的資料是菲爾普斯・布朗－霍普金斯指數（Phelps Brown-Hopkins index），調查一二六〇年代至一九五〇年代建築工人的實質工資。[16] 其中顯示，實質工資在十三世紀末下降，黑死病後大幅上升，並持續上升到十五世紀，在一五九〇年代又暴跌到最低點。但是，那些數值都只是「平均」，沒有談到不平等。數值告訴我們，十五世紀建築工人，三餐比十四世紀的曾祖父或十六世紀的曾孫吃得更好。但是社會最貧窮的成員，收入遠遠低於這些平均。

了解收入不平等，即中世紀英格蘭最窮的人民經歷的生活，關鍵再次是土地。然而，這次重要的因素不是土地所有權，而是土地使用。如果你沒有任何土地可以耕作，就得花錢買所有的食物。為了買，你必須有收入；僱用你的人必須有多餘的現金。但是饑荒的時候、價格上漲的時候，沒有這種餘裕，也沒有就業市場。因此，能夠使用土地，種植足夠的食物，藉此餵飽你自己和你的家庭，這件事情非常必要。經驗法則告訴我們，如果一個中世紀的農夫有三十英畝的土地，就能種植足夠的穀物，供應他的家庭，在英格蘭的天氣打擊他們最深的時候度過難關。如果他的土地介於十五至三十英畝，他的處境就有點危險。倘若他的土地少於十五英畝，他和家人將經常處於飢餓邊緣。

人口是個重要因素。一〇八六年的人口是一百七十一萬，到了一一九〇年是三百一十萬，而在一二七九年是四百四十三萬。[17]那片土地上的人越多，能分配到的土地越少，尤其到了大約一二二〇年，幾乎所有可供農作的沼澤和荒地都已清理騰出。使用三十英畝或更多土地的佃農，從一〇八六年百分之四十，到了一二七九年（下一次的大型土地調查）下降到百分之二十六。[18]使用土地介於十五至三十英畝，這個位於生存交叉點的族群，在這段期間從百分之四十掉到百分之三十六。整個社會最貧窮人口，從來就無法自給自足的人們，從百分之二十上升到至少百分之三十八。雖然因為中世紀溫暖期的效應，一二七九年的土地生產力比一〇八六年更高，但是有信心餵養家人的農民比例縮減。

從以上數值可見，在一二七九年，將近四分之三的人口處於災難邊緣。饑荒會致死，然而豐收也不能解決貧窮問題。如果一個小佃農，他有幾個兒子熬過幼年的苦難長大成人。如果莊園沒有其他可得的土地，或者他的小塊土地必須再分——再分的土地不足餵養一個家庭，或者長子取得整筆小塊土地，其他兒子什麼也沒有。這些較小的兒子可以選擇去找勞力工作，或者學習技術，或者作奸犯科。一二七九至九〇年這段期間，他們活了下來：光是這十一年，人口就成長百分之七，達到四百七十五萬。[19]不平等越來越極端。隨著更多人競爭土地，租金上漲。而且在許多地方，單純就是沒有更多土地可得。在諾福克（Norfolk）的馬特罕（Martham），百分之六十的農民每人土地縮減到僅僅兩英畝。[20]

我們常說：「不雨則已，一雨傾盆。」一二九〇年就是如此。中世紀溫暖期開始走向尾聲。在十四世紀初期，洪水連續好幾年摧毀作物。溫度驟然下降，牲畜之間爆發傳染病。犯罪幫派開始在土地上橫行。一二九〇年代與一三〇〇年代初期，社會長期不平等，導致法律與秩序崩潰，並在英格蘭留下印記——莊園主人紛紛興建護城河，保護他們的財產。

邁入十四世紀時，沒有土地的窮人過得多苦，統計學家也無法為他們說句公道話。一二九〇年與一三二五年之間，人口縮減到四百一十二萬，等於一個世代瞬間少了超過百分之十三。然而，那死去的六十萬人並不足以代表苦難的全貌。許多存活的人，生活充斥極端飢餓、發育不良、營養相關的疾病、失去親友的悲痛。有更多人是犯罪的受害者。

雖然窮人眼見自己的生活越來越苦，但是，社會頂端的人眼見自己的收入增加。伍斯特主教的財富甚至增加超過三倍，一二一二年是三百四十五鎊，一三一三年是一千三百〇七鎊。[21]伊里（Ely）主教的年收益增加兩倍半，一一七〇年至一二九九年之間，從九百二十鎊上升到兩千五百五十磅。坎特伯里主教座堂小修道院的營收從一二〇〇年一千四百〇六鎊到一三三一年兩千五百四十鎊。這些成長，部分來自補助和贈與，但其他是對已經非常窮苦的人民收取更高的租金。如同五百年後的工業革命，工人的收入減少，雇主和地主享受的利潤增加。[22]

黑死病改變這個型態。一三四八至五一年間，光英格蘭本身就有大約兩百萬人讓瘟疫奪走性命。過去會說，那幾年，基督教界死了三分之一。現在我們知道三分之一還是低估。英格蘭實際的數值較可能是超過百分之四十五，某些學者甚至認為超過百分之六十。[23]那是歐洲過去一千年最慘重的災難。[24]然而，對於存活下來的人，總有撥雲見日的時候。黑死病釋放的土地和資本，規模史無前例。農業人力大幅減少，賦予農民從沒有過的談判權力。如我們所見，結果是農奴制度迅速衰微。從前被束縛在土地的男人和女人，出發尋找更好的生活。從前指揮大群佃農的領主，即將成為發放優渥薪水的雇主，也被迫減少租金。許多土地劃分成小塊以自由保有的土地出售，或將土地出租給甘冒風險的商人和力爭上游的農民。一三五〇至一四五〇年間，富有的修道院，帳本都顯示土地的收入減少。[25]整體來說，農民的實質工資增加兩倍，而貴族的收入減少百分之十至二十。領主的年收入是四百鎊，而農民在三十英畝的土地上勤奮工作，年收入只有四鎊，嫻熟的工人每年收入五鎊，有鑑於這樣的差距，很難稱得上革命。然而，比起十三世紀，收入不平等確實較小。

這樣的情況持續直到十五世紀中期，人口掉到略少於兩百萬人的低點。人口再次成長時，貴族和教會的收入也隨著成長。富有的農民將他們的盈餘投資在購買自由保有的土地，或者租賃低租金長租期的農地，他們的收入也大幅提升。運氣沒這麼好的人，他們的次子就得因為沒有土地流落在外。較低的階級越來越多分層，而在越底下的也越脆弱。與此同時，領主開始圈圍英格蘭中部的莊園，公有地和牧草地已不再為社區共有，轉為私有土地。較窮的佃農，資產甚至落得比以前更少。他們再也不能利用共有的公牛拉犁，也不能在公有地上放牧。他們往往沒有選擇，只能放棄他們四、五英畝的地，搬去城鎮找工作。這種情況進一步導致不平等，尤其當價格開始上升。一四五〇年到一六〇〇年這段期間，肉類價格上漲四倍，穀物五倍。工人的薪水只是兩倍。26

到了一六〇〇年，人口恢復到四百萬。封建的約束不再，租用或購買土地的機會已經打破過去所謂「勞動的人」的層級。有些非常有錢：他們已經成為地方仕紳，再也不能叫他們工人。那些除了勞力以外沒有其他可賣的人，不得已去為新興的富裕家族工作。而且人口越是成長，勞工人數越多，他們的薪水越少。菲爾普斯．布朗－霍普金斯指數當中，實質薪資的最低點，幾乎確定顯示最貧窮的人苦難最深的時期。許多十六世紀的勞工吃肉的頻率不如他們十五世紀的祖先高，每天營養不良，甚至可能餓死。被迫成群結黨四處遊蕩的人——不是搶劫，就是尋找工作——在一五九〇年代達到高峰。每個郡縣都在抱怨遊民。埃文河畔的斯特拉福（Stratford-upon-Avon）有七百個無家可歸的人睡在畜舍。倫敦據說有三萬人之多。在例如諾里奇（Norwich）的城鎮，四分之一的人口赤貧，需要救濟才能活命。

這一切都令人難以主張十六世紀末的社會比十一世紀更為平等。只是因為每個人都獲得自由，並不代表他們全都享受更好的生活。許多人是，不容懷疑。機會確實比起從前更多，從擁有一些資本的人身上也看見更多社會流動。但是，那些沒有資本的人，一如往常居於弱勢，只差不是更脆弱。社會層級比從前更明顯。我們也看到了，社會越是分層，最貧窮的成員越是痛苦。每次歉收、每次價格上漲，他們都首當其衝。如果你是他們其中一員，你不會覺得收入變得更平等，而是相反。當價格上升，你就得親眼見證、親身經歷巨大的傷害。就算你有幾個鄰居取得八、九十英畝的土地，變成雇主，那又如何？

話雖如此，基於「公不公平，全在乞丐的肚子」，十六世紀後期的英格蘭有個重要領域和黑死病之前非常不同。在十六世紀，某些城鎮引進救援系統，提供挨餓的人糧食。一五九七年，連續三年食物短缺之後，引進《舊濟貧法》（Old Poor Law）。此法規定人民繳納地方稅，幫助堂區窮人，第六章將會詳細討論。加上市場系統成熟，饑荒時期順利流通食物，解救數千條人命。你可以說，因為法律強制富人行善，英格蘭社會找到方法，減輕社會因為更多分層導致的深刻苦難。但是善行並不消弭不平等。善行是止痛藥，幫助人民應付，但是不能治癒。

## 政治權力

在十六世紀，對於發展中的中產階級，教育與專業的機會遠遠多過封建的十一世紀。政治權力也是同樣的情況。隨著財富的眼界擴展，容納越來越多家族，政治的眼界也跟著大開，接受他們。

在十一世紀，國王的意志就是法律。埃塞爾雷德二世（Ethelred II）驅逐他不信任的領主，或沒收領主的土地，在一〇〇二年聖布萊斯日（St Brice's Day）下令屠殺所有在英格蘭的丹麥人。克努特大帝在一〇一七年的耶誕節不經審判處決四名重要的領主。那些膽敢違抗征服者威廉的人，還沒來得及後悔就消失在世上。唯一能夠檢核王室權力、對國王進諫的是一小群領主和主教。雖然不能強迫國王接受建議，但明智的國王至少會認真考慮。政治的眼界，從不到十個有影響力的人，開始往外擴展，包含越來越多個人。一二一五年，英格蘭國王約翰同意《大憲章》，後續的國王同樣遵守，君王須向王國之中權力最大的封建貴族負責。十三世紀國會成立，進一步擴大這個責任範圍。七十四位選舉出來的郡縣議員和大約一百六十位城鎮代表，從一二六五年偶而參與，到一二九五年，他們協同領主與高階聖職人員，成為國王的顧問，而且立法或修法。每位議員的角色也許不起眼，但是政治權力已經不再完全集中於君王身上。

十四世紀，國會取得的權威甚至更多。最著名的是，一三二七年，英格蘭議員同意廢黜愛德華二世，強迫他退位，由他的兒子繼承。接著，一三九九年，國會革除理查二世的王權，任命他的繼承人。兩個事件之間的差異極為重要。一三二七年，沒人非常清楚國會是否擁有權力廢黜國王。七十年後，毫不懷疑：國會而非國王，透過廢黜，裁定理查的王權終止。因此，由市民代表，和自由保有土地、每年只要收入兩英鎊的自耕農所組成的選民，這樣的發展相當大地擴張政治權力，即使仍只適用少數人口。從前國王的意志是法律，現在他們的意志可能會讓他們下台。

## 女性獨立

在英格蘭的法律，至少從十二世紀開始，結婚的夫妻是單一法律實體，同一血肉，法律上完全由丈夫代表。女人於一切必須服從丈夫，而且法律允許丈夫毆打妻子，確保她遵從丈夫。女人不准擔任公職（僅有非常少數例外）。除非沒有男性繼承人，女兒才能繼承土地和頭銜。莊園佃農過世，只要遺孀不改嫁，通常繼續享有他的財產；妻子過世，男人沒有這個限制。諸如此類。然而，所有男人都比女人優越，這麼說也不對。社會地位依然優先於性別。當一家之主不在家，就由他的妻子作主，家中男性僕人不得違抗她的命令。同樣地，許多領主的妻子可以指揮以丈夫名義管理莊園的管家，即使她自己不是莊園領主。

延續這種心照不宣的影響模式，富有的女人可能享有某個程度、不正式的權力。伊莎貝拉・德・福爾茲（Isabella de Fortibus），一二六〇年在二十三歲時成為寡婦，兩年後又以自己的名義（非憑婚姻）繼承德文伯爵的頭銜，國王命令她改嫁給他所選的人，她兩度拒絕。這樣的違抗甚至可以延伸到軍事方面。一三三八年，令人敬畏的艾格尼斯（the redoubtable Agnes），即丹巴爾伯爵夫人（Countess of Dunbar），與索爾茲伯里伯爵領導的英格蘭大軍對峙六個月，成功保衛丹巴爾城堡。非正式的權力也適用於政治。雖然女人不能投票或進入國會，十五與十六世紀時，權力高上的女人控制自治區，派男人進入國會，讓佃戶投票給她們的朋友或遵從她們的人，確保自己的利益。貴族女人可以違抗國王的指示，許多出身沒有那麼高貴的女人，也可以靠著強勢的性格控制她們的丈夫，例如喬叟筆下的巴斯夫人（Wife of Bath）。只從法律的規定看待性別不平等，會是誤導的觀點。這麼做是在研究法律，不是在研究人民。

有鑑於以上這些事例，我們能否理出任何中世紀前後，女性權利與權力的變化？我們能否看出女性獨立這方面的眼界變遷，而且如果是，又是朝著哪個方向？

雖然在盎格魯－撒克遜的社會有許多位高權重的女性，但是也難以主張一〇六六年之前的性別歧視較少。有些驚人的例子，例如像麥西亞王國的埃塞爾弗萊德（Aethelflaed of Mercia）這樣的女性領袖，可能因為她們出身貴族、她們的財富、她們丈夫的社會地位，或者，像埃塞爾弗萊德，以上皆是。這樣的女人很了不起。女性地主也是同樣的道理。一〇六六年，大約三百五十個莊園領主是女性，但她們持有的所有土地，大約一半都在三個女人手中：威塞克斯伯爵戈德溫（Godwin）的遺孀吉莎（Gytha）；她的女兒伊狄斯女王（Queen Edith）；以及她的兒子國王哈羅德二世的情婦伊狄斯。[27]這件事情強調的，反而是戈德溫伯爵的家世，不是女人普遍的立場。所以檢視十一世紀女人的自由與成就，必須同時考量那個女人的社會地位。

女人面對的不平等，很多來自婚姻。因此，很容易漏看這個區域裡頭女性地位的進步。

十一世紀初期，貴族婚姻不同於民事契約，權力強大的丈夫可以任意摒棄。根據《盎格魯－撒克遜編年史》，一〇五一年，懺悔者愛德華（Edward the Confessor）「拋棄這位被封為王后的女士，剝奪她所擁有的土地、金銀和一切，並將她託付給他在韋爾威爾（Wherwell）修道院的妹妹」。[28]雖然後來她恢復寵愛，但是由此可見男人可以怎麼對待他的貴族妻子。就連與妻子正式結婚的男人，和情婦所生的子女，也可以成為合法後代。哈羅德國王與情婦天鵝頸伊狄斯（Edith Swanneck）生了五個兒女，伊狄斯的小孩都出生後，伊狄斯也還在世，他又娶了其他女人。克努特大帝也有情婦。征服者威廉是父親與埃爾蕾瓦（Herleva）外遇所生的兒子，埃爾蕾瓦後來嫁給一個不重要的諾曼領主埃爾魯因・德・孔特維爾（Herluin de Conteville）。

社會接受男人的多重關係，對女人造成莫大威脅。她們不能保證自己能夠一直受到寵愛，而且如果她們的「丈夫」找了其他女人當妻子或情婦，她們的子女可能也會失去來自父親的合法權利。所以，十一與十二世紀，教會通過法律，在整個基督教界確立婚姻聖事的地位，是女人的一大福音。隨著教宗額我略七世進行改革，婚姻逐漸被視為神聖的結合，不得撤銷，國王也不例外。此外，實施結婚公告與夫妻財產協議，非婚生子女不得繼承。十二世紀初期，亨利一世任何非婚生的兒子都不可能成為國王。妻子從今以後都是妻子，不允許休妻（僅有幾個例外，多半和血緣與未完成圓房有關），同時法律保障任何婚生子女的繼承權。如果我們從更大的脈絡思考，這裡顯示一段漫長過程的起點。婚姻不再是丈夫可以任意解除的制度。從十一世紀後期開始，只有教會可以這麼做。後來的世紀，國會接手這個角色。而最後到了十九世紀，女人甚至可以提出離婚。教宗額我略七世可能完全不像支持女權的人，但間接的，他是。

女性獨立的過程，還可以從寡婦的權利察覺細微的轉變。一開始，有錢的寡婦可能被迫違背她的意志改嫁。亨利一世宣布他不容許這種事情，但是他的安茹繼承人想法相反。理查一世和約翰都允許男人不經寡婦同意與她們結婚。然而，《大憲章》對此做法提供明確規定。

> 丈夫過世時，寡婦得立即且無礙獲得嫁妝，並立刻繼承遺產。她無須為嫁妝或任何丈夫過世當天與丈夫共同持有的遺產支付費用。她得於丈夫過世之後繼續住在丈夫家中四十天，於此期間，她即獲得應得的亡夫遺產。

寡婦若無意願再嫁，不得強迫寡婦為之。唯寡婦須保證，若她的土地屬於王室，不得未經王室同意結婚，或者若她的土地屬於其他領主，亦不得未經其他領主同意結婚。

儘管後來的國王偶而輕忽這些規定，十三世紀末，人們已將這些規定當作法律。官方承認的婚姻，也代表國家承認的寡婦身分，這對貴族女人還有其他優點。任何人不得以國王之名派任已婚婦女官職，因為她須於一切服從她的丈夫。然而，寡婦可以為國效力。十三世紀初至少任命兩位女性治安官。國王約翰任命繼承林肯城堡（Lincoln Castle）城主的妮可拉・德・拉・海（Nicolaa de la Haye）為林肯郡的治安官。亨利三世在位期間，埃拉・德・隆斯畢（Ela de Longespée）當上威爾特郡（Wiltshire）的治安官。這些不只是象徵，而是擁有各種重要權力的重要職位。

教會承認的婚姻有個缺點：肯定丈夫在婚姻中占優越地位。《大憲章》毫不忌諱性別歧視，明確規定：「除非因為她的丈夫死亡，否則不能因一個女人上訴而逮捕或囚禁任何人。」女人的證詞之於謀殺審判實際上沒有效用。這只是其中一個部分。對婦女的歧視各式各樣：女人不得上文法學校或大學；女人不得擔任祭司或教師。埃拉・德・隆斯畢之後，也沒有其他女性治安官。在生活的方方面面，已婚女人都須得到丈夫許可——從立遺囑到允許某人進入婚後的家。

男女之間的緊張關係最有趣的點是當王室地位和性別主義衝突的時候。雖然亨利一世不覺得有什麼理由不讓女兒瑪蒂爾達（Matilda）在他死後成為女王，但他的意見是少數。一一三五年他死後，底下的貴族決定瑪蒂爾達身為女性不得繼承王位，儘管在亨利生前，他們全體至少在三個場合宣誓支持瑪蒂爾達的繼承權利。愛德華一世同樣認為他的幾個女兒，儘管性別，可以成為統治國家的女王，還在一二九〇年為此寫下王位繼承協定。可以質疑的是，如果他沒有留下兒子，他的心願會不會被人尊重。愛德華三世在這件事上比他的祖先更歧視女性，尤其當他在一三七六年訂定王位繼承順序時，特別忽視女兒與孫女。亨利四世也想藉由一四〇六年的《國會法》限制唯有兒子的男性後代可以繼承王位。但他的長子亨利王子拒絕這個想法。國王不得已通過第二個法令，允許亨利王子的女兒以自己的名義繼承，順序優於亨利的弟弟托馬斯。

王室的玻璃天花板最終還是粉碎，如同我們知道，事實上在十六世紀有兩個女人繼承王位。因此我們也許可以把一四〇六年當成轉捩點，而這項革命在瑪麗一世於一五五三年登基的時候完成。

什麼改變了？影響女人繼承王位的可能性，其中一項最重要的因素，是國王史蒂芬多災多難的統治。人們不難聯想他具爭議的繼承＊和隨後的無政府狀態，於是導致一個原則，從一一五四年開始採用，就是先王的子女或孫子女為首要繼承，即使先王僅存的後代是女人。第二個並非無關的原因是，其他王國支持女性繼承。較早的例子是那不勒斯兩位女王：十四世紀的喬凡娜一世（Joanna I）和十五世紀初期她的親人喬凡娜二世。然而，在英格蘭眼中，更重要的女王是丹麥的瑪格麗特（Margaret of Denmark），不僅統一丹麥與挪威各個王國，並與瑞典合併，她還安排繼承人艾瑞克（Erik）與亨利四世的女兒菲利帕（Philippa）在一四〇六年結婚。都鐸時期更重要的是於一四九二年完成收復失地運動的西班牙女王——卡斯提爾的伊莎貝拉（Isabella of Castile）。她與二代堂弟亞拉岡的斐迪南結婚，統一西班牙。她的女兒是亞拉岡的凱瑟琳，亨利八世的第一任妻子。有鑑於這些外國女王不僅統治成功，還受英格蘭王室家族背書，伊莎貝拉自己的孫女以自己的名義成為英格蘭女王，也就難

＊ 譯注：史蒂芬是先王亨利一世的外甥，與亨利的女兒瑪蒂爾達爭奪王位。

以否認了。

另一個影響女性繼承的重要因素，是王權的本質已經從根本改變。十一世紀的國王需要帶著他的人民上戰場並且親自執法，十六世紀的君王則需要小心周到。一五〇四年，國內已經禁止私人軍隊，因此英格蘭的國王與女王再也不須帶領大批軍隊攻打自命不凡的伯爵。此外，如同上一章提及，親自帶兵深入戰場的國王，可能會被炮彈或流彈所殺，所以他們越來越把打仗這件事交給專業的軍事指揮官。國王另一個重要義務——執法，也是如此。十二世紀國王史蒂芬拒絕引進羅馬法，堅持他的子民應該維持英格蘭的慣例，於是編纂並發展普通法的責任就落到他的繼承人身上。結果，到了十五世紀，英格蘭法的原則已經不再是模糊的法條集合，而是需要專業督導與國會釋疑，王室也不能干涉的立法文庫。當專業人士負責軍事領導與法理，君王的角色就越來越專注在政治與政策制訂。而且丹麥的瑪格麗特與卡斯提爾的伊莎貝拉兩人都顯示，沒有什麼可以阻撓女人同時精通兩者。

發揚和平與擴展法治並不僅僅裨益王室女性。在十一世紀，即使妻子從已故的丈夫那裡繼承事業，女人從商仍是極為困難的事。旅行是必要，但是危險，而且法律也尚未完善，不足在運送途中保護她和她的貨品。國外旅行完全不可能，除非那個女人有很大一群男人作伴。但是隨著英格蘭和歐洲的法律系統發展，貿易安全也逐漸提升。一四一二年，考文垂（Coventry）的瑪潔里．羅素（Margery Russell）是富商的遺孀，從丈夫那裡繼承事業。她向國王請願，希望收回在西班牙價值八百鎊的貨物。[29]喬叟虛構的「巴斯夫人」也是在海外從事布匹生意的女人。在國內，法律系統提供機制，女人可以對男人要求法律權利。因為這樣的能力，相較十一世紀，女人在中世紀後期更能獨力行為。

法律效率改善，保障女人——尤其那些家世良好的家族——對於女性獨立發揮正面效果。佛蘭芒的外交官伊曼紐．馮．米特蘭（Emanuel van Meteren）在一五七五年寫道：

> 雖然女人（在英格蘭）除了生命以外完全受制於她們的丈夫，但是她們不如在西班牙或其他地方受到嚴格控管。她們不會被囚禁，能夠按照荷蘭和其他鄰近國家的方式自由管理房屋與家務。她們上市場買自己喜歡吃的東西。她們穿著體面，舉止從容，普遍將家務與單調的勞役留給僕人。她們穿著華美衣裳，坐在門前，為了看人或被路過的人觀看。在所有的筵席與宴會，她們備受尊敬；她們坐在餐桌的上位，優先享受服務……這就是為什麼英格蘭被稱為「已婚婦女的天堂」。[30]

年輕的瑞士內科醫師托馬斯・普雷特爾（Thomas Platter）一五九九年來到英格蘭，簡短生動地描述英格蘭女性在中世紀末期享受的自由：

> 現在英格蘭的女性人民……比其他地方有更多自由，而且知道如何充分運用，因為她們經常在外遛達或穿著非常華麗的衣服坐上馬車。男人必須忍受她們那樣，不能為此處罰她們，確實，好妻子經常打她們的丈夫……而且，有句話形容英格蘭，是這樣的：英格蘭是女人的天堂、僕人的監獄、馬兒的地獄。[31]

中世紀初期，若無可以保護自己的男性作伴，離家非常危險，多數女人都要考慮。經過中世紀，女性個人的眼界顯然已經擴展。

對中產階級女性來說，最重大的進步也許是讀寫能力，這與英文書籍印刷息息相關。靠著自學閱讀自己不懂的語言，幾乎不可能，何況從來也沒人在教女人或女孩拉丁文。但是以你自己的語言寫作的書籍讓你有機會認識書寫文字。此外，學校只收男學生，但是書本不會。許多十六世紀的女人可以自學閱讀，因此能夠自行研究，並得到自己的主張。她們也能自己寫信和寫書，藉此與其他女人交換資訊。有些可以表達自己的想法，和讀過書的男人辯論。知識不再是男性特權。

一六〇〇年的社會基本上還是男尊女卑。結婚的男女依然是單一法律實體，完全由丈夫代表。許多堂區記事上，受洗的小孩依然只寫父親的名字，彷彿他們來到這個世界，母親完全沒有貢獻。但是一六〇〇年的性別不平等和西元一千年的不同——於女人的法律地位、獨立程度、學習與分享更多知識的能力。出身新中產階級的女人能夠了解她們的智力潛能，那些方式在十一世紀無法想像。回到我們在西元一千年沉睡的農夫：如果他在一六〇〇年醒來，聽見女人對他讀聖經，他一定不會覺得像「回到家一樣」。「這是天堂嗎？」他可能會這麼問自己。「難道，是地獄？」

## 種族不容忍

目前為止，我們所看到的不平等，經過中世紀，眼界都顯著轉變。就連收入也不同，儘管到了十六世紀又回到更大的不平等。難過的是，種族是例外：根深柢固的種族偏見在中世紀始末都很明顯。部分也許是地緣關係。不像歐洲南部，這個國家距離非洲很遠。也不像歐洲東部，這個國家距離東方更遠。海峽從物理上，也從心理上，阻隔英格蘭與歐洲大陸。因為不熟悉其他區域的人民，導致懷疑、偏見、深刻的不平等。

諾曼人征服之前，英格蘭似乎沒有猶太人，在那之後，少數猶太人定居在最大的貿易城鎮，包括倫敦、坎特伯里、溫徹斯特（Winchester）、南安普敦（Southampton），以及林肯。他們的地位有點尷尬。雖然他們從事放款借貸或醫療，一方面能夠接觸社會最高的階層，另一方面又被英格蘭人當成其他種族排斥辱罵。因為他們的宗教，所以受人厭惡。人們看著他們有錢，既羨慕又討厭。法律規定他們不得擁有土地。他們也常常淪為種族暴力的受害者。一一九〇年在約克，城裡整個猶太社區被暴民攻擊，不得已到王室城堡避難。多數自殺，男人殺了自己的妻兒之後自我了斷；剩下的人被暴民殺害，或死在起火燃燒的城堡。一個世紀後，愛德華一世將猶太人逐出英格蘭；一二九〇年後唯一允許住在這裡的猶太人只有醫師。據說亨利四世曾經僱用猶太醫師，伊莉莎白一世也是，兩位君王都特許他們和家人住在國內。雖然英格蘭的人民知道猶太人，而且許多基督信徒覺得他們可恥——就像莎士比亞的《威尼斯商人》裡頭的夏洛克一角，但是，大多數的人其實從沒親眼見過猶太人。一六五七年之後，才又允許猶太人在這裡自由落腳。

種族不容忍也能解釋十六世紀對居無定所的「埃及人」，即吉普賽人，不友善的反應。書上記載他們一五〇五年到了蘇格蘭，大概也是這個時候來到英格蘭。到了一五三〇年，他們已經變成政府眼中的問題。那年的《埃及人法》（Egyptians Act）禁止吉普賽人入境，已經在這裡的十六天後必須離開。一五五四年類似的法令持續將埃及人定罪；一五六三年第三個法令更僅僅因為是吉普賽人就可以處死。最後一個觸犯該法令的人在一六二八年被吊死；這項法令記錄在法典當中，直到一七八三年。

雖然黑人在羅馬時期就已經來到不列顛，他們的血統遠在十一世紀之前就已被吸收。接下來幾個世紀，有些旅人來到英格蘭，例如「印度」王子曾在愛德華三世在位期間來訪，但是除此之外，中世紀的英格蘭很少見到有色人種。但他們是知道的。泰恩茅斯（Tynemouth）不具名的僧侶在十四世紀中期描述當地人民：「住在海邊的男人像摩爾人，女人像衣索比亞人，少女骯髒，男孩和猶太青年一樣黑。」[32]關於黑人的資訊，儘管幾乎完全不正確，持續在受到歡迎的旅遊書中流通，例如《曼德維爾遊記》（*Sir John Mandeville's Travels*）。從一五〇〇年開始，我們可以更確定他們長久居住在這裡。一五〇七年，宮廷有個黑人喇叭手叫約翰·布蘭克（John Blanke），可能是亞拉岡的凱瑟琳在一五〇一年與亞瑟王子結婚時的隨從。凱瑟琳的女性隨從可能也有幾個黑人。來自葡萄牙和西班牙的商人也在十六世紀初期帶著北非的船員和僕人來到英國。有些可能定居在這裡：一五四五年，在失事的都鐸戰艦瑪麗玫瑰號（*Mary Rose*）上發現至少兩具骨骸，人們認為是北非人的後代。有趣的是，一五五〇年之前在英格蘭的黑人沒有任何種族衝突的證據。他們來到英格蘭，必定不像吉普賽人遭受排擠和法律迫害，可能因為人數稀少，而且得到王室贊助。

這個情況在一五五〇與一五六〇年代英格蘭奴隸貿易遠征時期改變，更多黑人從非洲被帶到英格蘭。黑人男女行為不檢、品德敗壞的觀感，受到奴隸貿易探勘者驅使，開始滲透英格蘭的文字記載。一五五四年英格蘭遠征非洲之後，勞勃·甘許（Robert Gainsh）寫下：「那裡的人……古代稱為衣索比人（Ethiopes）或奈及利人（Nigrite），現在我們稱為摩爾人（Moores）、摩然人（Moorens），或倪格羅人（Negros），是像野獸般活著的人，沒有神、法律、宗教或聯邦……」[33]他又說，他們之中，「女人是共有的：因為他們沒有婚姻制度，也不尊重貞節」，把所有黑人女人，另外暗示所有黑人男人，都貼上不道德的標籤。如果人們認為這些人惡名昭彰、厚顏無恥，破壞基督的道德法律，就更容易合理化買賣。

種族衝突持續升溫。一五七八年，喬治・貝斯（George Best，一五五五－一五八四，英格蘭航海員、作家）解釋黑人是諾亞的兒子「含」（Cham）的後代，違背父親的指示，和妻子在方舟上行房。

> 因為那邪惡與可惡的事實，蔑視全能的神並忤逆父母，神使出生名為古實（Chus）的兒子，不僅是他，以及他所有的後代，全都皮膚黝黑且令人厭惡，向全世界顯示忤逆的下場。而所有在非洲的黑人摩爾人都來自這個黑色又受到詛咒的古實。[34]

六年後，雷吉納德・史考特（Reginald Scot）在他的著作《巫術探究》（*A Discoverie of Witchcraft*）描述一個皮膚就像黑人的惡魔。[35] 黝黑的皮膚在莎士比亞的《無事生非》（*Much Ado About Nothing*，一五九八／九年），被當成不想要的特徵，劇中克勞迪奧說，即使希羅是「衣索比人」，他也愛她。英格蘭劇作家開始描述黑人是駝獸。克里斯多福・馬羅在他的《帖木兒大帝》（一五九〇年）第一部說到兩個摩爾人拖拉巴耶濟德（Bajazeth）的牢籠。喬治・皮爾（George Peele）的劇作《愛德華一世的著名編年史》（*The Famous*

*Chronicle of Edward the First*，一五九三年），其中舞台指示「喇叭聲起。四個倪格羅摩爾人運送伊莉諾女王」。十六世紀後期英格蘭的著作數次描述十六世紀末黑人男人為偉大的統治者拉車，有時特別裸露。[36]雖然英格蘭普通法不允許蓄奴——法庭有時拒絕雇主主張擁有黑人——黑人事實上沒有自由，而且談起黑人會用十分羞辱的言詞。

以上種種導致黑人的社會地位一路走下坡。一五九六年一道樞密院的命令允許某個德國商人在英格蘭購買黑人，運送他們出國販售。部分動機似乎基於不樂於見到他們人數成長。不管怎樣，由此可見，黑人的社會地位有多麼低下。政府顯然認為，僅僅因為他們的膚色，就可以驅逐他們，當成奴隸販賣。[37]同一個德國商人接著在一六〇一年請願，內容是他無法在英格蘭買到任何黑人，因為他們的主人拒絕放棄他們的僕人。這本身是個有趣的事實：他們全都有主人。十六世紀結束時，所有住在英格蘭的黑人都是某種僕人，而許多權貴認為他們適合作為奴隸，在王國以外出售。

中世紀從頭到尾，不平等的眼界幾乎在每個面向都經歷劇烈變化。這些變化包括收入——隨著在十四與十五世紀能夠收支平衡的人口比例擴張，但在十六世紀萎縮。本章探討的顯著例外是種族。合法奴隸迅速減少，最後消失。農奴制度也是。英格蘭三分之一的耕地從王室和教會轉移到私人手裡。地主比例，包括承租，從不到百分之二，上升到百分之二十五。然而，有輸家就有贏家。一方面而言，某人可以在價格較低時候將農業盈餘再次投資到土地，因而變得極為富裕。最終，自由保有的土地為他帶來收入，而且可以轉為後代的教育機會，接著讓兒子在教會、政府、法律從事賺大錢的職業。相反地，同一個人的親戚可能難以從他狹小的土地生產足以餵飽所有兒女的食物，不可能飛黃騰達，兒女也會相對貧窮。回過頭來，他們自我提升的機會也受到限制。到了伊莉莎白時期，他們的後代可能是城鎮的工人或遊民。我們今日在社會所見的財富和收入分化，不只是工業革命剝削勞工的結果。很大部分因為中世紀土地代代相傳，以及在這段期間趨向分層的社會。

同時，政治權力的眼界擴展，容納那些後來成為地主的人。到了一四〇〇年，自耕農可以在國會投票改變法律，甚至廢黜君王。你無法想像十一世紀英格蘭不自由的佃農希望擺脫征服者威廉，但是某些他們的後代，在三百年後就是這麼對待威廉的第八代孫理查二世。至於女人，出現微小但重要的進步，尤其對於富有的女人。婚姻聖事、擴大且改善的法律、識字能力漸廣，全都幫助她們減少相對男人的不平等。十六世紀的女人享有比十一或十二世紀更多自由。女人在一一三五年無法以自己的名義成為女王，然而在一五五三年可以，由此可見更廣大的社會變化已經發生。雖然社會依然歧視女性，但是法律對於歧視設下限制。很少女人寧願把時鐘撥回暴力與納妾普遍的年代。有鑑於其他所有的社會變化，許多男人應該也不會想要。

# 第四章　舒適

## 英格蘭的生活水準

在西元一千年睡著的農民，當他醒來，看到一六〇〇年的天際線，必定不敢相信。但是他眼前的驚奇絕對不止於屋頂。在中世紀初期，他自己的家會是煙霧瀰漫的小屋，牆壁是被煙燻黑的木頭或泥煤。他怎麼能夠想像十六世紀像伯利莊園（Burghley）或哈德威克莊園（Hardwick Hall）那樣牆上掛著織毯的鄉村別墅，更不用說像里奇蒙（Richmond）或白廳（Whitehall）那樣的宮殿。或像有錢的商人在城市的聯排房屋，以及裡頭極其奢侈的物品。中世紀這段期間，人們的生活水準就和教堂的高度與城鎮的規模一樣經歷劇烈改變。

當我們想起中世紀的房屋，我們通常想像中世紀末，橫梁粗壯、壁爐廣闊的那種建築。但那是因為，流傳給我們的例子就是那些。在英國，十一世紀初期的家庭建築無一倖存；在歐洲，無論什麼地方，幾乎也都難以看到那麼久遠的結構。確實，這麼多中世紀末期的住家現在還在，恰好證明經歷這段期間房屋改善多少。不僅堅固，而且舒適，所以可以延續好幾個世紀。相對的，十一世紀與十二世紀的住房水準，就連中世紀末期的人來看，也不可接受。

我們也可以這麼說十六世紀的家具：很多十六世紀的家具留存至今，因為作工優良，而且無論實用或美觀，都有保留到現代的價值。在這之前的家具很少還在，一四〇〇年之前的幾乎沒有。不斷進步的居家裝潢見證過去幾個世紀的物質生活持續推陳出新。但是到了十六世紀，許多家庭用品已經到達精緻的程度，值得永久保存。十六世紀的衣箱、床架、桌、長凳、座椅、櫥櫃、化妝台，大量流傳至今，但是十一世紀，即使最好的家具也無法。

這裡並不意圖詳述中世紀家庭生活的歷史；就算我們只集中討論英格蘭，這個主題還是太大。但是我會簡短描述我們祖先的家在中世紀這段時間如何改善。比喻的眼界在這方面是特別有用的工具。當應用在家庭起居，我們可以看到眼界如何擴展，包容那些天花板挑高、房間眾多的大房屋。眼界隨著用具和家具陳設成長，也隨著四面牆壁裡頭進行的儀式和功能發展。事實上，從十一世紀到十六世紀，生活水準的變化簡直認不出來，帶著我們從揮舞斧頭的武士住的煙燻木架大廳，到油畫與魯特琴——廷臣吹奏優雅的音樂，莎士比亞的時代。

# 富裕人家的住宅

今天我們多數的人只住在一間房屋。我們知道，有錢人通常擁有不止一個家，而超級有錢人可能擁有四、五棟房屋，分布在各大洲。總沒有人在一個國家擁有二十或三十棟房屋吧？但是十一世紀初期的貴族就是如此。許多領主擁有幾十筆土地，定期輪流停駐，以便取用每個地方的農產，不會耗盡糧食。因此我們所謂的家——個人歸屬的住所，和十一世紀貴族的房屋，根本上是不同的概念。如果你是一位撒克遜的領主，長期在三十個住所之間巡迴，那麼沒有一個是你的家。你的「家」，反而是你攜往各處的東西——你的貴重物品、衣服、餐具、家具、武器，和你家裡的人，就是和你一起巡迴的人。當你離開一棟房屋，移動前往下一個，你不會留下多於一個木頭的空殼。

因為這個理由，大廳裡頭幫助生活舒適的用品，領主目前住不住在這裡，差異是天南地北。在十一世紀，貴族不在的時候，你去了他的房屋，會以為你去到農場。一旦你走進大門，穿過木樁包圍的柵欄，你會看到許多房屋聚集，圍繞最大且氣勢驚人的建築結構——大廳。大廳由木材建造，橡木柱插進地板，不打地基。牆壁是鋸成一半的樹幹（像小木屋，但樹幹是垂直排列），有兩個門，分別位於前後，或者位於左右。屋頂覆蓋茅草。有鑑於這樣的建築，內部供暖並不容易，所以只會有幾扇狹小的窗戶。這些窗戶沒有玻璃，但有木板遮蓋，或刮過之後半透明的羊皮。領主和家人的臥室分散在周圍其他區域不同的木造建築。廚房、禮拜堂、奴隸的住處、女人的住處、商店、畜舍，以及各種農舍都是。

這些建物全都是木頭蓋的，一層樓高。領主不在的時候，裡頭全都是空的，只有莊園總管和少數僕人與奴隸。然而，領主入住的時候，外觀上會非常不同。大廳中央是爐床，四周的木牆掛上織毯與刺繡的帷幔。泥土地板鋪滿新摘的燈芯草。人人在各自的位置用餐，領主自己的餐桌會鋪上精美的桌巾。領主的木箱會打開，裡頭有他和他的侍者要用的角杯與高腳杯。他在臥室的床當然也會鋪好，蓋上最漂亮的刺繡床單。在禮拜堂，領主自己的祭司會把祭壇好好裝飾一番。整個地方會徹底變身。

領主的房屋是木造的，好幾個世紀都是如此，即使大約每三十年，插入土裡的木柱開始腐爛之後，就必須重蓋。同樣的規則也適用諾曼人征服之後大多數的城堡。十二世紀才慢慢開始使用石頭建造住宅，而且到處旅行的貴族很快就會愛上石造建築。現在領主睡覺的臥室通常緊鄰大廳，大廳依然是住家最重要的空間。但是，木造的撒克遜大廳幾乎都是一層樓的建築，而十二世紀的石造房屋，大廳通常位在二樓，底下有個用來儲藏的地窖。

英格蘭保存最好的十二世紀石造房屋，其中一棟是位於林肯郡布斯比帕涅爾（Boothby Pagnell）的布斯比莊園（Boothby Manor House）。這是莊園房屋的主樓（solar block）——相當於領主私人的寓所。二樓有兩個主要房間——大廳與臥室，在拱形的地窖上方。大廳有壁爐，壁爐上方有煙囪。窗邊有個座位，還有一個嵌進牆壁的櫥櫃。外頭應該還有許多獨棟建築，包含給僕人住的大廳、廚房、畜舍、貴客暫住的房間、釀酒小屋。也會有放置麵包、乾燥食物、家庭日用織品的備餐室，儲藏麥酒、葡萄酒、濕潤食物的食品室。

這種上層階級的建築設計比從前更安全又舒適。把大廳放在二樓，意謂現在地板不是泥土做的，而是石頭，清除舊的燈芯草和砂礫也容易得多。任何待過爐床在大廳中央的人都會跟你說，濃煙四處瀰漫，所以在牆上的壁爐象徵居家享受一大進步。有鑑於中世紀多數的大廳都缺乏光線，窗戶（晚上覆蓋木板）是另一項重大改善。坐在窗邊的座位，就可在室內從事例如針線活兒的細膩工作。儘管如此，還是值得注意，領主的家庭，只有兩個生活空間。只有領主擁有自己的臥室；其他家庭成員所能希望最好的空間，是在大廳那一層樓放上一張茅草床墊。我們想的是自己的房間，周圍擺放自己的東西，但是十二世紀依然注重集體生活。

到了一三〇〇年，布斯比莊園在舒適方面的進步，所有新建的貴族房屋和城堡都明顯可見。上層社會的每棟住所，主樓都有大壁爐和煙囪。最富麗堂皇的建築裡頭，私人臥室的窗戶有玻璃。玻璃很珍貴，所以領主巡迴住所時，有時會一起帶走，和其他家具一起用四輪車搬運。牆壁可能上漆，或掛上帷幔和織毯。在大廳，出口直接通往備餐室和食品室。廚房是高度雙倍的石造屋，有兩、三個大壁爐，邊牆有烤爐，通常也會有條搭建頂棚的走廊通向其他區域。

十四世紀，市場在整個國家興起，表示領主不再巡迴多個莊園以確保糧食供應。相反地，他們可以專心經營主要的莊園宅第或城堡，改造得既安全又舒適。有人投下鉅資改善衛生，例如勒德羅城堡（Ludlow Castle）和華威城堡（Warwick Castle）令人佩服的如廁區域。私人臥室的數量明顯增加，所以地位高尚的人在自己的房間就寢也變得普遍。最驚人的發展，也許還是窗戶的數量和大小。這項進步歸功幾個因素。首先，「戰爭日常」結束，表示窗戶不再需要為了防範敵襲，必須狹小且朝內設計。接著是新的觀念，光線有益健康，日光能夠淨化在不通風的空間積聚的瘴氣。此外還有舒適的理由。如果擁有大片且鑲上玻璃的窗戶，可以坐在窗邊做針線活兒或閱讀，比起坐在穿堂風吹過、搖搖晃晃的燭火旁邊，不知舒適多少。而且那代表什麼樣的社會地位？大量的玻璃代表財富，進而暗示權力。大廳的窗戶自然越做越大，而且總是鑲著玻璃。某些也有金屬窗框，可以打開通透清新的空氣。

理查二世同父異母的弟弟約翰．霍蘭德（John Holland）在德文郡興建的達廷頓莊園（Dartington Hall）。大廳有大片窗戶，就是這種領主住所的例子。一四〇〇年霍蘭德去世不久之後，盤查其中部分的家具擺設，包括奢華萬分的床鋪與刺繡被褥、床簾、短帷幔、床墊和床單。臥室的座椅和大廳的長凳有刺繡的靠枕。也有桌巾、壁毯、華蓋（baldequins，領主寶座上方的厚重頂蓋）、後幔（back cloths，領主寶座後方的帷幔），以及銀杯、湯匙、盤子。銀盆、水罐、擦手巾（餐前餐後洗手用）。清冊也列出所有禮拜堂的家具擺設，包括舉行禮拜時使用的宗教圖書。[1]如同達廷頓廳和相似的資料顯示，當領主把時間集中在兩、三個宅第時，就能設置完整的家具，而非在許多平時空蕩的房屋之間搬動珍貴的個人財產。

十五世紀，前一個世紀由貴族新創的物品，現在仕紳也都採用。全國上下的莊園宅第都經過改建，在大廳與主樓安裝精美的壁爐，也有方便的廁所和許多臥室。多數都有傳統的食品室、備餐室、廚房。出入口連接大廳低處，以免每次打開大門就吹進穿堂風。現在只有僕人在大廳吃飯睡覺，領主的家人自己在主樓生活。宴客的時候，領主依然坐在大廳的上位，但越來越重視隱私：這已成為社會區隔的象徵。私人的會客室，自從牆壁裝上木板，越來越暖和，也越來越友好。客房的灰泥牆壁有時畫上騎士和宗教奉獻的場景，展示領主崇尚的美德，也是他希望自己和家人給予他人的印象。

到了十六世紀末，領主家庭的居住空間已經轉型完成。從前，領主在許多像畜舍的木造大廳紮營，現在他們人人在鄉村擁有別墅，在倫敦擁有樓房。屋內房間，天花板塗上灰泥，牆上安裝玻璃窗。位於德比郡的哈德威克莊園、威爾特郡的朗利特莊園（Longleat）、林肯郡的伯利莊園，像這些大宅，都驕傲地展現他們的玻璃，藉由窗戶顯示社會地位。因為領主和仕紳想要炫耀他們高尚的品味，家具設計也不斷進步。房屋裡頭開始出現長廊，可供室內運動或娛樂，也能展示繪畫與雕刻收藏。花園重新設計，以色彩繽紛的植物為主角。實用的物品，不是被收進工作區域，就是換上高雅的外觀。隨著服務領主一家主要的社會功能都在客廳進行，大廳的重要性逐漸減少。從前地板是踩實的泥土鋪上燈芯草，現在表面是黑白的大理石塊。每戶人家生活起居都根據時鐘的時間。極豪華的宅第說不定還有活水浴室。約翰·哈林頓爵士（Sir John Harington）甚至在他位於薩默塞特（Somerset）凱爾斯頓（Kelston）的莊園幫自己蓋了沖水馬桶。從十一世紀濃煙瀰漫的木頭大廳到沖水馬桶，這樣的差距豈不驚人。

## 農舍

十一世紀的農舍，難以稱得上是溫馨舒適的家。個人物品通常是幾樣工具和幾只鍋子。房屋本身往往不是農夫自己的財產；只是莊園總管分配給他，算在佃戶持有的土地內。

十一世紀的農舍，現今都不在，無法呈現中世紀初期英格蘭勞工家庭的生活環境，但是出土的史料可以說明鄉村房屋在接下來的世紀如何演變。缺乏木材的地方，寬敞的牆壁就用泥煤或塊料（泥土、黏土與耦合材料例如稻草，混合而成）建造，而椽木充沛的地方，就用木材搭出骨架，填上編竹夾泥，屋頂再覆蓋茅草。位於白金漢郡（Buckinghamshire）朗克倫頓（Long Crendon）的農場，就有木架的有廊廳（aisled hall），至今還保留主要部分，從樹齡學判斷年代約為一二〇五年。這種單層樓、兩側有走廊的大廳，長寬大約十六英尺，中央有個爐床加溫，看得見屋頂的長椽，而且一端有個獨立的房間。[2]窗戶原本就小，也用木板遮蓋。屋頂覆蓋蘆葦或茅草。較貧窮、緯度較高的地區，難以取得那些材料，也會拿長條的草皮覆蓋屋頂，從屋脊垂下，再加以固定。

直到十三世紀，一般農夫才開始利用石頭蓋房子——而且也只在石頭普遍、木材稀少的地方。這段期間在達特穆爾（Dartmoor）出土的古物，可見一棟長條的房屋，大約四十五至五十英尺長，十四英尺寬，中央有條橫向通道將房屋一分為二。通道一邊的低處是拴住牲畜的牛棚。另一邊的高處是大廳，通常在底端有個「內室」，就是房間。外頭有儲藏屋和穀倉。有些房屋可能也有單獨的廚房，但多數只是爐床附近有個石頭排成的坑爐。需要烘焙的食物就放在這個坑爐，坑爐靠著「爐石」（pot-boilders，從火裡移過來的大石頭）加熱。此外，有塊火烤的大石板，用來製作麵餅。蔬菜則放在陶器裡藉由爐石煮熟，或用獸皮將就做成的「大鍋」，懸掛在木頭三腳架上，用同樣方式加熱。如果可以取得任何肉，多半也會水煮，不會火烤。能夠生產乳製品的母牛、綿羊、山羊，還有下蛋的母雞，除非老了，否則不會宰殺來吃，要吃也是水煮以軟化肉。水煮還能保留所有的肉汁和營養，火烤的話，滴到爐裡的都浪費了。

走進十三世紀的石造農舍，門打開後，你需要蹲下，鑽過門上的過梁，走進一片漆黑，同時聞到燃燒的煙味，還有被踩進牲畜床鋪稻草的牛糞。轉向較高的一邊，穿過枝條編織的屏風後，就是昏暗的起居空間。地板是踩實的泥土覆蓋燈芯草。起居空間的中央，你會看到爐床燃燒的火與旁邊的火坑。再走進去，就是屋內唯一一道門，通往內室，農夫和妻子收納多數家庭用品的地方。你不會看見太多家具，頂多有張木板桌、一兩把長凳、木製鍋具，還有製作起司的盆。

達特穆爾挖出的石造農舍，在十三世紀末燒毀，裡頭幾乎找不到金屬製品，陶器也非常稀少，只有四只小土鍋、一個上釉的綠色水壺、兩個焦黑的大木盤，還有一只埋在大廳底下的大湯鍋。而這個房屋的內室有個陶土的儲水槽，兩個上釉的黃色水壺，以及另一只湯鍋。[3]到了就寢的時間，住在裡面的人會把茅草床墊拿出來，擺在爐火旁邊，用木塊當枕頭。在這個房屋，爐火上方有編竹夾泥做的煙罩，不讓黑煙到處亂竄。這是早期少數居家環境的進步，在此之前，這家人只要在屋裡，走到哪裡都在呼吸黑煙。

在英格蘭較富裕的地區，多數農舍仍然不用石頭，繼續使用木材建造。從十四世紀開始，這一類的建築很多保留下來，尤其英格蘭中部地區。木材充沛的地方到處可以看到有廊廳。在這樣的地方，還有一個常見的建築傳統，就是將兩根彎曲的木材——真的是自然彎曲的樹幹——靠在一起，形成拱形，再加入兩、三對類似的木材，形成屋內有兩、三個隔間的曲木房屋（cruck house）。這種房屋還是看得見屋頂的椽木，地板也是泥土覆上燈芯草。很多較小的農舍也會區分大廳與房間，然而沒有煙罩也沒有壁爐，在十四世紀還是充滿濃煙。喬叟《坎特伯里故事集》裡頭修女的故事，有這麼一句有名的形容：「大廳和房間都被煙燻得烏黑。」也許可以象徵這種兩房的住屋環境。

從十四世紀後期，農舍的居住水準開始提升。大廳的一端會擴建一棟兩層樓的建築，主臥室位於樓上。如我們在前面的章節所見，在十五世紀，很多農夫相較祖先富裕得多。他們會重建房屋，將大廳布置得美輪美奐，並在左右各擴建一棟兩層樓的建築。「韋爾德」（Weald，英格蘭東南包含肯特、薩塞克斯、薩里、漢普等郡的地區）房屋早期的範例，就屬於這個種類的建築，目前在肯特（Kent）與薩塞克斯（Sussex），還是可以見到不少。從正門走進這樣的建築，你會發現自己站在一條貫穿房屋的通道，模仿莊園房屋，一邊是一面屏風，另一邊是通往食品室和備餐室的門。在工作區上方有一間臥室，房屋另一端上方也有一間。位於中央的大廳還是有個室內爐床，屋頂的椽木和茅草還是會被煙燻黑。光線透過一面寬敞、沒有玻璃的窗戶照亮室內。安全就靠垂直排列在窗戶上的木條。天氣冷或入夜後，就會蓋上木板。

居家生活水準持續進步，進入十六世紀。農夫家裡的中央爐床已經改成壁爐與煙囪，於是解決濃煙瀰漫的問題。這當然意謂大廳可以有天花板和第二層樓，因為濃煙不再需要從屋頂排出。為此建造的煙囪也可作為大廳上方其中一間新房間的壁爐。從一五六〇年代後期開始，玻璃已是富裕的自耕農蓋房常見的材料。二樓臥室的灰泥天花板也是，裝飾與保暖功能兼具。從前上樓要爬梯子，現在蓋了許多石頭階梯取代。某些有錢的自耕農還會在大廳前面裝上宏偉的門廊，為了展現名望，也有助通風。

農舍的家具也越來越講究，越來越舒適。這點可以從牛津郡大伯頓（Great Bourton）的農夫威廉·霍爾（William Hall）一五八九年過世時所留下來的動產清冊觀察，價值一共一百〇六鎊十先令。家畜、馬匹、搬運車、梯子、羊皮、工具、家禽，以及其他存放在畜舍與庭院的東西，共計略多於七十鎊。他的家庭用品就是剩下的部分。他家大廳有個壁爐、一張桌子、兩條長凳、兩張短凳、一把椅子。還有一個櫥櫃，裡頭疊了十二個白鑞盤、十二個木盤、六根銀湯匙和各式各樣白鑞餐具。會客室有另一個壁爐，一張小方桌、四張凳子；四箱個人物品；一個床架、一個搖籃，一張可以和各種床單、床墊、靠枕一起推到大床底下的矮床。兩間房間都有玻璃。二樓有四間房間，於是有四個床架和木箱。廚房有兩個風箱、火爐用的鐵器、火鉗、鏟子、火叉、烤柵，以及其他烹飪設備。[4]他可能也在廚房壁爐的角落內嵌一個麵包烤爐。相較十一世紀狹小、光線昏暗的泥煤房屋，人們現在是在石頭排列的坑爐烘焙，像霍爾的農舍，不僅寬敞、明亮、設備齊全，而且最重要的——舒適。

特別有趣的一點是，這些變化發生之快，人們其實知道自己的生活比起祖先好上多少。一五七七年，聖職人員威廉·哈里森（William Harrison）表示，他在埃塞克斯郡的瑞德溫特（Radwinter），村裡的老人發現他們這輩子有三項重大進步。一是煙囪和壁爐，以前是專屬有錢人的奢侈品，現在到處都有。另一是使用銀或白鑞製的盆子、湯匙、碗與其他家庭用品，少用木製。最後是睡眠：

他們說，我們的父親，我們自己也是，躺在簡陋的草蓆床，只鋪一條床單……而且頭下是木塊，不是枕頭或軟墊。如果是這樣，我們的祖先，結婚七年以內買了一張床墊或軟絨床，頭靠在穀糠堆，他會以為自己住得就像城裡的領主……（他們說）枕頭是給產褥的婦人用的。

此時出現了我們今天很少人會感謝的奢侈標準——頭靠在枕頭上。和最新一代的智慧手機比起來，驚奇程度可能遜色很多，但我敢說我們很多人寧願放棄幾樣現代的方便，也不要睡在草蓆床，而且只能把頭靠在木塊上。

## 都市住宅

中世紀剛開始的時候，都市和鄉村的房屋並無太大分別。很少大型聚落。幾個最大的城市也不是非常擁擠。溫徹斯特出土的古物顯示小型、方正的木骨建築，有泥土固定的直柱、編竹夾泥或土塊填充的牆壁。某些牆壁外部還有矮樹幹，垂直排列成護牆板。[5]多數的房屋，地板是緊實的泥土。屋頂通常是茅草，跟鄉村一樣。中世紀初期，都市住宅和鄉村住宅主要的差異是，都市住宅往往一發生火災就燒毀非常多間，以致比鄉村住宅更常需要重建。

十二世紀後期，有錢的商人和放債的人開始使用石頭建造房屋。他們的動機就是希望避免火災或竊盜，並且不要被生氣的債務人攻擊，而猶太人情況，還要防範反猶的群眾。他們的房屋會有兩層樓，主要的生活區域在二樓，靠著壁爐取暖，腳下有拱形的地窖，頭上有磚砌的屋頂。某些商人在石造的一樓上面建造木頭的房屋。這樣的房屋比木頭為地基的更長久，證明是一項好的投資。英格蘭有許多城鎮，在一二〇〇年前就已知有石造房屋：當時坎特伯里至少有三十棟，都是商人或放債的人所有。6

約在一二〇〇年，市場發展興盛的城鎮開始取得自治區的權利。某些情況，城鎮的領導人還會設法從國王那裡取得特許狀。其他情況，莊園領主授予市場城鎮自治區的地位。無論哪種，大片自治土地就攤在聚落中央，吸引工匠和商人。這些自由保有的土地鼓勵購買的人在石頭地基上建造更長久的房屋。富裕人家建造面對街上的大宅，占據整片土地，家事的樓房則圍繞後方庭院。然而，隨著人口增加，越來越多人搬進城鎮，這些大片土地就被切成細長的條狀，讓每個居民有面對街道的好處，又有在後方設置廚房和花園的空間。例如，在埃文河畔的斯特拉福，一一九六年的自治區特許狀，劃定的自治土地是三・五乘以十二桿（perch），約為五十四・七五英尺乘以一百九十八英尺。到了一二五一年，這些土地多數都被再細分為二、三、四份。

狹窄、再分的土地鼓勵人民興建更高的房屋，而木材比石頭負擔得起。因為是木材，上面的樓層，也能蓋得比一樓突出，因此二樓得到更多空間，三樓的空間可能又更多。突出的樓層據悉從一二四〇年代開始出現在倫敦；在十三世紀後期傳到其他城鎮。通常這個時期的城市住宅，面對街道是商店，樓上是臥室，屋椽外露的閣樓則在後方。為了減少火災風險，一二一二年起禁止使用茅草，許多城鎮隨後跟進。於是屋頂改以磚瓦或木瓦覆蓋，也順勢降低強風吹來火星，點燃屋頂茅草，繼而燒毀整個城鎮的風險。

從十四世紀初期開始，城市的業主開始興建並排的出租小屋。在約克郡古德姆門（Goodramgate），人稱「淑女巷」（Lady Row）的街區建於一三一六年。共有十間聯排房屋，每間兩層樓，上層突出到街上，屋椽外露。約克郡的石頭街（Stonegate）也在相同時期興建，但是規格較高，是一排三層樓的住房，每層樓的樓上都比樓下往前突出。到了一三三〇年代，三層樓的聯排房屋已經很常見。這些房屋有時也有壁爐。[7]在西南部發展出一種建築風格，街上豎立筆直厚實的石牆，稱為隔牆（party wall），並以這些牆為支撐，在牆與牆之間建造木頭房屋。

十五世紀的房屋在許多城鎮都保存下來。有些是商人所建，有些是教會，有些是救濟院，有些是貴族的聯排房屋，也有幾間客棧。兩三層、樓層突出的房屋，現在已經很尋常。壁爐也很普遍。薩默塞特郡的韋爾斯（Wells）有兩座壯觀的聯排房屋，一共四十二棟，上下兩層，石頭建造，可追溯至一四〇〇年，現在還看得到。這些房屋有壁爐、煙囪、洗滌區、簡易廁所。十五世紀中期，還多了小花園。富有的商人現在住在三層樓的房屋，窗框和門口可見精緻的雕刻，突出的樓層和梁柱也經過粉刷。面對街道的區域後方，可能有個雄偉的大廳，頭上的屋椽底下是懸臂梁，每間臥室都有粉刷過的壁爐，大廳的壁爐更是壯觀。最有錢的甚至可能在面對街道的窗戶安裝玻璃——財富帶來的正面觀感。到了一五〇〇年，發達的城市居民可以享受的居住水準可是比十一或十二世紀的國王高出許多呢！

十六世紀這段期間，城市居民開始享受所有過去只有莊園領主家裡才有的東西。房間牆壁開始鋪上精緻雕刻或彩繪的護牆板。玻璃窗戶越來越普遍，也越來越常看到磚頭砌的壁爐和煙囪。廚房獨立，安裝壁爐和麵包烤爐。大廳也垂直分割，樓下有客廳，樓上有臥室。每層樓都有簡易廁所，穢物就倒在地下室的汙水池；而夜晚，所謂「夜香夫」（gongfermours）會去清空汙水池。倫敦的人口經歷十六世紀後變成四倍，空間逐漸開始稀缺，房屋可能五層或六層；某些甚至比十一世紀的教堂塔樓還高。在全國每個城鎮，建築的眼界已經往上抬高——住家從一層樓變成多層樓。

城市房屋的精緻之處，可不只是外表。來自西元一千年的人，見到後來的家具陳設，也會同樣吃驚。想想約翰·紐貝利（John Newberry）的家，他住在薩里郡（Surrey）的法納姆（Farnham），他在一六〇〇年過世的時候，那裡是人口介於三千至四千人的小鎮。他不是富有的商人，只是做手套的師傅——從動物皮革裁剪並縫製手套，威廉·莎士比亞的父親也是做這一行。他的動產總共價值一百〇四英鎊，半數是現金、欠款、城外的動物和穀物。他在城市的房屋一樓有間店鋪，他把皮革和生財工具放在那裡。店鋪樓上的房間，他放了更多工具，以及大量的羊毛與「羊毛輪」（woollen wheel），或稱紡車（十三世紀之前歐洲未知的東西）。走進他的大廳，你會發現這裡其實已經變成飯廳。牆上四處掛著彩繪的布帛和羊毛織錦，就像我們會貼壁紙一樣。室內家具有一張桌子，兩把木頭椅子、六張矮凳、一把高背長椅、一個櫥櫃。矮凳上有印花靠枕；櫥櫃上有一本聖經和幾本其他的書。調整爐火的工具就在手邊：柴架、兩枝火鉗、一根撥火棒。

紐貝利在大廳上方的房間裡放置他的必要糧食——大量的小麥、大麥、黑麥。他也疊了好幾袋混穀（小麥混黑麥）。他和妻子可能自己釀製啤酒，因為那裡也儲藏幾袋麥芽和啤酒花。他的會客室裡，最顯眼的是一張橡木床架，頂上有彩繪的華蓋，周圍有短幔，床架上面擺放一張羽毛床墊、羽毛軟墊、床單、毛毯。床架的一邊有一個櫥櫃和一張圓桌。桌巾、餐巾、枕頭收在兩個木箱裡頭。會客室上方的房間是主臥室，裡頭的床架更大。下樓來到廚房，這一家的黃銅用品包括數個平底鍋、燒水壺、湯鍋、燭台、一個研缽。其他堆疊的器皿有盤子、茶碟、湯鍋、茶杯、鹽瓶、湯碗，全都是亮晶晶的白鑞所製，看起來就像銀器。這裡還有他的水果盤、乾燥盤、瀝水盤、烤肉叉。廚房上方還有另一個臥室，而且，房屋外頭，後方有畜舍與烘焙屋。他晚上需要小解，但不想費力走到茅坑時，甚至有夜壺可用。這些都是近來的發明，而且缺乏沖水馬桶的情況下，必定令生活舒適許多。總而言之，個人物品、廚房用品、舒適用品、工具，遠遠超越十一世紀發現的東西。而且，請記得，這只是普通店主的房屋而已。[8]

在社會光譜的最底層，介於鄉村勞工和小佃農之間，住房條件自從十四世紀以來沒什麼大幅改變。十六世紀最窮的家庭依然住在一層樓的農舍，牆壁沒有玻璃，煙燻的大廳直通屋椽，一樓有個臥室，地板是踩實的泥土。然而，就連這些建築，也與十一世紀的木架土屋不同，此時的農舍以石頭打地基，堅固耐用。至於家具擺設，差異更是巨大。十六世紀貧窮的鄉村家庭，家裡也會有鐵製的烹飪用具和白鑞的盤子與湯匙。這些東西經過先前幾年大量製造，許多已經進入二手市場，再度流通到各處。城市裡的工人階級也是類似。廷茅斯

（Teignmouth）的漁夫喬治・格羅斯（George Grosse）一五九二年一月去世的時候，留下的動產僅價值兩鎊六先令四便士。他的衣服和寢具價值十六先令四便士。庭院一隻豬價值二十便士。他的小屋家具很少，只有一張木板桌、兩張長凳、一個櫥櫃、兩個木箱、一個圓桶、一個破掉的盆。和他的祖先一樣，他沒有床架；他大概睡在地上的床墊。和祖先不同的是，他有幾項金屬製品：一只油鍋、白鑞盤、兩只燭台、兩個黃銅罐、兩只黃銅淺鍋、一只大鍋、一只長柄鍋，還有鉤子，可以把大鍋和銅罐掛在火源上方。這些東西可是會讓十一世紀許多比他有錢的人羨慕不已。[9]

## 食物

居家舒適方面的進步令人驚訝，卻未考慮吃飽喝足的生理需求。許多中世紀的人民更喜歡在他們的房間堆積穀物和起司，而非家具。值得注意的是，農夫霍爾的財產大約一半，而城市的手套店主紐貝利約是五分之一，是牲畜、培根肉片、一袋一袋的穀物和一塊一塊的起司。對許多人來說，食物是每天都要煩惱的事，就連相對有錢的工匠紐貝利也是。萬一接下來幾次收成不順，你和你的家人在可預見的未來，有沒有足夠的食物可吃？這是很重要的問題。因此，長久的食物保障是人類生活舒適最重要的要素，今日仍是，即使我們沒有領悟到這一點。

我們在之前的章節看過，食物短缺是十一世紀的日常生活。首先是一〇〇五年的大饑荒，《盎格魯－撒克遜編年史》記載，那是當代人的記憶裡頭最慘痛的事件。一〇一二年、一〇一六年、一〇二五年、一〇三一年也都發生過，而一〇四二年開始的食物短缺，據說持續七年。[10]整體而言，在英格蘭，十一世紀初期每四年就受饑荒影響一次。這也意謂城鎮不會輕易成長，因為原本會把剩餘的收成送到市場的農夫，看見產量減少一半，就不得不保留僅剩的一點穀物作為糧食，以及下一輪播種。而且這是諾曼人征服蹂躪「之前」的情況。威廉一世「煩擾北部」，毀壞英格蘭北部的作物之後，某部編年史寫道，居民「受飢餓驅使，食人、犬、馬」。他所提到食人肉的部分，有另一位作者支持，表示「多人被迫食馬、犬、貓、鼠，與其他卑鄙惡劣的害蟲；的確，某些人並不避免食人肉」。[11]

英格蘭的饑荒在十二世紀初期仍然頻繁發生，根據編年史家記載，前半世紀就有十二年的饑荒紀錄。[12]一一二四年，一位作家寫道：「這樣的饑荒無所不在，在城市、鄉村、十字路口，屍橫遍野，不及掩埋。」[13]然而，大約在西元一千年至一二五〇年間，即中世紀溫暖期，全球暖化的趨勢逐漸減少饑荒的發生次數。文獻顯示，英格蘭在這個時期的嚴重饑荒直到一一八三年才再次出現。儘管在一一九三至九六年間爆發可怕的饑荒，促使編年史家吉斯伯勒的渥特（Walter of Guisborough）寫下「到處都有平民因為缺乏食物死亡」，但是這段期間，實際上是英格蘭整個中世紀人口增長最快的時期。饑荒持續是生活的一部分，然而長期食物短缺的頻率減少，現在大約每七年有一年，而非每四年有一年。此外，新的貿易路線意謂穀物市場趨向國際化。一二五八年，由於前一年歉收再次爆發饑荒，此時倫敦的商人從普魯士購買五十艘船的小麥、大麥、麵包供應需求。[14]

從十三世紀開始，我們不光只能依賴編年史家的紀錄才能知道食物短缺；從保存至今最早的莊園帳本也能知道物價。一二〇九至五〇年間的帳目寫到四個非常困難的年度。[15]穀物價格在一二五〇至八九年之間四次出現危機，但是接著，在中世紀溫暖期走到尾聲時，上升到難以忍受的極端。一二九〇至九一年與一二九三至九六年，農夫過得很不快樂。十三世紀整體來說，饑荒並不如十一與十二世紀頻繁，但是，如同我們在之前的章節所見，人口成長意謂許多窮困的家庭，即使豐收，食物仍然不夠。因此，社會上的貧富差距極大。重要的領主和高級教士安排後事時，通常要求贈送每個前來弔唁的窮人一條麵包或一便士，有時弔唁人數可達上萬。多數的主教座堂和修道院全年每週都在捐贈窮人食物和衣服，有些每天。這樣的善行非常重要。一三一五至二三年，因為連續歉收、嚴重的氣候事件、牛瘟，再次發生大饑荒，導致超過五十萬人喪生。

黑死病被證實是歐洲社會史的分水嶺。我們已經見過黑死病如何打破人口成長與實際工資的因果關係，進而減少社會不平等。能夠熬過瘟疫的家庭，就能比祖先更常吃到魚和肉。雖然貧窮的工人還是高度依賴麵包，但是他們的飲食比例當中，麵包逐漸減少。在諾福克郡的塞奇福德（Sedgeford），十三世紀後期，麵包僅僅占據工人熱量攝取將近一半；十四世紀後期不到五分之一。與此同時，他們飲食中的肉類比例從百分之四增加到百分之三十。[16]儘管後來還是有食物極其短缺與價格高昂的年份，但饑荒已經相對減少。編年史家較少提到饑荒的次數，較常提到食物缺乏的情況。

十六世紀前半曾經記錄五次食物短缺，相當每十年有一年。十六世紀後半，危機年份較不頻繁，但是較為嚴重。一五六五年，為了紓困進口大量穀物。一五八七年，又有一次饑荒造成多處人民喪生，尤其英格蘭北部。一五九〇年代連續歉收四年。然而，雖然在一六二三年，北部會再次經歷長期食物短缺，一五九四至九七年的饑荒是南部最後一次飢餓導致大量人民死亡。其中一個原因是農業進步；另一個原因是市場系統成熟，食物得以從高供應低價格的地方，流通到低供應高價格的地方。但是，主要原因還是《舊濟貧法》的出現，我們稍後會再談。一五九七年開始，英格蘭的每個堂區都有責任募集一定的善款幫助窮人。善行的力量，加上市場系統，逐漸終結大規模的饑荒。

## 選擇

通透中世紀整個前後，多數平民生活的核心問題，從「有東西吃嗎？」到「你想吃什麼？」居家舒適的眼界擴展，可以包容的選擇更多。十五世紀的富裕家庭可能選擇吃魚肉取代起司。他們的濃湯也不只有洋蔥和豆子，還有培根或雞肉。除了乳清和淡啤酒，也可以喝濃啤酒、蜂蜜酒或蘋果酒。大約從十五世紀中期開始，人們開始使用啤酒花釀製麥酒，因此創造啤酒這個飲料，比純麥酒保鮮更久。一個世紀後，釀酒商幫他們的啤酒取名瘋狗、雜種、天使食糧、龍的奶水、左腿，有點類似現代小型釀酒場的產品先驅。市場系統成長，意謂越來越常見到魚、水果、蔬菜供人選擇。你拿什麼吃飯也改變了：霍爾、紐貝利、格羅斯三人的財產清冊都提到白鑞餐具，在十一世紀可沒有這種東西。前兩個人也都有銀湯匙，同樣地，這些也不會出現在十一世紀一般農夫和手套店主家中。

人們烹調食物的方式也變了。黑死病之前，一個家庭只有地板的爐床和坑爐，或一個土鍋，烹飪方法相對有限。在十六世紀，肉和金屬油鍋變得普遍，人們有了更多的烹飪選擇，例如直火燒烤、包進餡餅或酥餅中烘焙、用油鍋煎，或者放在烤盤上利用餘燼燜熟。這對現代人來說可能只是口味的差異，但在過去，這樣的進步攸關生死。肉是鐵質的優良來源，而鐵製的湯鍋和油鍋大幅增加礦物質吸收，對於女人尤其重要；由於月經與懷孕，相較男人，她們更需要鐵質。鐵質不足容易貧血，也容易罹患多種疾病。一般認為，這是中世紀後期之前，女性平均壽命不及男性的主要原因。[17] 黑死病後，平民百姓肉類攝取增加，而且鐵製容器供應緩慢增加，對許多人來說是救命工具，即使他們當時並不知所以然。[18]

除了這些改變，吃飯時間也成為選擇。整個中世紀，一般人民在近中午的時候吃一天的主餐。尤其在十一與十二世紀，這是許多人一天當中唯一一餐。如果他們糧食充足，傍晚的時候會再吃點東西，稱為晚餐。男人女人吃早餐的唯一情況是非常早起工作的時候，例如收割季節，或者在出遠門前。然而，中世紀後期出現時鐘，意謂十六世紀的工作場所與學校都轉向既定的鐘點系統，不再隨著黎明與黃昏做事。因為鐘點可能很長——一五一五年《勞工與手工業法》（Statute of Labourers and Artificers）規定三月中至九月中的工作日從上午五點到下午七點——所以城鎮居民越來越常吃早餐，並在中午吃一餐，而非早午之間的正餐，並在一天結束時吃晚餐。因此，如果身在伊莉莎白時代的城鎮，你就可以期待你所熟悉的一日三餐：早餐、中餐、晚餐。但如果你去到十一世紀，你只能期待一天當中可能唯一的一餐，有麵包、起司、穀物濃湯加蔬菜，僅此而已。而且記得，每四年就有一年的饑荒，連那樣的食物也沒得吃。

應該不用說，領主階級和富裕人家不須承受窮人的苦難。他們吃的食物種類豐富多元，部分由於國際貿易。以香料為例。直到諾曼人入侵之後，英格蘭的貴族才開始流行含香料的食物，儘管如此，十二世紀後期，與遙遠的異國貿易尚未開通，香料取得仍然非常困難。[19]之後，貴族的廚房就經常使用肉桂、肉豆蔻、小豆蔻、丁香、薑、肉豆蔻皮、胡椒、糖、番紅花——而且越有錢的貴族，吃的香料越多。此外，醋栗、葡萄乾、椰棗、無花果、李子逐漸受到歡迎，來自地中海的甜葡萄酒於十五世紀抵達英格蘭。同時，文藝復興的義大利所發展的營養健康觀念也在十六世紀傳入英格蘭。曾經父執輩鄙視吃蔬菜或任何綠色食物，但在這個時期，晚餐的第一道菜是沙拉。

十四世紀後期，自古以來，首次出現食譜這種書籍，傳授烹飪食物的方法。有了十六世紀印刷成冊的食譜，自耕農家裡識字的主婦就能依照文字敘述做出精緻料理。同時，新世界進口而來的食物，例如馬鈴薯與番茄，開始在大戶人家的宴會餐桌亮相。還有來自荷蘭可食用的蘿蔔，以及來自義大利的白花椰菜。在中世紀最後，同樣重要的是，宗教的齋戒規定已被拋到九霄雲外。十三世紀，富裕人家在週三、週五、週六，以及四旬期和將臨期，必須吃魚，不能吃肉。到了一六〇〇年，這樣的限制只有非常虔誠的天主教家庭遵守，而且一週只有一天。

自從孔多塞侯爵（Marquis de Condorcet）於一七九五年出版《人類精神進步史表綱要》（*Sketch for a Historical Picture of the Progress of the Human Spirit*），現代人無不珍惜進步的想法。該書的基本概念是，因為進步對每一個人都好，所以社會環境會持續進步。第一次世界大戰之後，這個觀點在學界隨即遇到阻礙，當時認為「進步」導致人類史無前例的大規模毀滅。一九三一年，歷史學家赫伯特・巴特費爾德（Herbert Butterfield）在他的著作《輝格史》（*The Whig Interpretation of History*）中，巧妙逆轉這個觀念。他斥責把歷史當成不斷進步的作者，他們以為通往現代世界的路只有一條。他強烈主張，評價過去的世代應該根據過去的標準，而非套用今日的觀點。因此，歷史學家之間開始流行貶低社會史中「進步」這個概念；他們不以為然，也不予理會，認為是過時的「輝格黨」思維。然而，就居家舒適這方面，十一世紀和十六世紀之間，毫無懷疑，真的進步不少。十一世紀，不識字的農夫住在泥煤牆壁撐起的棚屋，漆黑的夜裡挨著冒煙的爐火，躺在泥地上的茅草床墊，頭靠著木塊。五百年後，他的後代已經能夠睡在二樓壁爐供暖的房間，躺在羽毛床鋪，頭靠著羽毛枕頭。相同地，十六世紀的紳士舒服地坐在玻璃窗邊，在溫暖的房間裡頭閱讀書本，不會想到遙遠的六百年前，不識字的祖先騎馬巡迴煙霧瀰漫的領主大廳之間。

適當的食物供應對於人類福祉甚至更為必要，而且這方面的進步也不容否認。飢餓與痛苦曲折的循環，經過中世紀，漸漸走向終點。饑荒的頻率下降，市場系統分配食物的能力上升。即使氣候從一二九〇年開始惡化，飢餓致死的人數也逐漸減少。此外，儘管出現許多致命疾病，例如瘟疫、汗熱病、流行性感冒、天花等，更多人在中世紀後期壽命超過五十歲，能夠解釋的原因，只有飲食普遍進步，以及開始使用鐵器烹飪。而母親的飲食改善，意謂嬰兒的飲食改善，嬰兒死亡率也隨之下降。這也是為什麼，從各方面來看，出生時預期壽命成為評估社會繁榮的重要指標。到了一六〇〇年，出生時預期壽命已經距離四十歲不遠——這個水準，直到十九世紀後期才會超越。

然而，這並不代表「每一個人」在十六世紀都比十一世紀過得更舒適。正如先前所述，在十三世紀後期和十六世紀後期，社會不平等的程度讓赤貧的人陷入悲慘的處境，生活條件甚至可比中世紀初期。伊莉莎白一世的時代，孤苦無依的青少年和無家可歸的男女都在畜舍紮營。但這些情況屬於例外。雖然生活水準惡劣至極，就連無家可歸的人也能逃過經常的饑荒，以及十一世紀奴隸與農奴必須忍受的貧乏條件。一六〇〇年，沒有人會想回到過去，尤其窮人。

# 第五章 速度

## 人與訊息能走多快？

「速度」不是與中世紀聯想在一起的詞。我們可以想像，傳令兵騎在馬背上，穿著裝飾領主紋章的束腰外衣，帶著緊急消息，快馬加鞭奔向莊園。但是，有誰移動得比他更快？沒有。所以眾人普遍認為，在十九世紀初期蒸汽火車頭發明之前，消息傳送的速度並未增加。「一天二、三十英里的速度是正常。」中世紀的歷史書籍常常出現這句話。極少歷史學家注意到，可以達到的速度，從中世紀初到中世紀末大幅增加，而且從來沒有文獻深入探討這件事情。據我所知，沒人想過那樣的變化會對社會造成什麼影響。所以，本章的主題就是，十一至十六世紀之間，可能的最快速度呈現可以辨識的增加趨勢，這些變化對人民帶來什麼程度的好處，引發什麼思想轉變。

## 速度的脈絡

「速度」是個相對的術語。當我追公車的時候，我可能跑得很「快」，但也不如時速三十英里的汽車。同樣地，當我在空曠的道路以時速六十英里開「快」車，移動速度還是不如高速鐵路。這樣的相對性看似理所當然，但是我們的討論必須從這裡開始，因為中世紀的速度有著多種脈絡。當人們從事例行事務，無論要去附近哪裡，他們都不需要像壓制敵軍那樣迅速。但是，當個傳達緊急消息的傳令兵，情況就不同了。確實，影響某人移動速度的所有原因當中，首先最重要的是，他們「為什麼」旅行。如果只是打算巡視土地，何必夜間旅行？月光再明亮，床鋪永遠比馬鞍舒適。另一方面，你急著去看病危的哥哥，即使沒有月光，你也會在黑夜裡全力以赴。

接著是費用問題。富有的人能夠負擔換馬，比起負擔不起的人，顯然就能保持更快的速度。運籌帷幄的國王，能有速度最快的傳令兵供他差遣，得到消息的速度，自然會比等待最新莊園生產資料的總管快上許多。定期換馬是重點。因此，我們有必要用三種方式看待速度：第一，從事例行事務的人的速度；第二，有錢有權的人的速度，這些人需要當機立斷，因此必須親自快速移動；第三，重要資訊的速度。我們先從例行事務的旅行開始——因為如果我們不知道什麼是例行事務，也很難決定怎樣算快。

## 例行事務的速度

行動最容易追蹤的個人，必然就是國王。英格蘭的文祕署和財政部從一一九〇年代開始留下紀錄，我們可以隨著這些幾乎每天都有的紀錄，一起遊歷他們的王國。幾乎沒有其他世俗的資料可以這麼鉅細靡遺。然而，他們的「例行」事務，幾乎無法代表普羅大眾。此外，他們往往帶著數百個隨從，在十三與十四世紀可能多達五百人，因此拖累他們的旅行速度。這些人需要大量食物，甚至會在某些地方搭建臨時廚房。一二九二年的某天，愛德華一世的家裡吃了「四頭半公牛、四頭犢牛、七隻豬、十隻半綿羊、十八隻羔羊、五加侖血、六隻山羊、六隻兔、一隻雉雞、十二隻鷓鴣、十八隻鴨、三打山鶉、兩千兩百顆蛋，加上量不出來的牛奶、奶油、鯡魚與鱈魚」。[1]為了運送王室家庭的器具，需要數量龐大的推車與貨車——十三世紀大約要二、三十輛，十六世紀後期超過兩百輛。[2]還需要很多匹馬——於是也就需要很多燕麥，當然還得搬運（因為路上買的燕麥比較貴）。你大概知道了：王室旅行是個大工程。因此王室家庭的例行旅行不能反映中世紀英格蘭普通人的旅行。

儘管如此，王室行程慣常的速度還是值得思考，這是因為中世紀的國王幾乎一直在移動。在十一世紀，就像所有大領主，為了滿足全家人的糧食需求，他們必須在他們的許多土地之間移動。但是王室也必須回應軍事威脅。即使不是在打仗，他們也需要向整個王國展現自己的權威。國王約翰在位期間每個月都搬家，只有一次例外，就是當他圍攻羅徹斯特城堡的時候。[3]雖然十二與十三世紀市場逐漸發展，為糧食遷移的必要減少，國王依然到處巡迴，監督他們在英國與在歐洲的土地。愛德華一世通常的旅行速度可以從一三〇〇年一月他從班堡（Bamburgh）到溫莎的行程見得。他花了二十五天，走了三百六十英里，期間休息六天。[4]因此他在那個地區的速度是每日十九英里，儘管拉著幾十輛貨車和推車，帶著幾百個人丁，而且正值寒冬。正常來說，一年的時間，他會停留在超過一百個城鎮與村莊，即使他已經六十幾歲。[5]今天，我們通常想像國王待在他們的城堡，但是我們應該也要想像他們騎在馬背，被僕人與隨從包圍，咒罵英格蘭的雨與泥濘。

愛德華三世相較他的祖父不遑多讓，無論是旅行的距離還是速度。他一年也固定巡迴超過一百個地方，[6]但是他通常移動得更快。一三三三年八月四日至二十九日之間，他從泰恩河畔的紐卡索（Newcastle upon Tyne）騎馬到西敏。[7]他在四天內往南走了七十六英里到納爾斯伯勒（Knaresborough），在那裡待了八天，接著十六日起繼續前往八十五英里外林肯郡的納文比（Navenby），於十八日抵達。離開納文比後，十九日上午他經過威斯比奇（Wisbech），二十一日抵達小沃辛漢（Little Walsingham），距離納文比八十七英里。隔天他走了二十九英里，前往懷門德姆（Wymondham），在那裡過夜。然後他又騎了二十九英里到大雅茅斯（Great Yarmouth），待了兩天之後，在八月二十六日繼續動身，移動一百三十五英里，經雷德格雷夫（Redgrave）、貝里聖埃德蒙茲（Bury St Edmunds）、朗梅爾福德（Long Melford）、切爾姆斯福德（Chelmsford）去西敏。他在二十九日晚上抵達西敏。他旅行的總距離是四百四十一英里，二十六天的旅程中有十六天在路上，因此平均每日移動速度將近二十八英里。一三三八年三月，差不多的距離，他甚至行進得更快，從倫敦到紐卡索只花不到七天。此外，他從倫敦到貝里克又回來，超過七百英里的路程，不到十九天。[8]

主教也經常在國家各地巡迴。他們不像國王帶著龐大隨從，政治義務也沒那麼重大，但是他們受到靈性責任驅使，經常需要旅行。在他們的教區，他們只會短距旅行，從一個堂區到另一個堂區。不過，透過他們更遠的行程，我們更清楚知道他們一般的移動速度。西元一千年十一月二日，德國希爾德斯海姆（Hildesheim）的主教伯恩沃德（Bernward）取最直接的路線，經由特倫托（Trento）前往羅馬，距離八百七十五英里。他似乎在阿爾卑斯山脈受到下雪延誤，直到一月四日才抵達：這段旅程一共六十三天，平均每天十四英里。回程他做了明智的決定，採取一條長更多的路線，經由今日瑞士的聖莫里斯阿岡修道院（St Maurice d'Agaune），耗時五十三天，每日速度略多於十九英里。[9]

主教伯恩沃德的行進速度對於高級教士旅行並不奇怪。歷史學家R．L．普勒（R. L. Poole）告訴我們：「來自羅馬的訊息可能要花上將近五週才會送到坎特伯里，而旅人，如果是特快的信使，一般認為也要費時大約七週。」[10]因此十二世紀的主教要去羅馬，通常每天旅行二十一英里。這樣的速度標準似乎維持好幾個世紀。整體檢視埃克塞特數個主教，往返埃克塞特與倫敦之間，以及倫敦與巴黎之間，這樣尋常的旅行，他們的速度大約每天二十英里，直到十五世紀。[11]偶而我們會遇到長途旅行速度較快的主教，但對聖職人員來說，這樣的匆忙並非慣例。

對一個重要人物和家屬來說，每日二十英里符合十五世紀英格蘭訂定的「法務日」

（legal day）距離，即法律要求某人必須在二十四小時內走完的距離。[12]但是這會不會低估了其他人民一般的旅行？十三與十四世紀貴族女性的紀錄顯示，除非有什麼特殊理由需要快速旅行，一年的任何時候，超過二十英里太多的速度都不尋常。一二六五年六月一日，艾蓮娜・德・蒙福爾（Eleanor de Montfort）從歐第漢（Odiham）啟程前往三十三英里外的波切斯特（Portchester）。然而，她在吃完正餐後出發，表示這次旅行是突發事件（正餐通常於上午十點半至十一點開始，持續兩個小時）。在中世紀，幾乎所有上層階級的人士，旅行都在早上出發。[13]而這次，她千里迢迢奔向海邊，幾乎確定是因為聽到丈夫的敵人愛德華王子，五月二十八日從赫里福德城堡（Hereford Castle）逃跑，當下做出的反應。貴族女性一般速度更可靠的指標是瓊安・德・維倫斯（Joan de Valence）的行程，她從一二九六年五月二十一日至一二九七年九月十二日這段期間旅行四十七次，一共走了七百三十五英里，每天大約十六英里。每天的旅程都不到二十三英里，只有兩天例外，一天是二十八英里，另一天是三十二英里。[14]

社會地位較低和財富較少的人也不見得慢上許多。十三世紀後期的英格蘭只有大約三十五萬匹馬，而且半數歸莊園領主所有，許多平民百姓一匹馬也沒有。[15]雖然貴族男性與女性由於高貴的社會地位必須騎馬，或者僅有一些年事較長的伯爵夫人使用馬車，但是平民百姓走路也不失尊嚴。如果他們體格良好，一天可以走上二十英里——而且這也可能是指定二十英里為「法務日」距離的原因。那些需要走更遠的人，可以說走就走，不用因為照顧馬匹而受到限制。

## 非常情況

期待某人每天旅行二十英里，對任何人當然都不是限制。很多人可以移動得更遠、更快。羅馬軍隊作戰的時候，每天都要行軍三十至三十五英里，而在一〇六六年，哈羅德的軍隊往南，從斯坦福橋迎戰入侵的諾曼人時，可能也是類似的速度。但是，對於每天可以利用數匹馬的人，能夠走上相當遠的距離。一〇七五年十二月，教宗額我略七世從羅馬派遣三位使節，前往德國戈斯拉爾（Goslar）晉見神聖羅馬皇帝亨利四世，旅程大約九百英里，花了二十三天，每天大約三十九英里。[16]

有個例子可以說明，即使在冬天，十二世紀的武士還是可以長途旅行，就是發生在一一七〇年十二月二十九日，坎特伯里總主教托馬斯．貝克特被暗殺的事件。故事是這樣的，有四個凶手，據說「大概在耶誕節當天」，在巴約（Bayeux）附近的布林勒魯瓦（Bur-le-Roi），聽到亨利二世表達他想擺脫「這個出身下賤的聖職人員」。[17]他們各自啟程，約定二十八日晚上在肯特郡的索特伍德城堡（Saltwood Castle）會合。[18]他們必定計畫在那天中午之前抵達加萊，以便有足夠的時間穿越海峽，然後騎馬十二英里到索特伍德。如果他們在耶誕節當天天黑之後離開布林勒魯瓦，大約有六十六小時的時間完成這趟兩百一十四英里的旅程。扣除睡覺和暫停的十八小時，時速大約四．五英里。然而，他們可能無法經常換馬，儘管這是保持速度的關鍵。此外，他們四十八小時的旅途當中，大約只有二十小時是在日光下。如果他們保持這個速度，一天就可走上一百英里。

可惜的是，我們不能知道亨利說那句話的確切時間，或那四個武士出發的時間，所以以上行動純屬推測。此外，十四世紀之前，難以找到任何案例表示曾有武士以每日一百英里的速度去到任何地方。十三世紀著名的案例是，國王約翰在一二〇二年七月三十日至八月二日之間，為了捉拿他的姪子亞瑟王子，率領大軍進攻米雷博（Mirebeau），在四十八小時內行軍八十英里。[19]另一個案例是托缽修士魯不魯乞的威廉，他從哈拉和林的蒙古軍營回來，宣稱他每天幾乎移動七十英里。[20]然而以上的移動速度都無法與暗殺貝克特的人相提並論。

到了十四世紀，我們有更多關於人們快速旅行更可靠的案例。例如一三三〇年十月十九日晚上，羅傑・莫提默（Roger Mortimer）和伊莎貝拉王后（Queen Isabella）在諾丁漢城堡（Nottingham Castle）被逮捕，而教宗在十一月三日得知此事。從諾丁漢經倫敦到亞維農的距離是七百九十五英里，包括跨海三十英里，顯示傳令兵每日平均速度達到五十三英里。然而，十一月七日教宗寫信給愛德華三世，說他在七日那天從當時人在英格蘭的商人那裡得知逮捕的消息。假設他所說的那個商人在十月二十二或二十三日在倫敦得知那個消息，他必須在十五天內旅行六百七十一英里到亞維農：每天四十五英里。[21]這對商人來說算是相當快速。十五世紀中期，喬凡尼・迪・安東尼奧・烏札諾（Giovanni di Antonio da Uzzano）曾經描述長途商務旅行通常的速度。他舉的例子包括，從亞維農到巴黎耗時十五至十六天（每日二十五至二十七英里），以及從佛羅倫斯到倫敦耗時二十五至三十天（每日三十一至三十六英里）。[22]

愛德華三世自己的行程，數次顯示他每天移動超過四十英里的能力。一三三一年四月三日，他可能帶著少數隨從微服出巡，從埃爾特姆（Eltham）到多佛，走了六十八英里。[23]在一三三六年，他花了六或七天，從伯斯（Perth）到諾丁漢，路程長達三百八十英里。[24]一三四二年八月，他從格洛斯特（Gloucester）回到倫敦（一百〇三英里），花不到兩天。[25]必要的時候，市長也可以移動得很快。一四五五年十月二十三至二十四日，律師尼可拉斯・瑞得福德（Nicholas Radford）在位於帕費爾（Poughill）的自宅被殺，隔天埃克塞特市長約翰・希靈福德（John Shillingford）帶著消息騎馬去倫敦，在二十七日深夜抵達，隔天去見大法官，速度高達一天四十二英里。[26]即使是主教，也可能一天旅行超過四十英里。一四〇一年一月，埃克塞特主教艾德蒙・斯塔福德（Edmund Stafford）從德文郡的主教莊園（Bishop's Clyst）走了一百七十七英里到倫敦，花不到三天，平均每天超過六十英里，對於一位當時五十五歲的聖職人員來說相當了不起。而他六十幾歲的時候，在一四〇六年和一四〇九年再次完成這項壯舉。一四一〇年一月三十一日，這年他六十五歲，花了三天騎馬一百九十英里，從克雷迪頓（Crediton）到倫敦。一四一六年，從倫敦返回時，高齡七十二歲的他，七月八日離開倫敦，十日就回到德文郡的主教莊園了。[27]看來，想在十五世紀每天以六十英里的速度旅行，你不見得要很年輕——只需要負擔得起。

## 消息的速度：基準

中世紀移動最快的當然是消息。然而，歷史學家花在調查真實速度的時間較少，反而經常強調，相較據說每天可以走上一百六十英里的羅馬帝國官用郵政（*Cursus Publicus*），中世紀的消息傳遞很慢。他們也老愛說，十三世紀成吉思汗在蒙古帝國建立的傳令系統速度更快。諾伯特・奧勒（Norbert Ohler）在他的著作《中世紀旅人》（*The Medieval Traveller*）當中告訴我們：「組織良好的信差服務，二十四小時內必須接力涵蓋兩百三十五英里（羅馬的國家郵政「官用郵政」只有一百九十至兩百一十英里）。」[28]但是這些數值正確嗎？可以作為基準嗎？檢視中世紀歐洲的案例之前，值得仔細探究這些數值是否可靠，以確認彼此之間如何比較。

官用郵政的原始藍圖是波斯帝國的郵政系統。在通往羅馬的主要路線上，每隔二十五羅馬哩就會設置驛站（相當二十三法定英里，或約三十七公里——一羅馬哩，即一千步，約為一千六百二十碼）。每個驛站都會儲備精力充沛的馬，僅供帝國傳令兵使用。波斯系統與羅馬系統的主要差異是，波斯人用多個騎士接力傳送訊息，而羅馬堅持只用一個騎士，在每個驛站換馬。羅馬系統的優點是，抵達驛站的時候，除了手寫的訊息，騎士還可以口頭通知其他訊息。缺點是，他不可避免在旅途中感到疲累，於是減緩速度。

官用郵政的速度，最好的原始資料是波可皮厄斯（Procopius）在第六世紀寫的《祕史》（*Secret History*）。他說：

> 給一個敏捷的男人一天的時間移動，在某些地方他們規定八站，其他較少，但幾乎從未少於五站。每站準備四十匹馬，馬夫也與馬匹數量成比例。最好的馬匹頻繁接力之故，信使能夠在一天之內騎完一般要騎十天的漫長距離，並帶著需要交付的消息……

因此，有必要的時候，官用郵政可以要求騎士在二十四小時內快馬加鞭至兩百羅馬哩（一百八十四法定英里）。[29]

羅馬士兵真的能騎這麼快嗎？簡單來說，可以，至少偶而可以。瓦萊里烏斯・馬克西姆斯（Valerius Maximus）記錄未來的皇帝提比略（Tiberius）在西元前九世紀，一天之內不分日夜騎了兩百羅馬哩，奔向哥哥德魯蘇斯（Drusus）臨終的病榻。這項記載表示他的讀者相信這樣快速的旅程是可能的。完成的證據是西元六九年一月一日上午德國美茵茲兩個軍團叛變的報告。傳令兵從美茵茲經科隆與漢斯（Rheims），最終抵達羅馬。十天之內走了一千兩百五十三羅馬哩，可見即使在冬天，仍有可能每天速度超過一百二十羅馬哩。[30]但在那個地區，一月的時候每天只有九個小時的日光。如果在夏天，日光長達十七小時的義大利北部，這樣的傳令兵騎了二十四小時，他可以在這二十四小時橫越一百九十八羅馬哩（一百八十二法定英里）。[31]這點支持提比略騎馬奔向臨終的哥哥傳說中的速度。

至於蒙古的郵政系統，因為兩個理由，我們可以預期更快的速度。第一，蒙古人像波斯人，讓騎士接力。這樣表示訊息二十四小時都在傳送。第二，蒙古人的馬鞍有鐙——可能是第七世紀於匈牙利發明——能讓騎士騎得更穩，因此更快。於是蒙古皇帝的騎士速度更快並不意外。然而，這些主張是基於馬可・波羅的證詞，他剛好是出了名的說話誇大。幸好幾個其他作家支持他的部分說法，包括更可靠的方濟各托缽修士鄂多立克（Odoric of Pordenone），他大約在十五年後去到中國。

蒙古系統依賴兩種傳令兵：跑者和騎士。蒙古的驛站稱為yam，沿著主要道路，每二十五至三十英里設置一個；兩種傳令兵都在此待命。在多山的地區，驛站之間的距離大約為三十五至四十五英里。而驛站之間，每三英里又有要塞，跑者會從這裡接力訊息。憑藉這個系統，蒙古的皇帝一天以內就能收到十天路程以外的訊息。馬可・波羅清楚說了：「水果盛產的時候，許多當季水果早上會在大都（北京）採收，隔天晚上送到上都（近多倫諾爾），是十天旅程的距離。」[32]他說的「天」，其實是一天半，但是實際操作上相當可行。大都距離上都大約兩百二十四英里。如果一隊七十五人的跑者各自負責三英里，每人平均花二十四分鐘——對體格健康的年輕人來說輕而易舉，甚至扛著一袋水果——而且扣除六小時天色漆黑無法跑步的時間，那麼上午九點在大都採收的水果，真的可能隔天晚上九點送到上都。

至於騎士，馬可・波羅這麼說明他們可以達到的速度：

> 在那些驛站，也有其他男人同樣穿著繫上鈴鐺的腰帶，他們是為快遞而受僱，當急須傳送訊息給某個省分的官長，或有將領叛變等等緊急事件。而這些人可以行走了不起的兩百或兩百五十，不分日夜。我來告訴你怎麼了得。他們從驛站裡取馬。馬匹都已上好馬鞍，精神抖擻、體格健壯。騎上馬後，他們便全速前進，全力衝刺，真實不假。下一站的人聽到鈴鐺聲響，他們就讓裝備相同的人與馬就位，騎士接過信或什麼該拿的東

西，便全速前往下一站，在那裡，精神抖擻的馬同樣已經就位，所以站與站之間的傳送速度永遠是全速前進，並且經常換馬。而且他們跑的速度不可思議。然而到了晚上，就無法像白天那樣快速，因為必須由帶著火把的隨從作陪，無法維持全速。這些男人極其重要，而且若非牢牢綁緊五臟六腑，不可能做到。[33]

馬可・波羅自己承認，一天兩百英里或更高的速度只在非常時刻才會發生。應該注意，他說傳令兵的高速「不分日夜」，但又說夜間不可能比手持火把的行人更快，可見矛盾。我們也該記得，馬可・波羅估計騎士「每天」的表現，事實上可能是一天半，就像之前對於跑者的敘述。然而，他宣稱的速度在夏季不無可能。日光長達十六小時的一天（根據北京夏季日出日落的紀錄），一封信在二十四小時可能被運送兩百二十四英里。[34]

結論是，奧勒描述的速度只有稍微誇張。有兩件事情需要澄清：快遞只在非常緊急的時候發送；最高速度只在夏天才有可能。羅馬的郵政系統，理想的情況下，允許帝國的傳令兵在二十四小時內走上多達一百八十二英里，但他們冬天最快的速度僅有這樣的三分之二，而且他們通常一天只會走上五、六十英里。蒙古的傳令系統，緊要關頭時，運送訊息的能力甚至更快，理想的情況下每天可能多達兩百二十英里。然而，還有一件重要的事：羅馬的系統，是為了盡可能快速運送一位「傳令兵」，而蒙古的系統，主要目的是傳遞書寫的訊息。

現在，我們可以拿更現代的基準比較這些速度。一八三一年十一月五日，英格蘭的運動員喬治·奧斯巴爾德斯頓（George Osbaldeston）因為與人打賭，在新市賽馬場（Newmarket）備好二十七匹賽馬，花了八小時四十二分鐘，繞著賽馬場的賽道騎了兩百英里。[35]地面平坦，而且進行順利；這位坐在馬背上的男人四十五歲，身高不高（五英尺一英寸，約一百五十五公分），體重中等（十一英石，約七十公斤）。這些是為了競賽而育種的馬：奧斯巴爾德斯頓自己估計，如果他用的是狩獵用馬，而非賽馬，要花更長的時間。而且每匹馬只需要衝刺七·五英里，不是羅馬每站二十三英里或蒙古的二十五英里。儘管如此，他的速度仍然大幅超越羅馬和蒙古騎士。如果提比略去見他垂死的哥哥也是這麼快，他就不用花二十四個小時走上兩百羅馬哩，只要花剛好八小時就夠。這也促使我們懷疑本章一開始所謂，在火車出現之前，最大速度沒有改變這件事情。是否有證據指出，一六〇〇年之前在英格蘭，每天速度可能超過一百英里？如果有的話，消息傳送速度增加，為社會帶來什麼不同？

## 消息的速度：英格蘭的證據

十三世紀早期，英格蘭王室家庭有兩種傳令兵。一種是皇家傳令兵（*nuncius regis*），他們在英格蘭會騎自己的馬，在歐陸則租用馬匹和船隻。另一種是徒步信差（*cursor*）。無論哪種，移動速度都不快：如我們之前所見，每日的行進速度通常是二十英里。[36]皇家傳令兵必須騎上馬，但不是為了趕路，通常是為了凸顯高貴的社會地位。然而，訊息傳送的速度可以更快。回到貝克特之死的案例，一一七〇年十二月二十九日中午剛過不久即傳出謀殺的消息，人在法國阿讓唐（Argentan）的國王一月一日已經收到。[37]從坎特伯里到多佛的距離是十六英里，橫渡海峽耗時至少四小時。接著，傳令兵還得在冬天的路上再騎兩百〇四英里。換句話說，即使他在謀殺當天晚上已經跨越海峽，他的速度必須至少高達每天七十英里。

國王的傳令兵在十三世紀效率更是高超。他們背著特殊郵袋，憑著身上配戴的皇家紋章，能夠以國王的名義僱馬，而且經過路口不需支付過路費。年事較長且曾在其他貴族家庭當過傳令兵的男人常是被招募的對象，以借重他們的經驗、對路線的知識、語言技巧和外交手腕。外派他國的傳令兵可能面臨危險，因為會被懷疑為間諜。到了十四世紀，多數橫渡海峽的傳令兵都有副手作陪，以免遭受攻擊或逮捕。副手也能趁機向老鳥學習。

傳令兵最常被低估的技巧之一，是尋找收件人的準確位置。當國王寫信給四處巡迴的領主或主教時，不可能總是將信件送達固定地點。傳令兵必須設法查出收件人可能所在的位置，並在接近的時候修正目的地。這也許是某些訊息傳送緩慢的原因。索爾茲伯里主教羅傑·馬蒂佛（Roger Martival）的登錄簿顯示，寄給他的七百六十八封公務信件，有六百二十一封（百分之八十一）每天傳遞不到十英里，只有九封（百分之一）每天傳遞超過四十英里。[38]最快的兩封皇家令狀，從西敏到他位於威爾特郡藍斯伯里（Ramsbury）的莊園宅第，經過六十九英里，在書寫同天送達。

重要的訊息確實傳得很快——而且沒有訊息比國王去世更重要。因此，說來有趣，這樣的事件正是速度最大值的指標。一三〇七年七月七日下午大約三點，愛德華一世在蘇格蘭邊界附近的布拉夫桑斯（Burgh by Sands）嚥下最後一口氣。而他的兒子，也是王位繼承人，當時人在倫敦，於十一日得知這個消息。[39]這段路程超過三百英里，速度約是每天七十至七十八英里。[40]愛德華二世之死據說發生在一三二七年九月二十一日，當時他在格洛斯特郡的伯克利城堡。伯克利領主為此寫了封信，交付托馬斯·格尼（Thomas Gurney），經由諾丁漢，送去林肯郡給年輕的國王和王太后，他在二十三日夜晚送達。[41]這段距離是一百五十六英里，如果格尼在九月二十一日當天下午出發，他的速度相當每日六十二英里。

在全英格蘭引進驛站系統的是愛德華三世，皇家傳令兵在那些驛站換馬。[42]因此，並不意外，在他統治期間，我們首次確定旅行速度可以達到每天一百英里。一三四三年，國王命令他的資深傳令兵傑克．福克斯（Jack Faukes）帶著一位副手前往亞維農晉見教宗後返國，並且要求十八天內完成，「否則處死分屍」。從西敏到亞維農的最短路線距離是六百七十四英里，包括渡海，所以由此推測，福克斯和助手每天要移動七十五英里。幸運的是，他們這趟路程的詳細紀錄至今依然留存。[43]

七月二十六日，第一天，福克斯和同伴途經羅徹斯特和坎特伯里，抵達多佛，這天的旅程是七十五英里。他們在多佛過夜，待到隔天早上——可能是在等待風向改變——下午渡過海峽。一踏上法國，他們就騎馬前往聖里基耶（Saint-Riquier），於第三天晚上抵達巴黎，並在那裡休息。加萊到巴黎這段路程一百六十五英里，他們只花不到一天半，當天晚上想必累壞了。第四天，他們騎馬到杜爾當（Dourdan），而且付了七便士，把他們僱來的馬匹送回巴黎，接著搭乘雙輪馬車前往羅亞爾河畔的烏祖埃（Ouzouer-sur-Loire），走完當天九十三英里。第五天，他們沿著羅亞爾河到塞西拉圖爾（Cercy-le-Tour），又走了九十三英里，並且停留過夜。第六天，他們騎馬到索恩河畔的沙隆（Chalon-sur-Saône），接著循著索恩河往下游到里昂（Lyons），完成一百四十五英里。第七天，他們僱用一條船，航行至少一百三十七英里，帶他們到亞維農，於隔天八月二日晚禱的時間抵達目的地（大約下午六點）。整段旅程，包括橫渡海峽，總長七百三十英里，耗時七天半。每天的平均速度超過九十七英里。正事辦完後，福克斯獨自回來，走了一條不同的路線，一共花了十二天。雖然他回來的速度相對較慢，每天的速度也都超過六十英里，然而，他沒能達成他所期待的十八天，多出一天半的時間。

福克斯的紀錄顯示，十四世紀中期，一位有經驗的傳令兵可以以極快的速度旅行。歷史學家有時預設，每天一百英里的速度，不可能不靠接力而達成。[44]福克斯的任務顯示他們可以。然而，我們應該注意，雖然這樣的速度可能達到，但是極為罕見，即使是關於極為重要的訊息。例如，一三九九年，理查二世被俘的消息，從切斯特（Chester）經過一百八十英里到倫敦，至少花了三天。[45]一四一五年十月二十五日的阿金科特之役，消息似乎直到十一月二十三日，事件之後過了四個星期，才傳遞四百五十英里到達波爾多（Bordeaux）。[46]

以上這些案例所有的旅程，都是一個傳令兵走完全程，即羅馬官用郵政那種方式，但是到了十五世紀，消息傳送開始出現接力的型態。一四四三年，神聖羅馬帝國皇帝腓特烈三世在奧地利的費爾德基希（Feldkirch）和維也納之間建立有限的接力系統；到了一四七九年，路易十一世也為法國建立類似的郵政系統。這些舉動似乎啟發愛德華四世在一四八二年建立接力系統，當時他正在和蘇格蘭人打仗。[47]十個傳令兵沿著貝里克到倫敦的路上駐紮，據說他們將消息帶往南方的速度可達「每天兩百英里」。[48]新的基礎建設在成立那年證實其價值，貝里克投降的消息不到四十八小時就傳到倫敦：每天超過一百七十英里。

在十五世紀英格蘭，訊息傳遞速度非常快的案例，似乎僅有以上所述的接力，表示這樣的系統可能不是長久存在。曾有研究調查玫瑰戰爭期間的消息速度，顯示緊急訊息通常每天僅僅傳遞七十英里。[49]然而，愛德華四世的案例證實，接力系統在特定情況下具有極大價值。另一次接力是一五〇一年，地點是從普利茅斯（Plymouth）到倫敦，為了通知亨利七世，亞拉岡的凱瑟琳已經抵達英格蘭。她踏上英格蘭的消息每天傳遞超過一百英里。[50]

到了一五〇九年，英格蘭已經設立一個叫做國王郵政長（Master of the King's Posts）的職位，監督訊息接力，從倫敦往南到多佛，往北到貝里克。傳遞速度當然加快了。一五一五年四月一日，有位英格蘭的使節，當時人在蘇格蘭的史特靈（Stirling），他寫了封信給亨利八世，開頭是：「本週五，當我返家用正餐時，郵政送來國王陛下尊貴的信函，時間地點為三月二十六日於您格林威治的宅第。」[51]因為「正餐」都是上午吃的，表示國王的信函在五天內涵蓋四百三十五英里，每日速度八十七英里。然而，北邊的路線似乎不大穩定，因為國王郵政長布萊恩·圖克爵士（Sir Brian Tuke）於一五三三年寫信給托馬斯·克倫威爾（Thomas Cromwell，時任首席部長，類似首相的職位），表示：

> 特此通知，國王陛下今日沒有例行郵政服務，過去連日亦無，除了倫敦與加萊之間……而且自從去年十月，往北的郵政亦同……大人，您很清楚，除了格雷夫森（Gravesend）與多佛之間的出租馬匹，這個王國並無如同法國或其他國家司空見慣的郵政運輸。[52]

兩年後，圖克寫信給加萊省長，向他保證「無論國王人在何處，必有從倫敦派送給陛下的郵政服務，而倫敦與加萊之間必有例行郵政服務」。[53]某些路線似乎仍然僅僅暫時存在。這種情況似乎持續數十年。雖然從倫敦經霍利希德（Holyhead）到愛爾蘭的郵路已在一五七二年建置，而從倫敦到布里斯托與普利茅斯的也在一五七九年建置，這些僅是偶而才由官方提供資金。其他時候，郵件都是官方允許，私人經營，所以馬上就能恢復官方。[54]

英格蘭的郵政系統早期是專屬國王與政府的服務。然而，隨著其他人開始使用郵政運送私人信件，這個服務的職權範圍逐漸擴大。郵政系統也開始用作個人交通工具。一五三五年的信中，圖克提到人們付費使用倫敦與多佛之間的郵政路線。這條路線有四個中繼站——在格雷夫森、錫廷伯恩（Sittingbourne）、羅徹斯特、坎特伯里——所以騎士大約每十五英里就有新的馬，這對維持速度非常重要。隨著時間推移，私人利用郵政服務逐漸為人接受。在一五六〇或一五七〇年代，這項服務正式成為制度，當時的國王郵政長是托馬斯·蘭道夫（Thomas Randolph），私人使用郵政系統，每人每英里的費用是兩便士。[55]同時設下最低時速限制，夏季是七英里，冬季是五英里。另外也規定，從貝里克到倫敦的最長旅行時間，夏季是四十二小時，冬季是六十小時，表示夏季最低平均時速是八·一英里，冬季是五·六英里，日夜均同。[56]從前愛德華三世希望他的傳令兵偶而能夠每天移動七十五英里，現在的平民百姓可以付費騎馬超過兩倍的速度。

郵件的速度也這麼快嗎？如同羅馬的官用郵政，是的，有時可以。一封信，在一趟旅程當中的任何時間點到底運送多快，我們可以從各方線索拼湊出答案。送到樞密院的信，每經過一站，站長都會署名，並附上時間與日期。因此我們可以像今天追蹤包裹一樣，追蹤當時的信。例如，普利茅斯的駐防部隊指揮官，在一五九九年七月二十五日下午七點寄出一封信到倫敦的樞密院：在凌晨兩點通過阿士伯頓（Ashburton）；上午六點埃克塞特；上午八點霍尼頓（Honiton）；上午十一點克魯肯（Crewkerne）；下午一點社本（Sherborne）；下午四點沙夫茨伯里（Shaftesbury）；直到七月二十七日下午十一點抵達倫敦——出發之後經過五十二小時。以兩百一十六英里的路線來說，那樣的速度算慢。在那趟旅程中，如果一封信都以最高速度抵達每一站，可以在二十七小時內抵達目的地：每日一百九十二英里。否則，平均來說是四十六小時（每日一百一十三英里）。57

這些是送信的時間，但也代表，如果使用郵政系統騎馬，速度可以多快。紀錄上所見的最快速度，可能是未來的科克伯爵（Earl of Cork）理查·波以耳（Richard Boyle，科學家羅伯特·波以耳的父親）。簡短回顧他的人生時，他想起一段特別的經驗：

身為（愛爾蘭）議會的書記官，我出席議長所有的職務，金賽爾戰役（Kinsale）整個期間隨侍在側，並奉議長之命，將捷報奉送女王陛下。那次任務，我以飛快的速度趕赴宮廷；我於週一上午大約兩點離開科克附近的香農城堡（Shannon Castle），隔天，週二，我交付我的郵包，並與羅伯．西賽爾爵士（Sir Robert Cecil）共進正餐。當時他是國務大臣，在泰晤士河畔的自宅；晚餐之後，他與我徹夜談話至深夜兩點；隔日清晨七點，他請我陪同他前往宮廷，向女王介紹我。女王在她的臥室，她記得我，並叫我的名字，伸出手讓我親吻，告訴我，她很高興，稱我為幸運之人，在第一時間帶來勝利的消息。[58]

從科克移動到倫敦花費不到四十二小時，幾乎不可能。即使我們假設從都柏林渡海到霍利希德只要七小時（六十六海里）——而且一定花了更長時間——波以耳必定騎了一百五十五英里，從科克經基爾肯尼（Kilkenny）到都柏林，然後再騎兩百六十九英里走霍利希德的郵政路線，全部不到三十五小時。這相當於日夜平均時速超過十二英里，或每二十四小時兩百九十一英里。更厲害的是，他這趟旅程是在十二月下旬。[59]因此他的冬季每日速度比羅馬官用郵政快了兩倍以上。儘管有些理由懷疑他的說詞，但考慮他在回顧一生時，用了短短幾行提起此事，表示他記憶猶新，所以我們不該輕易否定。[60]而且這樣的路程不是不可能。一五九八年，霍利希德與倫敦之間每個驛站都備有八十匹馬，如果一六〇一年十二月依然維持這樣的供應，波以耳應該能夠取得最好的馬匹。[61]

才過一年，又有另一次速度驚人的長途旅行——羅伯・凱里爵士（Sir Robert Carey）帶著伊莉莎白一世駕崩的消息去蘇格蘭。女王於一六〇三年三月二十五日清晨死於里奇蒙宮（Richmond Palace）。凱里在上午九點至十點之間出發，騎了一百六十二英里，當天到達唐克斯特（Doncaster）。天黑之後，月光亮度尚可（百分之三十三），他大概又盡力騎了三、四小時，才停下休息。三月二十六日，他再騎了一百三十六英里到他位於諾森伯蘭郡威德靈頓（Widdrington）的自宅，再度休息。第三天中午，騎了四十九英里，快要到達諾罕城堡（Norham Castle）時，他不幸落馬，頭部嚴重受傷。因此最後到愛丁堡的五十英里，他必須放慢速度，直到蘇格蘭國王就寢之後才抵達。[62]儘管如此，他還是在大約六十二小時內完成三百九十七英里的路程，前兩天的平均速度是每天一百四十九英里，包括兩晚睡眠。因此伊莉莎白過世的消息「傳去」蘇格蘭的速度，比三百年前愛德華一世過世「傳來」英格蘭的速度，快了兩倍。

波以耳和凱里都是在執行王室公務。但是，在英格蘭，改善的郵政系統並非只有裨益政府，每個負擔得起必要費用的人都能受惠。一六〇〇年，個人可以透過郵政系統寄信，預期寄送的速度每天超過一百英里。如果負擔得起費用，他們也可以利用郵政系統的路線騎馬。一五九九年十月二十日，瑞士內科醫師托馬斯・普雷特爾在倫敦用過午餐後，和五個朋友搭乘渡輪，沿著泰晤士河南下格雷夫森，在那裡住了一晚。隔天上午他們沿著普通郵政的路線騎到羅徹斯特（七・五英里）換馬，接著騎到錫廷伯恩（十・五英里）再換馬，騎到坎特伯里（十六英里）又換馬，最後騎十六英里到多佛。這五十英里的路程花他們「大約五個小時」。[63]他們似乎不大享受這趟路程，因為他們覺得英格蘭郵政的馬鞍對他們的臀部來說太小，但那不是重點。這些年輕人能在秋天，沿著肯特郡的道路保持在時速十英里——大致與羅馬的官用郵政相若，甚至比得上著名的蒙古接力騎士。不僅如此，這件事情對他們來說彷彿理所當然，甚至抱怨不適。

今天，陸地時速差個五英里就宣稱革命創舉，像指著丘陵說是大山，似乎有點可笑。但那確實就是革命創舉，有幾個理由。就像全球溫度升高一度預示巨大變化，那不是只會發生一次的事，而是最大速度開始長期倍增。到了一六〇〇年，最快的騎士已經能在一天涵蓋一百五十英里，幾隊的騎士傳送一封信，速度可以高達每天兩百英里。政府可以更快得知區域內的事件。假設國王在溫徹斯特的時候，蘇格蘭人攻擊貝里克，如果消息往南傳送的速度，像十一世紀的時候一樣每天四十英里，就要花上九天到達。如果國王只花一天思考對策，然而他的指示以相同的速度返回，王國北部將有近三週的時間群龍無首。相對地，如果信件可以每天傳送兩百英里，國王和他的顧問兩天以內決定如何應對。討論一天後，國王的指示將在威脅發生之後不到五天即傳回貝里克——比十一世紀快了兩週。

這樣的改變，對政治與社會的影響，一點都不誇張。訊息送達的速度加快，國王就更能有效控制王國。溝通速度非常緩慢的時候，叛變的領袖可以組織軍隊，橫掃整個地區，國王甚至毫不知情。於是，監控偏遠地區的重擔就落在地方領主的肩膀。反之，國王也必須完全相信那些領主，而且為了維持他們的忠誠，賦予他們在各自的土地相當大的自治能力。所以威爾斯與蘇格蘭邊界地區的領主得到的權力與特權遠超過一般英格蘭領主。快速的訊息傳播能夠即時通知國王遙遠地區發生的事件，中央政府可以積極控制邊陲地區。地方領主失去他們的政治威權。因此，旅行速度增加，微妙地將權力平衡從地方領主轉移到中央政府。這樣的趨勢從此之後持續影響政府和人民。

訊息的速度加快，產生「更多」訊息的需求。在他國宮廷的間諜，如果傳來的消息收到時已過期，就沒有什麼價值可言。另一方面，如果你的間諜可以用接力的方式寄信給你，在敵國預謀入侵之前通知你，你就可以採取防禦措施。當然，那不僅適用軍事攻擊，也適用任何活動，例如貿易路線、潛在聯盟、科學與地理發現等機會。無論你稱他們為代理人或間諜，十一世紀的歐洲，幾乎沒有這樣的人，但在十六世紀有數百個。歐洲每個主要國家，在鄰國的主要城市都有代理人，每個代理人幾乎每天都寫信向主人報告。他們的信件珍貴之處不僅在於提供的消息，還有消息的即時程度。這也是為什麼到了一六〇〇年，英格蘭政府不僅在整個英國和愛爾蘭都有代理人，在法國也有十個間諜，在低地國十個，在義大利五個，在西班牙五個，在德國九個，在土耳其三個。[64]

為什麼最高速度微小增加是重要的事，另一個理由與社會意義有關。由此可見人們願為公共利益合作。一旦人們發現馬匹接力提供的效率最高，就為驛站建設提供資金，並設下使用規定。有人培育更強壯、更快速的馬匹。[65]道路狀況改善，尤其是一五五五年《公路法》

之後，引進堂區調查員，監督損壞路段的維修情況。還有手冊與圖表，告知人民旅行最快的路線。最重要的，國家的郵政基礎建設開放給公民私用。今日我們認為國家提供服務是理所當然，但是，除了法律體系，一五〇〇年之前，幾乎沒有這種事情。一五三〇年代開始，個人可以使用郵車，或透過郵政系統寄信，而且願意付錢換取快速交通的人，就有興趣提高這個系統的效率。

光從統計數字來看，時速增加五英里不是非常了不起。然而，從本書探究的文化眼界，卻是非常重要。想像從你現在的位置向外擴散的圓圈——第一圈是你一天可以行動多遠，第二圈是兩天，第三圈是三天……。現在想像這些圓圈向外越移越遠，每一圈都擴大兩倍。如同第一章提過，你能涵蓋的範圍不只雙倍或三倍，而是指數增加。如果你一天只能行動二十英里，理論上，你的總範圍是一千兩百五十七平方英里。然而，如果你一天可以行動一百英里，就是三萬一千四百一十六平方英里。當全體的眼界都指數增加，你就會看到，人們一天可以行動的距離變成兩倍後，將對整個國家的知識流通、國界裡外發生的事，造成多麼大的影響。

除此之外，還有一項細微的意義，而這個意義帶著我們直接回到本章開頭所謂速度的脈絡。首先，為什麼要旅行？對中世紀多數的人來說，唯一需要訊息快速傳輸的人，是有政治任務或個人承諾在身的人。非政治訊息絕大多數不是十萬火急的訊息。如果你急需醫師建議，可能想要快速到達某地，但多數的平民沒有什麼理由趕著去哪裡。主教馬蒂佛的登錄簿告訴我們，上層階級只有百分之一的訊息一天傳遞超過四十英里。但是經過中世紀，這件事情改變了。為什麼？

答案是時鐘。

回想托馬斯·普雷特爾和朋友在一五九九年，以時速十英里的速度趕去多佛，相當如果蒙古的省分發生叛亂，皇帝期望得知的速度。他們為什麼這麼趕？要去搭船。或者，說得更精確，確保他們搭上橫渡海峽的船之前能有時間做點生意。他們正在根據時間安排一日行程。十一世紀在田裡工作的農奴與奴隸完全相反，他們根本不在乎現在幾點。不自由的工人並不需要去其他地方。他們的日子被日光和太陽在天空的軌跡控制。即使在十四世紀，較大的城鎮裡頭，日落的鐘聲一響，大門就關上。到了十六世紀，人們開始安排在「三點」與朋友相見，或在「兩點」聆聽布道。《國會法》規定人民應該上工的時間。地方法律明訂市場應該營業和打烊的時間。隨著我們適應時鐘的時間與我們可以旅行的速度，我們對於每日生活的緊張感油然而生。以港口為例，允許船隻航行的漲潮時間可以事先估計，人們就能知道何時必須上船。我們從一五九九年托馬斯・普雷特爾的旅程看到結果。你能旅行的速度越快，必須騎馬到丹佛、坐上開往加萊的船之前，就有更多時間在倫敦用餐。你必須承認，這種心態真的頗為熟悉。

# 第六章 讀寫能力

## 廷代爾翻譯聖經的文化衝擊[1]

一五二六年，一本小書在德國沃姆斯（Worms）出版。小的原因是，在英格蘭持有這本書違法，所以書的尺寸表示持有的人能輕易將書隱藏。這版的印刷數量在當時相當可觀：三千本。然而，這三千本幾乎都被同一個人買走——倫敦主教卡思伯特．滕斯托爾（Cuthbert Tunstall）。接著，在一五二六年十一月二十七或二十八日，他在倫敦聖保羅主教座堂的十字架布道壇前，把那些書全都燒了。[2]我們說的這本書，是威廉．廷代爾翻譯的《新約》。雖然今天只有三本倖存，然而，卻有資格說，這是英文出版品中，有史以來影響最深的一本。

廷代爾的小書這麼重要，不是因為那是聖經首次英文翻譯。十四世紀後期，約翰．威克里夫（John Wyclif）與助手在英格蘭王室支持下，已經翻譯整本拉丁文聖經。[3]其重要性反而在於翻譯品質與產量，而且最重要的是——發行時機。如果廷代爾出生在第十世紀，並將《新約》翻譯為古英文，他的傳奇就不會比恩斯罕的埃爾弗里克更偉大，本書第一章引用的《馬可福音》便是埃爾弗里克的翻譯。而且，當時印刷術尚未問世，廷代爾的翻譯若在之前產出，種種限制會阻礙翻譯流通。此外，當時諾曼人征服英格蘭，引進法文作為政府的語言，同時抹煞英文聖經的需求。因此，廷代爾對於讀寫能力、語言、英格蘭社會的影響，與他所生活的年代密不可分。

相較其他幾個歐洲國家，英格蘭出版白話聖經的腳步算慢。一五二六年的時候，德國人已經擁有德文聖經六十年，是一四六六年若阿內斯・芒特林（Johannes Mentelin）的翻譯。他們也累計高地德文十三種版本與低地德文四種版本。[4]馬丁・路德自己翻譯的《新約》於一五二二年問世。首部義大利文聖經一四七一年在威尼斯出版。《新約》約於一四七四年出現在法國、一四七五年在捷克、一四七七年在荷蘭。完整的加泰隆文聖經一四七八年在書店上架，而完整的捷克文聖經在一四八八年。[5]閱讀白話聖經所引發的思想在國際之間流通。廷代爾翻譯《新約》，後續又翻譯部分《舊約》，帶領英格蘭走進眾多改變世界的辯論：人們應該如何實踐宗教——這件事情，是關於個人信仰、教會整體，還是服從教宗？

本書目前所討論的文化眼界，多半都非一己之力所為。然而，廷代爾的故事顯示個人影響可以無遠弗屆——雖然必須承認許多是間接。廷代爾的翻譯不僅衝擊同時代數以萬計的人，也因為英語語言和英格蘭文化跨國傳播之故，在接下來的世紀衝擊數百萬人。所以，可以說，他改變我們的文化眼界，程度不下任何中世紀的君王。

當然，這是相當大膽的宣言。但是廷代爾的遺產不只是一名譯者的遺產。如果我們只從這個角度思考，很可能會忘記當時他翻譯的是「什麼」，他翻譯的時間是何時，他生活的世界是如何。我們也同樣容易忘記他啟發的人與那些人的成就。我們反而應該打開眼睛，宏觀整個在英文聖經出版之後擴張的文化眼界：某些直接來自廷代爾的翻譯，某些來自廷代爾啟發與鼓勵的譯者，還有其他關於廷代爾和改革伙伴提供的精神引導，影響那些宗教經過改革後，嘗試尋找自己的路的人。本章聚焦在六個這樣的眼界，展現那部翻譯遠傳的意義：聖經的重要性；公民責任的意識；讀寫能力提升，尤其女性之間；英語語言標準化；白話文運動；質疑權威。但是，我們檢視這些之前，先來認識廷代爾、他的伙伴和他們的工作。

## 廷代爾與英文聖經之發展

威廉．廷代爾大約生於一四九四年格洛斯特郡，在牛津大學接受教育。他是語言天才，除了英文，最終還精通六種語言：拉丁文、古希臘文、希伯來文、德文、西班牙文、法文。他畢業於一五一二年，並於一五一五年開始擔任祭司。因此，當他與伊拉斯謨古希臘文《新約》一五一六年的版本相遇時，年紀尚輕。這本書確立他的終身志向。有個格洛斯特郡的人表示，沒有神的律法好過沒有教宗的律法，據說廷代爾回答：「我挑戰教宗和所有教宗的律法；若神饒我不死，我將讓犁田的男孩比你懂得更多聖經。」[6]

廷代爾打算將古希臘文的《新約》翻譯為英文時，沒有想到會引發這麼多爭議。起初他覺得，雖然這是相當艱鉅的工作，但是直接了當，並且尋求主教滕斯托爾的支持。然而，當支持沒有眉目時，他就該知道，自己已經踏上一條危險的路。於是他決定去海外翻譯，並於一五二四年四月離開英格蘭前往德國。想不到即使在歐洲大陸，他也不能出版譯作而不招致罪罰。一五二五年在科隆，他開始生產英文《新約》的四開本，以伊拉斯謨一五二二年希臘文的第三版為基礎，並且收錄路德的評論翻譯。才剛印出前言和《馬太福音》前二十二章，當局就禁止再印，他們認為這會造成巨大的政治威脅。亨利八世唯恐聖經普及後，英格蘭會受路德主義影響而改變立場。確實，德國的白話聖經最早開始流通，而宗教改革在那裡受到熱烈支持，兩者並非巧合。

廷代爾逃到沃姆斯東山再起。這次他製作一五二六年的口袋版，沒有前言也沒有路德的注釋，只有希臘版的英文翻譯。書本被藏在布匹裡頭，走私到英格蘭與蘇格蘭。當局發現後，驚恐不已。儘管盡其所能防範，在英格蘭已經可以拿到《新約》，任何人都可以讀。主教滕斯托爾禁止該書在倫敦教區流通，並且開始買下他找到的每一本。廷代爾在比利時安特衛普又印了更多。坎特伯里的總主教寫信給所有主教，催促他們捐錢買下那些書，才可以通通燒掉。書商收到不准販售的警告。主教滕斯托爾搭了他的營火，但是沒有人燒得掉廷代爾翻譯的知識。

《新約》出版後，廷代爾在安特衛普裡頭和周圍的祕密地點，繼續著作更多宗教文章與翻譯。他的著作《基督信徒與順服》（*Obedience of a Christian Man*，一五二八年）告訴讀者天主教會的貪腐行徑，教宗「販賣神免費應允之物」所以有罪。他追隨路德，在一五三○年從希伯來文翻譯《摩西五經》（《舊約》前五部書）。隔年，他出版《約翰一書注釋》

（*Exposition on the First Epistle of St John*）。當然，他的任何一本書，一出現在英格蘭就立刻被禁止並燒毀。持有這些書而被逮捕的人也是。一位叫做托馬斯．希頓（Thomas Hitton）的祭司在肯特因為持有廷代爾的《新約》遭到逮捕，並被坎特伯里總主教和羅徹斯特主教判處死刑，一五三〇年二月被綁在木樁上活活燒死。他只是十幾個男男女女其中之一，在一五三〇年代初期因為與英文版《新約》有關，而被當成異端處以火刑。[7]

雖然廷代爾一直躲在國外，托馬斯．摩爾爵士趁他不在的時候，視攻擊他為己任，稱他是比路德更糟的異端。面對指控，廷代爾指出摩爾捍衛的教會，是置自身利益於聖經教義之上的教會。摩爾最終寫了五十萬字嚴厲批評廷代爾，廷代爾則是出版推倒天主教會威權的書籍作為回答。那些書籍當然也被譴責為邪門歪道。亨利八世數次引誘他回英格蘭，但廷代爾害怕是陷阱，並堅持，除非國王賦予他的子民權利，以自己的語言聆聽神的話語，否則不會回去。亨利不願那麼做，表示他看重高級教士的腐敗作為甚於人民的救贖。國王形同站在聖經威權錯的一邊。

廷代爾在一五三四年又產出英文版《新約》的新版本，而他翻譯《舊約》的史書也告一段落，直到《歷代志下》。他也翻譯《約拿書》。但是，接著，災難來襲。某個英格蘭窮小子為了金錢洩漏他的藏身之處，廷代爾在一五三五年五月二十一日被捕，接著被以異端起訴、審問，而且監禁十六個月，之後於一五三六年十月六日處決。他的遺言是：「主啊，請讓英格蘭的國王睜開雙眼。」

廷代爾被捕不久，他的朋友暨協作人邁爾斯．科弗代爾（Miles Coverdale）便在安特衛普完成完整的英文聖經。科弗代爾與廷代爾兩人密切合作，翻譯《舊約》。當時的英文評論稱他為廷代爾的「弟子」，然而論希臘文與希伯來文的造詣，科弗代爾比不上廷代爾。明智的他利用廷代爾的《新約》與《摩西五經》，再自己翻譯拉丁文的原文和路德、烏利希．慈運理（Huldrych Zwingli）的德文版，完成剩下的《舊約》。[8] 雖然科弗代爾缺乏廷代爾的外語能力，但是他的英文譯寫能力相當優秀，能夠譯出詩歌般的語句。我們今日所知的《詩篇》要歸功他的拉丁文翻譯。你一定認得他所翻譯的《詩篇》第一百三十七章：

By the waters of Babylon we sat down and wept, when we remembered Sion.
As for our harps, we hanged them up upon the trees, that are therein.
Then they that led us away captive, required of us a song and melody in our heaviness: sing

us one of the songs of Sion.

How shall we sing the LORD's song in a strange land?

我們曾在巴比倫的河邊坐下，一追想錫安就哭了。

我們把琴掛在那裡的柳樹上。

因為在那裡，擄掠我們的要我們唱歌；搶奪我們的要我們作樂，說：「給我們唱一首錫安歌吧！」

我們怎能在外邦唱耶和華的歌呢？

（以上摘錄出自中文和合本。）

他的文字在二十世紀變成世界流行的單曲歌詞，證實將現代英語塑造為詩歌語言這個方面，他的貢獻有目共睹。

在英格蘭，即使廷代爾被處決，仍然有人鼓吹出版官方的英文聖經。某些主教對於這個想法依然堅決反對。其他人發現，除非他們先發制人，否則改革者會搶先他們一步。國王的立場轉為後者。一五三七年，科弗代爾和另一位廷代爾的協作者暨「弟子」約翰・羅傑斯（John Rogers）再次產出完整的聖經。因為不能提及廷代爾的姓名，所以出版的書寫著「英文譯者：托馬斯・馬修」。這本書落到托馬斯・克倫威爾手裡，經他安排之後獲得王室許可。留存下來的書，注腳多數都有這句話——「獲國王恩准出版」。因此，廷代爾死後一年，擁有英文聖經已經合法。一五三九年，科弗代爾修訂「馬修」的翻譯，並經王室許可出版為《大聖經》（Great Bible）。全國每座教堂必有一本。廷代爾的遺願於是實現。

聖經後來所有的翻譯都以此為基礎。詹姆士一世於一六一一年欽定的聖經英譯本，其中《新約》百分之八十四是廷代爾的翻譯。此外，編輯成員在《舊約》保留百分之七十六廷代爾的翻譯。整體來說，詹姆士一世版本中，廷代爾的貢獻占了略多於一半的篇幅。[9] 因此，幾乎所有聽到或親自閱讀聖經的人都會接觸到廷代爾如詩的文辭。任何曾在教堂唱過《詩篇》的人背誦的是科弗代爾的歌詞。有鑑於比起其他語言，聖經更常被印成英文，而且別忘了，今日仍有大約三分之一的美國人口使用詹姆士一世版，可以說世界史上，沒有幾個人寫的字能被覆誦這麼多次。[10]

## 聖經的重要性

廷代爾為接下來三百年形塑人民思想的聖經文化鋪路。這不是說，在他之前沒人注意聖經。歐洲第一本印刷的書就是聖經，這個事實強調聖經與基督信仰的關係。然而，我們必須記得，一五〇〇年之前，聖經並不如之後那麼普及，乃至無所不在。首先，聖經的語言是拉丁文，只有一小部分的人能懂。引用歷史學家克里斯多福．希爾（Christopher Hill）的話，聖經是「聖職人員的私人財產」。[11]即使那麼說有點誇大，也絕對是受過高等教育和富裕人家的專利。印刷的聖經只能從都市的書商那裡買到，而書籍銷售的網絡，相較歐洲大陸，英國才剛起步。聖經手抄本甚至更難取得。製造費工，價錢自然昂貴。持有英文版本的聖經更是危險。總主教阿倫德爾（Arundel）的著作《反福音章程》（*Constitution against Gospellers*）在一四〇九年出版，並未禁止英文聖經本身，但是規定未經允許持有視為違法，而且明確禁止任何個人自行翻譯經文。這表示持有或複製任何現存的英文聖經，都會讓你被控為異端，綁在木樁上燒死。結果，就連那些持有書的人，也非常小心出借的對象。

在那樣相對缺乏聖經的世界，宗教信仰很大部分憑藉感官。男男女女透過圖像、氣味、聲音，還有最重要的——聖事或聖禮，與神相連。想想鄉村工人每天生活多麼枯燥乏味，家裡多麼陰暗漆黑。當他們走進教堂，看見彩色壁畫、鑲嵌玻璃、上漆的聖壇屏風，對他們而言是多麼轉換的體驗。香草、薰香、蜂蠟蠟燭甜蜜的氣味；藍色與紅色的光線；響亮的鐘聲；悅耳的音樂和拉丁文彌撒的聲韻——整體合為豐富的感官盛宴。而且高掛教堂中殿上方的十字架描繪耶穌受難，也是基督信仰的終極焦點。你不需要聖經才能和垂死的基督相連，你看著他在那裡，就在你的面前流血。

崇拜的過程，憑藉這樣的環境，聽起來絕大部分處於被動：不識字的農夫，面對圖像與氣味，引發神聖的思想。然而，我們不應完全這樣看待圖像的作用。中世紀的崇拜就是關於表演。首先有聖樂。中世紀的圖書館與教堂留存下來的詩篇歌集和輪唱讚美詩集，數量比聖經多很多。接著，聖人的瞻禮日有遊行隊伍，而且，當商業行會和兄弟會需要舉辦特別活動時，城裡會有宗教騎士隊伍。以基督事蹟為劇情的神蹟劇，整個十五世紀都非常流行。此外，有受洗與感恩母親的儀式，有婚禮與葬禮；有告解；有強制的齋戒和禁慾時期。男人和女人結成盟友，維持地方教堂祭壇上的蠟燭燃燒不滅。堂區居民也都喜愛教堂的麥芽酒。犯了道德墮落罪的人，要在堂區教堂或市場，當著眾人面前苦行贖罪。很多人去朝聖。而且走到哪裡都會聽到禱告。基督和聖人的圖像能為人民提供崇拜的焦點，促進這樣的虔誠行動。教堂的感官世界不只關於眼看、鼻聞、耳聽，也關於實踐信仰。這是對著神的音樂手舞足蹈。

廷代爾沒時間做這些事情。如同他在《約翰一書注釋》中說：

> 談到對聖人的崇拜，向他們祈禱，以及讓他們成為我們的代祈者……然而，對所有了解真相的人來說，我們在聖人的節日齋戒，遵守聖日。赤腳行走，白天點燃蠟燭，崇拜他們以得到他們的恩寵，贈送他們昂貴的珠寶，捐獻到他們的箱子，為他們的形象穿衣，用銀鞋裝飾他們的鞋子，並在鞋上鑲嵌水晶……這些行為，在所有方面，明顯就是，用英語來說，叫做偶像崇拜。因為聖人是靈，無法享用肉體的歡愉。

他斷然宣布，沒有什麼比聖經更有權威。如同他在《摩西五經》的前言所說：「聖經是所有教條的試金石，而且藉此我們以真實辨識虛假。」[12]

這樣的宗教願景，供奉在英文聖經裡，以銳不可當的姿態挑戰舊的崇拜形式。廷代爾不只「告訴」人民閱讀神的話語比向聖人禱告更好，他還「展示」給他們看。如果從前你上教堂禱告、依照神祕的規矩禮拜，都是為了順利通往天堂，那麼英文聖經免去這些不確定的神祕儀式，直接告訴你該怎麼做。廷代爾在《基督信徒與順服》寫道：「神已經在聖經裡指示我們如何事奉祂和討祂喜悅。」用現代的比喻來說，想要贏得永生的頭彩，他不只告訴讀者提示和線索，還直接告訴他們下注的號碼。

由於廷代爾的著作，聖經成為英格蘭平民百姓宗教體驗的中心。儘管印刷的《新約》幾乎全被一本一本買走，而且在一五二六年銷毀，廷代爾繼續印刷更多。有人認為，在他一五三六年去世的時候，[13]已有多達一萬六千本運送到英國。滕斯托爾和其他焚書主教的火葬書堆，可能反而替廷代爾好好打了廣告。這種書籍存在，光是這個消息，就代表觀念轉變。即使你無法取得英文《新約》，那樣的衝擊會令你想要尋找廷代爾和追隨者的其他著作。而且可以短暫拿到一本的人，就能記住很多內容。現代世界的我們，擁有很多記憶資訊和文字的方法，很容易忘記背誦多麼重要。[14]但對廷代爾那個年代的人來說，學習英文聖經裡的段落並不昂貴，而且能夠撼動心靈，興奮無比。在你的記憶裡頭攜帶神的話語，也比帶著一本非法禁書安全多了。

一五三九年，當政府下令，全國每座教堂都須放置一本《大聖經》，最大的進步終於到來。兩年以內印刷九千本。[15]負擔得起的人就購買自己的聖經。不識字的人在教堂裡頭聆聽祭司朗讀，如果他們是僕人，就在家裡聆聽雇主朗讀。地方法官和公家機關就和聖職人員一樣經常引用聖經。這是第一次，這麼多人用自己的語言聽見基督的教義。而且人人都知道他們正在參加同一場大型體驗——就像二十世紀中期人人都看同樣的電視節目，因為只有一個頻道。同時，每位聆聽的人都可以發展屬於自己與神的關係。如我們所見，目前為止，多數的人在團體當中體驗宗教。現在，想要精進個人生命或更貼近神的男女，聖經成為除了教會禮拜以外另一個啟示管道。事實上，聖經快速接手祭司的布道。如果你可以閱讀聖經，你可以自己研究並詮釋神的話語。你可以決定你自己贖罪的道路：你不需要祭司介入。

但是這麼做，不免分化人群。聖經提供基督信仰的基礎——這樣新的認知，為基要主義打開大門，以聖經之名主張全民的宗教實踐，反對「比你更神聖」的方式。在英格蘭，這個取向發展為清教主義。然而，吾人最好也要知道，英文聖經的影響有正面也有負面。首先，宗教的狂熱分子藉此批評「不在」聖經當中的日常生活。從菲利普．斯圖布斯（Philip Stubbes，一五五五－一六一〇，英格蘭小冊作家）著作之《弊端之剖析》（*The Anatomy of Abuses*，一五八三年），可見清教徒對待同胞多麼辛辣嚴苛，邪惡的怨念多麼高漲。斯圖布斯用最鄙視的態度痛罵任何形式的自我放縱，從男人的自滿，到他們襯衫的質料、衣領的襞褶、配戴的珠寶，還有他們選擇吃的食物。他會非常樂意看到任何喜愛一丁點享受的人被丟入地獄。而且雖然他的不容忍彷彿走向極端，並非只有他是如此。二十年前，一五六三年，一項目的在於完全實施清教生活的法案，因一票之差沒有通過，英格蘭差點成為基要主義的國家。我們也必須記得，十七世紀過度的清教主義要求，例如對於通姦與瀆神判處死刑，源頭同樣來自廷代爾的譯本之後興起的聖經文化。

聖經的權威提升，之於英格蘭的文化發展極為重要。透過儀式與表演接近神的感官方式於是瓦解。人民的個人主義也在潛移默化之中越來越強。甚至質疑長久以來的傳統。然而，聖經的權威也導致極端主義的觀點和迫害。這就是第一個理由，認為廷代爾對英格蘭歷史的貢獻，程度不亞於任何中世紀的君王。你能想像聖經只有拉丁文版嗎？如果是的話，你能隨口說出裡面的內容嗎？今天，當我們聽到福音派的傳道者談論應該怎麼做才能拯救我們的靈魂，我們不會聽到他們叫我們去朝聖或去祭壇禱告；他們叫我們去讀聖經。過去四百八十年，在英格蘭都是這樣。英文聖經很快成為指導基督信仰生活的首要權威。但是這般崇高的地位，並非聖職人員或羅馬教廷強加在會眾身上，而是藉由翻譯為本國語言的聖經，提供敬拜的個人閱讀，而且相較所有其他的禮拜方式，很快就優先採納。

## 公民責任的意識

人民因為英文聖經出版之後興起的聖經文化，更為自己與其他人類同胞的福祉負責。如同一六〇七年，一位評論家說：「聖經教導地方法官如何治理，教師如何教學。」[16]聖經也啟發許多不是這兩個職業的男男女女——從一家之主與他們的妻子，到迫切希望神的治癒能力降臨在他們身上的醫療人員。普遍來說，聖經的文字是法典，說明社會成員應以討神喜悅為目標，並透過互相幫助與遵守基督的教義實踐。

公民責任的意識這個新的發展，證據不難找到。清單上的前幾名，例如慈善捐贈增加，而且大約從一五四〇年開始興建學校。但是最明確的責任措施，也許可以從《濟貧法》的發展窺見。

一五〇〇年與一六〇〇年之間，人口從兩百三十萬成長到超過四百萬，然而多出的人口，沒有相對的工作機會，也沒有糧食供應，於是失業問題比從前還要急迫。政府起初選擇鎮壓。一五三一年的法令規定遊民會被鞭打並送回出生地；無能工作的人才有在家鄉或堂區行乞的許可。一五四七年，這項法令變得更加嚴格，遊民會被奴役兩年；小孩必須做事；年長的窮人必須工作；只有無能力的窮人才能接受自願的捐獻。奴役基督信徒，對多數人來說太過嚴厲，於是兩年後，該法令的這個部分即被廢止。接著，在一五七二年，新法取代所有舊法。堂區有權力設立窮人督導，在地方募集紓困款項。鎮壓仍是法律的主要特徵：遊民還是會被鞭打，耳朵的軟骨會被燒一個洞。但在一五九七年，一項法案通過，引進今日我們所謂《舊濟貧法》。每個堂區的窮人督導必須設定必要堂區比例，募款幫助窮人。有了這些資金，他們就該幫助無能為力的人，讓貧窮的孩子工作，或分配他們到地方上的有錢人家當學徒。這項立法也許不如幾年之前擊敗西班牙無敵艦隊那麼戲劇化，然而可謂伊莉莎白英格蘭時期其中一項重大成就，可以拯救即將餓死的人。

你可以說，各式各樣的《濟貧法》最後都成功達成主要目標，就是舒緩困難。然而，起初的用意完全不是那樣。早期的立法，是將窮困潦倒的人貶至絕望的境地，藉此減少他們的人數。那麼為什麼政策改變了？簡單的答案是，社會更意識自己的責任。一五四五年，倫敦綢布商亨利・布林克洛（Henry Brinkelow）寫道：「我認為，就我判斷，天底下沒有像倫敦這樣，這麼有錢的城市，為窮人提供這麼稀少的食物？」[17]兩年後，倫敦政府採取行動，開始課稅救濟「城市窮人的糧食與生活」。伴隨這項稅的是重建並捐助四家醫院：聖巴托羅繆醫院（St Bartholomew's）、基督醫院（Christ's Hospital）、貝特萊姆醫院（Bedlam）、聖托馬斯醫院（St Thomas'）。其他城鎮很快開始效法倫敦。布里斯托和坎特伯里政府開始購買玉米為窮人紓困。一五五七年，斯陶爾布里奇集市（Stourbridge Fair）捐出收益，改善劍橋窮人處境。伊普斯威治（Ipswich）也在同年加入倫敦，向市民收稅幫助窮人。諾里奇在一五七〇年調查貧窮市民，以評估必要的紓困程度。聖經的讀者越來越多，他們都意識到，就像「獅子坑中的但以理」，天使救他，因為他是「無辜」的，同理，無能為力的窮人，他們的命運不是自找的。社會問題過去被歸為神的意志，現在不再這樣看待。反而逐漸認為，原因是社會成員並未遵守神的教義——尤其幫助落難的同胞這一點。

一五九四至九七年的饑荒奪走上萬條人命時，國會再也不能無視這個情況。基督信仰的責任感驅使立法的人。從前捐款是為了裨益捐款人的靈魂或名譽，現在由稅金取代，是為了幫助弱勢所行的社會義務。歷史學家保羅・史雷克（Paul Slack）主張：「受到人道主義啟發，關鍵因素是新的認知，政府可以並且應該為窮人做事。」[18]我會加上，這樣的人道主義與閱讀聖經而產生的責任感密不可分。一五九六年，《三篇講道，以激發對於當今窮人的同情心》（*Three Sermons or Homilies, to Moove Compassion towards the Poore and Needie in these times*）的匿名作者告訴讀者：

> 當你在街上遇到一個窮人時，要考慮他是按照神的形象所造的人：儘管他貧窮、赤裸和悲慘，但要小心不要輕視他，請注意不要打擊他，注意不要把他趕走。[19]

隔年，亨利·阿辛頓（Henry Arthington）在他的著作《提供窮人的物資》（*Prouision for the Poore*）更清楚談到，這種公民責任是身為基督信徒的義務。他引用耶穌的「八福」為開頭——「眷顧貧窮的有福了。他遭難的日子，耶和華必搭救他」，接著詳細陳述為何公民責任是基督信仰的價值：

> 眾多有能者，若欲顯示自己乃真正的基督信徒，或者期望死亡降臨時，基督在我們生命的最後安慰我們，首要考慮的是如何以及必須救濟窮人。[20]

在許多城鎮，富人遺贈金錢，或羊毛與其他原物料，並提供窮人工作。他們成立貧民所，而住在裡面的人必須既道德又虔誠。人道主義可能也啟發新的認知，政府應該嘗試幫助窮人，不只是鞭打、奴役，在他們身上貼標籤，然而，在方方面面提醒政府的，其實是新的聖經文化。如同史雷克教授又說：「很難找到公家的（窮人紓困）計畫，背後沒有清教主義或神的論述支持。」[21]如果沒有英文聖經，這樣的說法不會存在。

支持廷代爾影響英格蘭歷史不亞於任何中世紀君王的第二個理由就是這個。一五九七年後，不再見到大批英格蘭南部的人民飢餓致死，多半因為接受奠基在新聖經文化的公民責任。如果你想知道為何歐洲北部百分之十的人——包括法國兩百萬人，在一六九〇年至一七一〇年之間的饑荒死去，但英格蘭幾乎不見死亡，部分的答案至少是一百年前訂定的《舊濟貧法》，以及英文聖經出版之後，人民對於同胞的責任意識。

## 讀寫能力提升

最常與聖經翻譯聯想的文化轉變，是讀寫能力提升的程度。如果你可以拿到一本用你的語言寫的書，就可以循著字母練習認字，自己教自己閱讀。或者家裡的某人可以教你。你不需要為了識字而去上學。而且雖然印刷的聖經可能還是要花上三先令或更多，總比每週付兩先令的學費，為了讓兒子讀拉丁文的聖經送他去上學，還要便宜得多。此外，重要的是，聖經是最唾手可得的書——這是多數人都想讀的書。如果英格蘭人直到十八世紀才有白話文聖經，接下來的世紀，讀寫能力會低下很多。例如葡萄牙文版的聖經直到一七五三年才出現；而一九〇〇年，葡萄牙識字的男人比例只有百分之三十六，女人百分之十八，這無疑是部分原因（相較英國男女分別為百分九十八與九十七）。[22] 廷代爾創造的核心文本，在英格蘭文化維持重要地位長達這麼多個世紀，閱讀這本書的人自然越來越多。從這個角度來看，他絕對是英語世界有史以來最成功的老師。

話雖如此，在十六世紀初期，並非所有人都能欣賞讀寫的好處。一五三九年《大聖經》的前言這麼寫著：

> 在這本書中，各式各樣的人，男人、女人、年輕人、老年人、博學的人、未受教育的人、富人、窮人、祭司、俗人、貴族、女士、官員、佃農、普通人、處女、妻子、寡

婦、律師、商人、工匠、農夫等等，無論他們處於何種地位或狀況，都可以在這本書中學到一切。

似乎在敦促每一個人，如果不能親自閱讀，也要聆聽英語朗讀的聖經。然而，這種良善的建言似乎驚動了政府。確實，才過四年，政府感覺需要收回對於三教九流的邀請，於是在一項《國會法》中規定：

聖經或《新約》不得出現英語注釋或序言。聖經不得於任何教堂以英語閱讀。婦女、工匠、學徒、雇工，或者受僱於自耕農等級或以下的人、農夫、勞工，皆不得閱讀英文《新約》。[23]

但是，祕密已經洩漏。必須通過第二個法令這個事實，意謂很多人民這幾年來都是自己閱讀聖經。限制閱讀的法令在一五四七年撤銷，兩年後，《公禱書》（*Book of Common Prayer*）出版，內含被融入科弗代爾聖經部分內容的廷代爾譯文。從現在起，人人經常暴露在以自己的語言傳述的神的話語，而且越來越熟悉。

廷代爾老師的鬼魂還可以在以前所謂「政府中的都鐸革命」找到——國家官僚作業大幅增加。一五三八年，堂區記事制度正式建立，教會職員的紀錄保存從未如此大量，並有眾多其他的書面文件。顯然任何人想在社會出人頭地，他必須能夠讀寫。很多人從坊間小冊開始讀起，或類似的哥德體手抄本，但是沒過多久，多數人已經覺得需要將他們的閱讀技巧運用在最好的地方——聖經。一五〇〇年，英格蘭大約百分之十的男性可以讀寫，一六四〇年代是百分之三十。到了那個時候，英格蘭已經印刷了一百萬本聖經。[24]

男性讀寫能力突飛猛進。女人和女孩呢？如果有的話，我們在這裡看到更戲劇性的成長，理由很簡單，十五世紀女性受教育的機會相對稀少。只有富裕的人家有錢教導女兒閱讀，而且也非所有家庭都認為這麼做有好處。中世紀英格蘭的女人，確實有些識字，但不多。十五世紀，佩斯頓家族（Paston）的書信收集超過一千封，其中超過一百封出自女性，多半是以瑪格莉特・佩斯頓（Margaret Paston）之名書寫，但她並不識字。如果我們觀察其他三個一五〇〇年之前重要的家族書信集：斯托納家族（Stonor Letters）有二十七封是以女性的名義書寫（大約百分之十）；謝利家族（Cely family）的兩百四十七封書信當中只有一封出自女人；普倫頓家族（Plumpton）的書信，日期在一五〇〇年之前的一百四十三封當中只有兩封。這些都是社會地位高貴，能夠負擔私人教師的家族，所以信的數量固然稀少，卻非常重要。一五〇〇年，全國女性讀寫能力不到百分之一。但是，到了一六〇〇年，已經上升到百分之十。[25]既然女子學校的數量比例上並未增加，最初識字的女性不是跟著私人家教學習，就是自學。至於後者，那些自學閱讀的人，憑藉的書本，必定是最容易拿到的聖經。

女性讀寫能力提升這麼重要的原因是，這是女人第一次被允許公開發聲。接下來的成就，某些真的非常重要。例如，一五六〇年，安．洛克（Anne Locke，約一五三三－一五九〇，英格蘭詩人）出版她所翻譯法國基督教神學家約翰．喀爾文（Jean Calvin）的布道文章。四年後，安．培根（Anne Bacon，一五二七－一六一〇，英格蘭淑女、學者，自然哲學家法蘭西斯．培根之母）將約翰．朱威爾（John Jewel）拉丁文的《聖公會道歉書》（*Apologie of the Church of England*）翻譯成英文並出版，成為創建英格蘭基督教會的神學體系。一五五四年，約翰．斯坦迪許（John Standish，約一五〇九－一五七〇，英格蘭聖公宗祭司）可以宣布：「女人已經自己主動從事教職。」[26]女人開始為其他女人建立文學，不識字的女人可以聆聽其他人朗讀她們宣揚的思想。一五八二年，托馬斯．本特利（Thomas

Bentley）出版《婦女紀念碑》（*The Monument of Matrones*），這是女人為女人所寫的兩冊宗教文集。到了十六世紀末，女人已經書寫與出版多種主題的書籍，有幾個人出版自己的詩作。至於非文學的部分，有教人自助的書，從舉辦宴會的方法到醫藥配方，以及自行美容的建議。而且識字的女人現在可以閱讀男人所寫的書籍，所以男性作者再也不能預設他們的目標讀者全是男人。歷史上第一次，知識和辯論不是專屬男性的權利。

隨著讀寫能力大幅成長，大量新的思想出現。從商業觀點來看，讀者數量增加，醫學與法律書籍，以及地理、歷史、神學論文，就能大量印刷。舉例來說，醫藥自助的書籍在十六世紀末就有好幾百種，而且許多外借多次。史雷克教授也估計這類書籍的讀者總數在十六世紀末超過十萬。[27]許多人相較專業的護理人員，已有更多資訊可供應用。整體而言，書籍數量大幅成長。十六世紀前三十年，英格蘭出版一千八百二十八本書；最後三十年，數字膨脹到九千七百八十八本。追根究柢就是知識經濟：對於新書的要求持續升高，產量就會一直增加。時至今日，依然如此。

## 英語語言標準化

十五世紀的英文，一旦你習慣，理解就不是難事。但是對我們而言，仍然不大協調：每個句子都是一根形狀不規則木樁，難以順利契合我們理解的圓洞。其中也有很多變化與不規則。除了喬叟奇怪的句子，一五〇〇年之前的英文很少通過時間考驗。相反的，伊莉莎白在位期間的語言，是我們熟悉的語言。今天多數受過教育的人能夠信手引用十六世紀後期的文學作品，無論是莎士比亞的戲劇和十四行詩、馬羅的戲劇和詩，或許多意象和比喻比作者更有名的詩。我們熟悉十六世紀後期的英國文學，主要原因是那個語言深受英文聖經印刷普及之初影響。廷代爾的散文韻律成為英語語言共同的節奏。沒有廷代爾就沒有莎士比亞，這麼說一點都不誇張。[28]直至今日，我們大家說話都有點像他。二〇一一年，一項研究檢視詹姆士一世欽定的聖經英譯本，發現內含兩百五十七個成語，仍是現今日常生活用語。而其中只有十八個源自詹姆士一世指定的團隊，包括超過六十位譯者與編輯，其他幾乎全都來自廷代爾。[29]

造就英語的，倒不是廷代爾的詞彙，而是他說話的方式與用詞的規律。為了說明這點，請比較兩個版本的「八福」——《馬太福音》第五章的前十節：約翰·威克里夫和助手在十四世紀的譯文，以及廷代爾一五三四年翻譯的修訂《新約》。

威克里夫，約於一三九〇年

1. And Jhesus, seynge the puple, wente vp in to an hil; and whanne he was set, hise disciplis camen to hym.

2. And he openyde his mouth, and tauyte hem, and seide,

3. Blessed ben pore men in spirit, for the kingdom of heuenes is herne.

4. Blessid ben mylde men, for thei schulen welde the erthe.

5. Blessid ben thei that mornen, for thei schulen be coumfortid.

6. Blessid ben thei that hungren and thristen riytwisnesse, for thei schulen be fulfillid.

7. Blessid ben merciful men, for thei schulen gete merci.

8. Blessid ben thei that ben of clene herte, for thei schulen se God.

9. Blessid ben pesible men, for thei schulen be clepid Goddis children.

10. Blessid ben thei that suffren persecusioun for riytfulnesse, for the kingdam of heuenes is herne.

廷代爾《新約》，一五三四年

1. When he sawe the people he went vp into a mountayne and when he was set his disciples came to hym

2. and he opened hys mouthe and taught them sayinge:

3. Blessed are the povre in sprete: for theirs is the kyngdome of heven.

4. Blessed are they that morne: for they shalbe conforted.

5. Blessed are the meke: for they shall inheret the erth.

6. Blessed are they which honger and thurst for rightewesnes: for they shalbe filled.

7. Blessed are ye mercifull: for they shall obteyne mercy.

8. Blessed are the pure in herte: for they shall se God.

9. Blessed are the peacemakers: for they shalbe called the chyldren of God.

10. Blessed are they which suffre persecucion for rightwesnes sake: for theirs ys the kyngdome of heuen.

中文合和本翻譯

1. 耶穌看見這許多的人，就上了山，既已坐下，門徒到他跟前來，
2. 他就開口教訓他們，說：
3. 虛心的人有福了！因為天國是他們的。
4. 哀慟的人有福了！因為他們必得安慰。
5. 溫柔的人有福了！因為他們必承受地土。
6. 飢渴慕義的人有福了！因為他們必得飽足。
7. 憐恤人的人有福了！因為他們必蒙憐恤。
8. 清心的人有福了！因為他們必得見神。
9. 使人和睦的人有福了！因為他們必稱為神的兒子。
10. 為義受逼迫的人有福了！因為天國是他們的。

廷代爾的版本用詞明顯精簡，也有溫柔懇切的韻律，看來較為簡潔、高雅，也較少鑲附累贅的音節。但是最重要的也許是——而且這並非他能控制的——他和科弗代爾的版本變成「後來那本」聖經。如果他們的措辭在後來的版本被摒棄，英文語言標準化就會憑藉一群不同譯者的韻律和節奏。後來所有的聖經全都重現廷代爾簡潔的語句和科弗代爾的抒情風格，表示他們的文字不斷被重複，代代相傳，為人熟知。因此，從前全國上下，英文曾經存在的所有變異形式，都被遺忘了。如果你對這件事情長遠的重要性有所懷疑，請想像本書若用威克里夫的英文寫成，會是什麼樣子。

## 白話文運動

如果多數人都說英文，很少人說拉丁文，出版的書最好就是英文。這件事情對現代世界來說分明是常識，但前提是你要人們去讀那本書，而且無論什麼背景的人，越多的人能讀、會讀，就越好。我們已經見過，一五〇〇年的時候並非如此。知識被虔誠地保護——如同字面的意思，被宗教保護——用拉丁文封鎖起來。因此，英文聖經出版後，拉丁文有多大程度，又有多快，讓步給英文，就非常重要。之前提到，一五〇一年至一五三〇年在英格蘭出版一千八百二十八本書，然而只有一半是英文。一五七一年至一六〇〇年之間問世的書，英文比例提升到百分之八十五。臨界點在一五三〇年代，白話文書籍從百分之四十七增加到百分之七十六。[30]隨著英文成為適合出版神的話語的語言，也就成為適合任何其他文字印刷成冊的媒介。

從拉丁文轉變到白話文本身是項重大發展。只要想像今天走進書店，出售的書籍半數都是拉丁文。但是當時的意義遠遠不僅是容易閱讀。拉丁文是控制社會的語言。雖然一三六二年起，愛德華三世允許人民在法庭上用自己的語言答辯，而自己的語言包括英語，因此在那年，英語被承認為「國語」，但是，法庭依舊以拉丁文書寫紀錄。許多其他官方文件也是。因此，廷代爾並不建議渴望閱讀聖經的人學習拉丁文——厲害的語言學家才懂拉丁文——他反而認為，給人民閱讀的聖經，應該用人民的語言書寫。最大公約數首先出現，而且扭轉了平衡。一五三〇年代之後，任何拉丁文的出版品，只有目標是國際讀者才能合理，因為拉丁文依然是通用語。當清教徒終於在十七世紀控制政府，他們首先做的事情就是官方停止使用拉丁文，這件事情並非巧合。

在天平的兩邊，一邊的拉丁文作為權力的語言而衰微，而另一邊的英文作為人民的語言而壯大。如果我們要訴說英格蘭過去一千年的故事，貫徹全篇的主調會是社會民主化。我們也許會從《大憲章》和西門．德．蒙福爾（Simon de Montfort）召開首次下議會與早期類似要求國王負責的作為開始。但我們也可以將這些努力描述為國王與其他威權人物聆聽人民。國王確實越來越會傾聽，尤其愛德華三世與亨利四世，他們兩人都與國會密切合作。他們知道，統治者與被統治者之間若要進行有意義的對話與合作，共通語言實屬必要。一三九九年，亨利四世在國會即位時，他說的是英語，不是法語或拉丁語。到了十五世紀中期，英語成為貴族階級的日常語言。而且到了一五四〇年，幾乎所有英格蘭公民都說英語，白話文聖經不只確立英語是國語，也定義語言應該採取的形式。因此，英語成為英格蘭國家認同中，語言與文化的基石。

## 質疑權威

英文聖經出版，意謂高級教士和聖職人員再也不能宣稱他們對於宗教事務擁有不可質疑的權威。他們的命令必須經過聖經背書。如同廷代爾說：

> 唯一的治理規則是神的話語，不是主教的法令或教宗的喜好……他們不應該用世間和塵世的方式解釋聖經，並說：「神對彼得說了這句話，而我是祂的繼任者，因此這個權威僅屬於我。」31

英文聖經因此是革命創舉，因為那一本書希望人民自己詮釋神的話語，取代教會權威。英文聖經鼓勵尋常百姓檢視聖職人員用來證明地位與權力的宗教基礎，而許多情況，人民發現他們根本沒有基礎。

廷代爾自己並不關心這個過程的宗教意義，他只在乎精神利益，但是既然他挑戰重要的聖職人員，也就不可避免令人懷疑，其他形式的權威是否可以接受。多數高級教士既是世俗的領主，也是精神的領袖；此外，他們享受的世俗權力，就是來自教會的職位。如果你的莊園領主是主教，而你也付租金給他，然而如果他行使的權威與基督的教義相反——例如販賣贖罪券——那麼付租金給他的你，實際上等同支持罪人。相對地，懷疑他的宗教立場也是懷疑高級教士的世俗地位。英文聖經因此染上革命色彩。

白話文聖經另一個革命的面向是允許人民發現，基督教導的普世平等和自己經驗的不平等，兩者互相違背。他們在《馬太福音》讀到年輕財主從未犯罪，但是不願依據基督的指示放棄財富，因此不能進入天國。廷代爾一五三四年的版本寫著：「駱駝穿過針的眼，比財主進神的國還容易。」因此儲存財富是不虔誠的作為——而人們自然認為世俗的領主、律師、商人，以及教會的主教和修道院長都應遵守。但是，為什麼他們應該遵守？當廷代爾用一個音節的字說明這個革命的段落——「這樣，那在後的將要在前，在前的將要在後了。」(Soo the laste shalbe fyrste and the fyrste shalbe laste)＊——反權威的火花於是迸發。

雖然廷代爾的翻譯興起社會革命，但是他自己就像路德，堅決反對社會革命。他寫了《基督信徒與順服》，特此向讀者解釋，揭露宗教腐敗和質疑教會治理，兩者有什麼不同。[32]他認為，基督教導人民愛他們的敵人。如果你的國王或領主壓迫你，你應該展現對神的虔敬，接受你的壓迫，即使國王威脅奪走你的生命和所有財產。[33]不出所料，不是人人都同意這個觀點。有位法國作者的書，在一五三六年翻譯為英文時這麼寫著：「如果王子或統治者否認聖經，那麼人民可以剝奪他們的王國和領地。」[34]至於王國的領主，他們憑什麼權利得到封爵。一位聖公會的倫敦雜貨商克雷孟・阿姆斯壯（Clement Armstrong）在一五三〇年代寫道，領主錯把神給人民的樹木和農田據為己有。他們也不當分封他們的親戚享受農夫被迫繳交的什一稅。聖經裡頭沒有提及國會，因此國會不得對教會施加權威。阿姆斯壯質疑社會秩序的宗教基礎，每一點都直接攻擊社會秩序本身。你無法分離兩者。廷代爾和路德兩人都不願支持革命的想法，但這並不重要。既然這兩人皆賦予平民獲得基督平等教義的管道，因此不可避免宣揚這些觀念。

從前歐洲工人階級叛亂時，很少要求消除社會無所不在的階級：他們只是想要停止不好的做法和政策。英格蘭唯一著名的例外是變節的祭司約翰・波爾（John Ball），他在一三八一年農民叛亂時傳道：「所有人都是自然所創造，生而平等，而對人不公不義的壓迫造成奴役，違背神的意志。」[35]他用一句古老的格言充分說明他的觀點：「當亞當耕作、夏娃織布，那時有誰是仕紳？」但是身為祭司，波爾可以閱讀聖經，已經處於有利的地位。一旦人民可以閱讀翻譯的聖經，更多人民開始質疑舊的社會秩序。某些地方的人民拿起武器。這種

＊譯注：出自《馬太福音》二十章十六節，意指神施予的恩典對眾人平等，沒有先來後到的差別。

情況尤其發生在德國，白話文聖經在那裡流通的時間最久，農奴也依然普遍。一四九〇年起，參與邦舒起義（Bundschuh uprisings）的農民會被威脅吊死後分屍，窩藏起義農民也是違法行為。這些處罰是至今最嚴酷的，而處罰的理由說得很清楚，尤其因為農民：

> 集結、謀反，反對一切權威，包括最高權威，目的是解脫自己的從屬地位，繼而破壞所有神聖、人類、精神和世俗的法律，以及所有君王、貴族和市議會的政府。[36]

這樣的地方起義只是開始。路德翻譯《新約》之後，某些領袖鼓吹心懷不滿的德國農民發動革命。德國農民戰爭於一五二四年爆發。在斯瓦比亞（Swabia），農民提出十二條款作為聲明，到處公布，要求聖職人員由會眾選舉，而且只能宣講聖經，不能加油添醋；大什一稅只能徵收聖經提到的小麥和玉米，而且只有三分之一分給教會，其餘分給窮人；遵照聖保羅的教導，「不要作人的奴隸」，終止農奴制度；人人都有權利到他喜歡的任何地方捕獵與釣魚，從樹木與森林拿取所需等等。對今日的我們來說，似乎是適度的要求，但當時對社會秩序是翻天覆地的挑戰。

隨著德國農民戰爭持續發展，出現更危險的勢力。托馬斯・閔采爾（Thomas Müntzer）領導工人階級占領米爾豪森（Mühlhausen），要求所有財產公有，鼓吹追隨者像《舊約》般橫暴的宗教狂熱，殺害有錢有勢的人。他寫道：「我以基督的觀點說，不虔誠的統治者應該處死。」[37]這場戰爭導致數千人被殺，其中多數是農民。但許多同情的人認為，挑戰權威僅僅是他們自行閱讀聖經之後的合理延伸。理解神的話語，賦予農民某些他們從前未曾想過、將來永生難忘的觀念：社會革命。

英格蘭沒有見到類似起義。儘管如此，這裡的男人和女人也覺得有必要質疑權威。矛盾的是，這些人中，最主要的竟是國王本人。一五三三年，亨利八世宣布不再效忠教宗，英格蘭與羅馬天主教會分離。我們都知道，他的這些動作，是為了和亞拉岡的凱瑟琳離婚，並與安妮・博林（Anne Boleyn）結婚。較不為人知的是，安妮的吸引力不只是性（雖然當然是）：這位年輕的基督教淑女帶著自己那本廷代爾的《基督信徒與順服》來。她在空白處標示國王可能感興趣的段落，並告訴他：「這是寫給所有君王閱讀的書。」廷代爾公開譴責教宗權威，而且呼籲重視基督教義大於一切，亨利大受啟發。當他需要為他的教會提供新的信仰要項，公布的官方文本《基督信徒規範》（*The Institution of a Christian Man*，一五三七年），也歸功廷代爾的《順服》。[38]因此，當我們談到廷代爾留下的影響，包括質疑權威，我們不免觸及英格蘭歷史某些最重要且最長久的變化，就是英格蘭宗教改革與解散修道院。這些事情不是廷代爾親手所為，但他的工作必定影響那些從事的人。

如果國王可以不必順從教宗，一般人為何不能以類似的方式對待上位？我們已經在克雷孟·阿姆斯壯的案例見過，有些人認為他們可以。其他人認為聖經可以用來促成法律改革。一五四〇年代，威廉·透納（William Turner，一五〇九－一五六八，英國博物館學之父、宗教改革家）呼籲推翻所有不在聖經裡的法律。他拒絕接受國會可以訂定任何非聖經的法律。他甚至斷然否認國王有任何權威訂定教會事務的法律。[39]較溫和的亨利·布林克洛在一五四二年表示：

> 研究經典，你們將會看到法官和統治者，甚至國王，坐在敞開的城門中審判，正如《列王記下》第十九章、《申命記》第十六章、《以斯拉續篇下卷》第三章記載。而為什麼他們坐在城門中呢？難道不是讓人們，甚至是最窮困的人，都可以前來向國王陳述他自己的事情嗎？[40]

布林克洛完全不是政治圈的人，但在這裡，他告訴國王，應該讓他最低下的子民有接近他的管道。有了英文聖經這項利器，某些人覺得，聖經在身邊，神也站在他們這邊。他們相信聖經賦予他們權利，告訴社會階級在他們之上的人應該如何行為，即使身為國王或女王。因此，在各行各業，英文聖經引發對於權威的質疑，堅定的信心前所未見。

史上再無其他出版品對英格蘭的影響如同英文聖經。至於聖經文化，許多人因為英文聖經，將他們從前崇拜的方式從表演轉為閱讀基督的教義。回過頭來，公民責任的意識不僅加深，而且擴大。於是人民更有意願質疑所有形式的權威，從主教的權利與教宗的權威，以至王國的政府。廷代爾自己，雖然他的聖經翻譯是詩意的散文，對於今日我們所說的語言標準化，貢獻比任何人都多。他首重白話文，影響國際通用、菁英的拉丁文衰退，確立英語為人民的語言。擴展讀寫能力的眼界同時，他也幫助改善教育與兩性平等。二〇〇三年，廣播節目主持人約翰．亨弗瑞斯（John Humphrys）表示，BBC第四台是「這個國家文明的影響力」。然而，說到「這個國家文明的影響力」，在過去五百年，很難找到比廷代爾更強的競爭者。直到今天，他依然是唯一一位影響力大於威廉．莎士比亞的英文作家。

廷代爾的成就真正的悲劇是，他於一五三六年十月六日星期五，為此遭到司法殺害。雖然他背負異端的罪名，最終被吊死，又被綁在木樁上焚燒，然而，當局策劃逮捕並處決他，正是因為他翻譯聖經，並且要求改革宗教。他的死不只慘痛，甚至超越殉道。烈士為自己的信仰赴死，而廷代爾受苦與死去，代表渴求學習與探索靈性的男男女女全體的追求。英格蘭歷史上有許多烈士，但是無人在這麼多層次上，有意識地試圖提升同胞的生命，無論此生或來生。

# 第七章　個人主義

## 自我的眼界[1]

前面的章節已經強調人們的態度與行為經歷許多戲劇性的轉變。但是他們對自己的看法是什麼？相對團體或群眾的一員，他們的個體意識是什麼程度？個體意識又造成什麼差異？除我們已經檢視過的「外在」文化眼界，也有內在的文化眼界——自我的眼界——在過去幾個世紀，隨著人們越來越以自我為中心，越來越獨立，無疑已經發展。

幾乎不需要強調，研究中世紀的自我，真的不容易。不像現代的心理學家，我們不能訪問人民對於我們正在探討的主題有什麼想法。我們反而必須從手抄本和考古遺物推論他們的心理歷程與情緒反應——倒是滿像我們從化石紀錄重建絕種動物的行為。但是我們不應遭遇困難就退縮，因為內在的眼界和我們見過的其他眼界一樣重要。事實上，甚至可以說更重要

——不只因為，人類的性格經過這些世紀如何變化，這是一個有趣的問題，而內在眼界是個答案，還因為，這個答案幫助我們理解許多本書描述的其他文化發展。

一九三九年，社會學家諾博特・伊里亞思（Norbert Elias）出版他的經典研究《文明的進程》（*The Civilizing Process*）德文原文版。在那本書中，他表示，我們認為原始且粗魯的行為——暴力、辱罵的語言、難看的吃相、骯髒、當眾便溺、不正當的性行為等等——因為行為標準提高，所以逐漸受到壓抑。他的論證重要的是，自尊和羞恥強迫人們嚴加自我控制，以符合社會期待。當眾排氣或解尿令人丟臉，意謂人們從事這些事情會更謹慎；以高級的衣服自豪，意謂個人炫耀他們的財富和品味。

一九六九年，伊里亞思的研究發行英文版。三年後，托馬斯・雪萊・杜瓦（Thomas Shelley Duval）和羅伯特・威克蘭德（Robert Wicklund）出版《客觀的自我覺察理論》（*A Theory of Objective Self-Awareness*）為伊里亞思假定的自我控制機制提出心理分析的基礎。總結來說：

> 自我覺察理論認為，當人們注意自我或覺察自我，他們將自我與何謂正確的標準比

較，而這些標準，規定自我應該如何思考、感覺、行為。人們比較自我與標準的過程中，對於自我將感受滿意與不滿意。自我覺察因此是自我控制主要的機制。2

心理學家現在廣泛接受這個概念。越是自我察覺的人，越是徹底評估自己的行為，而且越可能符合社會行為的規範。因此，觀察自我覺察這些世紀以來的變化，我們就能明白為何人們漸漸不再暴力與粗俗，也能解釋，為何許多之前討論的眼界經歷那些改變。磚瓦大師聽到人們大肆稱讚一百二十英尺高的塔樓，一旦接到委託要他蓋得更高，當然會有超越期待的壓力。蓄奴的人，發現奴隸市場的道德抵制越來越凶，於是不想再被他人看到自己買賣人類。男男女女覺得不識字很難為情，因此自學閱讀。這就是為何自我覺察、自我評價、自我控制的「機制」如此重要。所有人類每日生活基本所需以外，任何決策過程，都涉及這個重要且根本的機制。因此，除了直接來自外在壓力的面向，例如疾病、瘟疫、氣候，甚至可以說，自我覺察影響文化改變的所有面向。

然而，本章的標題「個人主義」，範圍超出自我覺察。自我覺察是意識個人的性格、外表、情緒、名聲。個人主義意謂獨立行動與獨立推理。兩者的關連在於，自我覺察提升，不僅鼓勵人們「符合」社會的行為標準——如伊里亞思指出，避免羞恥——也為了對於自我感覺良好，感覺得意，試圖「超越」社會期盼。人們因此更加主動，願意承擔風險，勇於質疑傳統，其他心理學的研究也如此顯示。[3]越來越高的自我意識因此在兩個方面改變中世紀的個性。一是伊里亞思的「文明進程」，其中個人受到自尊和羞恥影響，遵守越來越高的行為標準。另一，則會在此討論，就是「個人化進程」，為求志得意滿，促使個人更常主動行動，行為更獨立。

## 十一世紀早期

中世紀初期，如同本書較早的章節描述，人們的定義，絕大多數取決於他們的功能，所以有戰鬥的人、祈禱的人、勞動的人。在當時的人眼裡，他們是「什麼」不是那麼重要；他們「做什麼」才重要。雖然拉昂的主教認為這三個群體互相支持，現實是，祭司和工人發揮他們應有的功能，支持做出決定的人，也就是武士。武士這群人不用服從其他人，也許除了幾個制定整個社會宗教規矩的聖職人員領袖。因此，每個群體擁有的選擇，範圍差異有如天壞之別，連帶的，個人行為的範圍也是。

從勞動的人說起。生活在現代世界的我們，很難理解西元一千年的一般百姓，幾乎沒有機會單獨決定什麼事情。占據主要人口的農民，生活與工作都在一起。這是因為，合作通常意謂生與死的差別。雖然伊拉斯謨說「最不利的和平好過最正義的戰爭」，但在十一世紀早期，沒人可以承擔那句話的風險。如果你不攻打入侵的人，你和家人很有可能只有死路一條。人人必須二話不說服從領主，團結一致作戰，以便得到最大的生存機會。食物生產也是同樣的道理。歉收是常有的事。活在這樣的年代，集體工作，服從指示，才能得到最大的生存機會。個人並不重要；團體好不好才重要。

在北歐，這種集體生活的方式，很大部分因為第九與第十世紀廣泛使用重犁。雖然在土壤肥沃的地區，那是最有效率的工作方式，但缺點是，重犁需要八隻公牛一起拉動。因此，農民必須共同承擔耕耘的責任。工人彼此住在附近，共享莊園資產。人人一起犁田、播種、收成。就連婚姻也與食物生產脫不了關係。每個農民都要結婚，以便生產下個世代的人力。單身或守寡的男女，若不自己選擇結婚伴侶，就由莊園總管分派。新娘應該年紀輕輕就結婚，以便生產最多在莊園工作的孩子。勞動的人無人識字。教育是集體的，而且教導實用知識。孩子一旦夠大，派得上用場，就開始工作。

即使沒在工作，農民的生活也都相同。週日和宗教節日，他們一起祈禱。聖人瞻禮日，他們一起吃飯。如果有人傷害社群成員，或進屋行竊，就會聽到追捕呼叫，此時所有男人都要追捕犯人。如果有人感染疾病，其他人八成都會得到。個人外貌和衛生是眾人的事。母親幫自家小孩擦臉、梳頭、抓虱子；已婚婦女可能也會這樣為丈夫和女性朋友打理。沒有「自我時尚」這種事。人們沒有鏡子，所以他們的外表是鄰居和親戚的責任。所有衣服都是手製。而且每個人都只有名字。農民在莊園以外不需要身分，而在莊園裡頭，每個人都彼此認識，所以不需要姓氏。他們也沒有必要記得以前的人。記得他們的人死了之後，他們存在的痕跡隨著灰飛煙滅。一個農民的祖先，純粹就是莊園，沒有傳宗接代的意識。

至於社會地位，沒有哪個農民擁有他的土地——領主才擁有。這樣的社會類似我們在第三章假設的社會A，除了領主以外，每個人都平等。當然，農民的地位有不同的等級，有些比別人使用較多土地。西元一千年之後不久，薩默塞特地區的資產管理手冊條列一座莊園裡頭不同的農奴類型：geneat（地位最高的農場工人）、cottager（地位較低的農場工人）、gebur（勞工）、養蜂人、養豬人、牧公牛人、牧母牛人、牧綿羊人、牧山羊人、起司製造人、大麥看守人、森林管理人、乾草管理人。[4]儘管各司其職，他們的人生一概由領主的總管決定。他們的家都用當地的材料建造，因此看起來大同小異。如果他們有人需要蓋房子或穀倉，他會找他的親戚和鄰居。他不需要為了這項工作付錢給任何人，但需要幫助他們作為報答。多數的日常用品在莊園內製作，所以每個人的物品都來自同個地方生產的材料。他們可能可以交換物品，或買個陶甕，但這時候的農民擁有的物品很少。他們多半只會有一件束腰外衣和一件斗篷，或其他外套。珠寶對他們而言遙不可及：多數婦女固定衣服是用動物骨頭做的別針，不是金屬飾品。他們的個人主義，受限於他們的特殊技能，以及相對家人和其他莊園人員的行為舉止。所謂個性，大致上是關於外貌和力氣，以及天生特質，例如聲音、機智、幽默感等。

這些全都表示，多數農民意識到的「自我」，與個人較不相關，而是偏向群體，同時表示較少個人自我評價，連帶的，也較少炫耀，較少自我控制。農民當然還是可以感受日常生活的熱情——而且更容易訴諸暴力、低俗、色情的不良行為——但是他們若是被控犯下威脅莊園生產的行為，例如遊手好閒或怠忽職守，也會覺得更加羞恥。[5]除非有人斷絕關係並逃跑，否則他就是個農場工人，不斷為莊園利益和領主全家生產糧食，生生世世都是。偶而真會有人逃跑，變成城鎮裡的自由勞工，或者從此不斷犯罪，亡命天涯。但是，雖然我們會讀到農民感嘆他們工作多麼辛苦，這個時期，我們不會聽說他們起義反抗領主。羅賓漢那樣叛亂的故事要等到十四世紀才有。普遍來說，農民接受他們的命運，因為他們單純不知道有什麼不同。

鄉村只有極少數的人是例外。有幾個農夫完全持有土地——不受莊園領主控制——但是他們的自由很大程度受到農作季節循環和氣候變遷限制。他們能夠自由前去市場，在那裡購買物品象徵他們的社會地位，但是，除此之外，他們沒有更多空間探索或展現個體特性。他們做出決定的機會相對稀少。他們永遠不可能離開農地太久。

「戰鬥的人」的家庭可就不同。他們必須旅行，而且經常需要做出重要選擇。對於他們的家庭和財產，他們必須妥善治理、安排，而且保衛。在他們的土地上犯罪的任何人，他們通常擁有生殺予奪的大權。他們也能控制任何他們興建的教堂，指使教堂裡面由他們任命的祭司。這個角色蘊含的所有決定，會開啟自我評價的過程。此外，他們擁有財富和權力。他們為家人和效忠他們的人購買精美的衣服、刀、大衣、毛皮、戒指、胸針。他們驕傲地展示社會地位的象徵——從武器、盔甲、坐騎，到織錦、桌布、珍貴的裝飾物品。他們花上很長的時間前往朝聖，有方法也有自由，甚至遠至羅馬或耶路撒冷這些地方。

話雖如此，即使身為富裕的人，他們也不能享受無限的個人自由，必須服從國王和任何在中間的大領主。帶兵打仗是他們的義務。即使他們負擔得起較多食物，既然市場沒什麼奇花異果，他們也不得不吃和相同階級的所有人一樣的東西。他們身邊無時無刻都是僕人、佃戶、傳令兵、侍者、祭司、訪客，沒有什麼隱私可言。至於他們的後代，兒子只有兩個選擇：不是提起劍，就是舉起十字架。他們的女兒可以選擇結婚或去女修道院——如果她們的父母讓她們選擇。

選擇進入教會的男人和女人大約落在兩個團體之間。若是修道院長、主教和其他高級聖職人員，會有很多決定的機會，來自這些職位的責任，包括督導僧侶和修女，管理他們的財產，當然也要提供國王和貴族靈性的建議。另一方面，教會階級最底層的祭司擁有的選擇很少。進入修道院的年輕人沒有自己的物品。他們也沒有什麼隱私——睡覺、祈禱、吃飯、工作，都是團體生活。他們的驕傲來自哪裡？對神善盡責任，為修道院增光，取悅修道院的高級官員，在土地上努力工作，在彌撒吟唱優美的歌聲，工整地抄寫並闡明書本的某頁。同樣地，他們的自我意識還是偏向群體，而非個人。

至於自由的城市居民與公民領袖，他們比較獨立，因此擁有較多個人主義的空間。他們督導市場，主持地方正義。打仗的時候，他們部署防衛。富裕的人和他們的家人可以佩戴象徵地位的物品。倫敦是貿易城市，商人從挪威、丹麥、德國、法國北部遠道而來；約克也有許多丹麥商人。然而，都會人口只有極少比例長途旅行。同樣的，比起後來的世紀，此時的工匠很少。多數的城市居民都得聽從雇主的命令。比起鄉下的親戚，他們可能比較熟悉金錢，但是，既然阮囊羞澀，除了食物也不能買什麼。而且雖然他們會遇到更多陌生人，因此比較清楚人們穿著、語言、習慣的差異，但是這對他們的個體特性和個人自由影響不大，他們為了生活必須執行的必要功能仍然限制著他們。

## 一〇五〇年至一二〇〇年：宗教的自我覺察與個人主義

當我們看待一〇五〇年後個人主義的發展，最好分開考慮宗教和世俗的元素。這是因為自尊和羞恥不是追求宗教活動唯一的動機。靈性的理由扮演重要角色，例如希望得到天堂的報酬或世間的奇蹟。人們出發朝聖，主要為了他們的靈魂或治療特定疾病。當然，自尊提供進一步的誘因去到遙遠的地方，但是我們不應預設相同的機制既作用在宗教，也作用在世俗的任務。

如同我們在第一章所見，十一世紀後期，對於教會的服從顯著提升。繼任的教宗控制整個基督教界的道德行為，包括強調婚姻的聖潔。因為教宗無法強制國王和領主接受這樣的標準，我們應該將貴族廣泛的默許視為更高的宗教自我覺察與自我控制。國王見到鼓勵子民接受那些標準的價值，並對這麼做的自己感到驕傲。而且遵守教宗的指示對於靈魂當然有直接的益處。整體結果，就是更高的宗教服從。

教宗權威並非十一世紀後期靈性標準進步的唯一原因。整個社會似乎瀰漫更虔誠的宗教信仰態度。拿這張給諾曼人的贖罪清單為例，這是瑞士錫永（Sion）的主教厄門弗里德（Ermenfrid）在一〇七〇年來到英格蘭時，頒布給在黑斯廷斯作戰的諾曼人的命令：

> 任何人，知道他在大戰中殺人，必須為每個他殺的人贖罪苦修一年。任何人，知道已傷害他人但不確定是否殺了對方，必須為每個他打擊的人（如果記得數量）贖罪苦修四十天，可連續或間斷。任何人，不知道他傷害或殺害多少人，必須由他的主教裁量，餘

生每週進行一日贖罪苦修；或者，如果可以，讓他以長久的布施償還他的罪——建造或捐贈教堂。去打仗的聖職人員，或為打仗武裝的聖職人員，必須如同在自己的國家犯下這些罪行一樣贖罪苦修，因為教會法規禁止這些罪行……[6]

你看了也許目瞪口呆。想不到諾曼的武士須為在戰場殺人而苦修。「沒」殺掉敵人也許需要贖罪，但是做自己的工作並不需要。儘管如此，在這裡，我們看見他們得到指示，接受一位高級聖職人員對他們的行為做出道德判斷，即使打仗是他們的 *raison d'etre*（存在的理由）。

靈性的自我覺察普遍提升，自我認識更強烈的欲望隨之而來。這點可從古希臘的格言「認識你自己」見得。柏拉圖曾在《對話錄》中提到這句話，因此中世紀的人們並不陌生。義大利南部聖天使教堂（Sant'Angelo）的門上也有類似的話，約於一〇七〇年刻上：「如果你認識自己，就會登上天堂。」[7]神學家暨早期回憶錄作家諾讓的吉貝爾（Guibert of Nogent）在一一〇八年寫道：「在我看來，沒有比對一個人揭露他自己更有益的布道。」皮埃爾．阿伯拉爾（Peter Abelard）一一三〇年代著作的《倫理學》，另一個標題是「認識你自己」，因為理解你自己的意圖是道德生活的關鍵。里沃的埃雷德（Aelred of Rievaulx）會同意。「一個人如果不認識自己，他又知道多少？」他在一一四二年寫的書《慈善之鏡》（*Mirror of Charity*）提問。十二世紀神學家的著作當中一再強調認識自己：人們應透過自我發現，以及暗示、自我評價，向內親近神。[8]

某些人正好接受這個勸誡，探索他們的個體特性。其中一個早期的案例是聖埃梅拉姆的歐斯婁（Otloh of Saint Emmeram）的回憶錄，他是一位多產的作家，著作包括聖人生平與神學，約於一〇七〇年去世。這是暨聖奧古斯丁在第四世紀末的《懺悔錄》之後，第一本流傳下來的歐洲自傳。歐斯婁是個出色的自我分析家，甚至宣告他個人曾經懷疑神是否存在：

> 長久以來，我發現自己受到一種衝動折磨，就是懷疑聖經是否可靠，甚至神本身是否存在……我被完全的懷疑和內心的陰暗團團包圍，而且我徹底懷疑聖經當中有任何真理或利益，萬能的神是否存在。[9]

歐斯婁如此承認，是想顯示即使像他這樣不完美的人，依然可以得到救贖。換句話說，他評價自己的人生，並以此為例，展現神的眷顧。

中世紀最著名的自傳作家，也是神學家暨哲學家皮埃爾．阿伯拉爾起而效尤。他在一一三〇年代著作《災禍史》（*Historia Calamitatum*），極為誠實，鉅細靡遺描述他對海洛伊絲——他的家教學生，一位年輕女人——熱情的愛戀，兩人接著生下一個孩子，祕密結婚的過程，以及某天晚上，受僱的暴徒凶殘閹割他的私密部位。他毫不保留談論宗教領袖對他的迫害，主要是格萊福的伯爾納鐸，而且他的著作遭到公開譴責與破壞：

當我完全沉浸在驕傲與感官享樂之中，治療這兩種病的神聖恩典降臨在我身上……首先我因耽溺情色受罰，接著因為驕傲。因為我貪圖享樂，我失去用來享樂的那些東西；因為我驕傲，我的知識致使的驕傲……我看著最得意的著作在我眼前燒毀，體會羞辱。而現在，我的意圖是讓你知道，這兩件事情發生的經過與順序，藉由閱讀事實而真正理解，並非聽人傳誦。[10]

雖然阿伯拉爾寫作的目的是人能因為信任神而面對任何逆境，但是，他因自己學識過人而驕傲，他因被人去勢而羞恥，以及他願意書寫這樣的事情，在在透露他的自我覺察與個體特性已經提升。他的觀點與現代的我們主要的差異是，今日人們認為某個作家的宗教觀點只是次要，或者與個人的故事無關，但在阿伯拉爾的情況，他與神的關係是寫作的主要目的。而他在書的最後表示：

> 我們應該忍受我們遭到的迫害，越是傷我們越重，越堅定不渝忍耐。即使我們並不應得，也不應懷疑，至少能夠淨化我們的靈魂。而且既然所有事物都依照神的命令，讓所有虔誠的人在他所有的災難之中安慰自己——偉大的神所允許的任何事情都有原因，並為所有看似錯誤的遭遇安排好的結果……無論何人為了所受的苦難心生憤恨，已經遠離正義的道路，因為這些事情是神命令發生在他身上。

人民的自我意識逐漸提升，一一四〇年代煉獄的概念發展，甚至又推了一把。在那之前，普遍相信，你死的時候，不是直接上天堂，就是下地獄。但是煉獄的概念逐漸傳開，雖然有幾個聖人直接上天堂，有幾個罪大惡極的人立刻下地獄，但是多數的人都在煉獄裡。活人禱告可以大幅縮短死人靈魂必須待在那裡的時間。因此，有錢的領主和夫人大肆興建宗教場所，數量前所未見，以便為他們的靈魂頌唱彌撒。在英格蘭，修道院的數量在一一〇〇年至一二一六年之間變成四倍，從一百五十一所變成七百二十八所。沒有教堂的堂區很快就蓋出一座。崇拜的人不分階級，都可以進去為親人與朋友的靈魂禱告，也為建造教堂的領主家庭禱告。

煉獄並非只是宗教術語，反而更加增強人民的自我覺察。從前，他們只需要在「生」的時候與教區居民相處，現在他們也得考慮死後與他人的關係。「我死了之後，別人會怎麼看我？」他們會想要知道。「我死了之後，這間教堂其他的人會為我禱告嗎？」農民不可避免開始考慮死後在莊園其他工人之間的名聲。想像其他人會怎麼看待他們，就不得不在意他們死的時候，在其他人心中留下的形象。雖然他們不能控制構成他們身分的特質，例如外表、技術，現在他們必須小心平時的行為，以免遭人指責。這點無疑鼓勵他們追求更高水準的日常生活，符合社群期待。伊里亞思的文明進程已經開始發展。

宗教的自我覺察提升後，另一個可能的結果是國內與國際朝聖的次數增加。歐洲出現越來越多聖髑，吸引虔誠與迫切求醫的人。自由人開始固定旅行，到遙遠的祭壇禱告。教堂獲得捐獻，裡裡外外都能重建。例如，一一七〇年，托馬斯・貝克特被殺後，到他墳前朝聖的人每年平均貢獻四百英鎊，比多數領主的收入還多。[11]人們為自己實踐宗教感到驕傲，知道這樣的虔誠會強化自己的社會地位。但是，不是每個人都去朝聖，而且很少有人負擔得起，甚至膽敢，去到羅馬、聖地牙哥、耶路撒冷那麼遠的地方。因此，雖然我們可能看見大量的人朝聖，象徵群眾行為，事實上，那是從眾多個人之中，篩選出信仰虔誠的人。朝聖做的，是個人主義的事，將自己等同某個聖人的聖髑。只要能夠去到祭壇，他或她會成為少數特殊的人，而非芸芸眾生。

教育也允許人們用新的方式定義自己。從十一世紀後期開始，某些主教座堂和重要的修道院就會辦學，預備家境良好的學生擔任教會職位。有些個人繼續深造，成為學者，帶領知識擴張，在西班牙與義大利的圖書館，重新探索古代希臘與羅馬的阿拉伯譯本。他們在那裡也遇見阿拉伯人著作的數學、醫學、天文書籍，又將那些翻譯為拉丁文。回過頭來，這些人和他們的聲望鼓勵其他學者與學生。有一群為數不多但重要的博學之士在歐洲社會出現，而且擔任重要職位：他們的著作形成現在歷史學家所謂「十二世紀文藝復興」。同時，創新的神學家與哲學家提出新的方式看待世界，例如拉昂的安塞爾姆（Anselm of Laon）、索爾茲伯里的約翰、皮埃爾·阿伯拉爾。新的哲學結合神學，加上重新探究古典智慧的書籍，逐漸促成最早的大學興起。巴黎尤其成為學習的重要殿堂。在波隆納，學者推動法理學。醫學則是薩萊諾的特色。能力卓越的男人開始獲得賞識，不因他們的出身或領導才能，而是因為他們的頭腦。

## 一〇五〇年至一二〇〇年：世俗的自我覺察與個人主義

當我們轉向生活的世俗面向，我們發現人們認同的團體越來越小，接受某些對自己而言獨特與專屬的標誌或符號，將自己和大眾區別。這點沒有比家庭作為機構成長茁壯更明顯。中世紀的家庭根據長嗣繼承制度傳遞頭銜、莊園、城堡，今日我們見怪不怪，然而從前並非如此。到了十一世紀，繼承模式才穩固建立，長子可以理所當然期待繼承父親的財產。繼承之後，他們才能使用祖先的名號，並且光宗耀祖。一〇五〇年之前，武士與更高的階級，很少家族有承襲的姓氏；到了一二〇〇年，幾乎都有，而且名稱通常就是他們主要的莊園。

土地繼承已然確定，加上家族名號所代表的尊貴，這兩件事成為基石，擁有土地的家族可以建立更堅固與更長久的身分。而其中一個必要元素是紋章。大約在一一五〇年，武士開始將專屬的圖案畫在他們的盾牌，如此一來，當他們的身影在戰役之中模糊不清時，追隨他們的人還能認得他們。到了該世紀尾聲，世人普遍接受武士的兒子繼承那個圖案。此外，領主也將他們的盾牌紋章轉移到封緘的印章，將該圖案與個人權威相連。多數地位高貴的家族也會興建修道院，讓修道院成為家族崇拜的特殊場所，地點通常位在他們主要住處一、兩英里內。修道院的祭司編纂家族記事，為贊助人的靈魂頌唱彌撒，也為家族在世的成員禱告。這個修道院往往就是家族成員安息的地方。獨特的祖傳莊園、獨特的靈性歸屬、獨特的紋章、獨特的封印——十二世紀的地主家庭，以領主為首，有許多方式宣示他們的身分與獨立的地位。那些外出東征的，又為家庭爭光。領導政治或戰爭的領主也是。這樣的家族仍然屬於「戰鬥的人」，但是現在，在那個群體中，他們顯然又是突出的子集。

同時，隨著家族成長，社會階級晉升的人對他們的世俗風評更加敏感。這件事情最明顯的證據是十二世紀末一系列的禮儀指南。[12]最受歡迎的例子是丹尼爾・貝克爾斯（Daniel Beccles）所寫的《文明人之書》（*The Book of the Civilised Man*），這本書以「老王亨利」的宮廷為基礎，也就是一一五四年至一一八九年在位的英格蘭亨利二世。書中教導年輕的廷臣如何從事某些事情，例如在禮拜堂唱歌、管理僕人、問候領主。另外也提供實用建議，例如「勿在大廳登上坐騎」，「門、窗、走道應在夜間關閉。屋內應有火、蠟燭、油燈、武器、健全的年輕男子，如此大廳便安全無虞。」書中還提到幾件與性有關的事，例如勿與教母或教女同寢，以及，需要去找娼妓時，「不要去找每個人都找過的，淨空你的睪丸然後速速離開」。許多建議與餐桌禮儀有關：「以湯匙取用食物時，不要用拇指鏟起食物。兩位客人不應共用一支湯匙。勿將晚餐提供的湯匙帶回家。談到身體排泄的章節，直接提起羞恥感：

> 勿對正在排便的敵人進行報復，而且請勿打擾他……傷害處於該狀態的人有損你的名譽……你的臀部不應當眾排放穿過大腿的祕密氣體。若他人注意到任何有臭味的穢物，會丟你的臉。[13]

當然，這樣的建議書籍只寫給有錢和識字的人看。但凡是社會菁英做的事，每個人都會爭相模仿。而且顯然人民真的努力遵守這些指南，因為這本和其他相似的書到處被複製又修訂，直到十六世紀。

人們採取這些行為準則的意義在於，不像遵守法律，禮儀的背後，不是依賴蠻力支持。因此，這些作品受歡迎的程度表示人們對於個人行為的評論越來越敏感，而社會整體對於自尊和羞恥的感受提升。這也符合本章開頭提到的自我覺察、自我評價、自我控制機制。現在我們需要回答的問題是，這個新的社會自我意識是否推動個體化與文明化的進程。

《文明人之書》提及許多性關係、道德問題、宮廷禮儀。因此，這本書與同樣在十二世紀發展的騎士精神緊密相連。騎士應該虔誠、誠實、忠實、勇敢，而且尊敬弱者，尤其女人和小孩。同時，他們也需要精通兵器技藝，具備勇敢、基督信仰的堅毅精神。傳統的行為準則，例如東征騎士戰勝穆斯林大軍這種英雄事蹟，就是個人主義的推手。而且雖然騎士需要完全忠於領主，但也有浪漫的成分——淑女接受騎士的奉獻，視他為她的勇士。因此，諷刺的是，為了從眾，騎士也需要脫穎而出。後來的世紀，騎士精神大量產出廣泛且不同種類的文學，包括著名的亞瑟王與圓桌武士，許多都在讚美個人的英勇作為。在十四世紀，愛德華三世刻意利用亞瑟的神話，鼓勵旗下野心勃勃的武士勇敢攻打法國。無須懷疑，鼓勵男人承擔風險的機制中，自尊和羞恥是主要槓桿，而且，確實，實踐所有對於騎士精神的期許。

騎士精神發展的同時，宮廷的詩人，稱為吟遊詩人，開始出現在法國——西南方的唱奧克語（Occitan），北方的唱法語。他們很快就啟發德國與奧地利的戀歌詩人。其中幾人，甚至在社會金字塔的頂端：阿基坦公爵（duke of Aquitaine）威廉九世就是最早幾個吟遊詩人，而神聖羅馬皇帝亨利六世以及幾個侯爵與公爵也都是戀歌詩人。確實，他們高貴的地位正好可以解釋吟遊詩人從一開始就展現相當的個人主義。威廉九世兩度被逐出教會，而且在他的盾牌畫上情婦的畫像，解釋「他希望在戰場上也帶著她，就像她在床上摟著他」——只有地位崇高的領主可以做出這種事情但又逃過懲罰。[14]（他的妻子不以為然，氣得跑去住在豐特夫羅修道院〔Fontevraud Abbey〕。）並非所有吟遊詩人都出身高貴，例如馬卡布魯（Marcabru）是被放在別人家門口的棄嬰，但多數都是社會地位相對崇高的人，他們的觀眾也是。作品被保存至今的，多半是表演的前奏，吟唱或念誦某人的生命故事。對歷史學家來說不幸的是，這些多半經過誇大，或者完全虛構。儘管如此，吟遊詩人把自己描述為大人物，經歷獨特的人生，即是透露十二世紀社會提升的個人主義意識。

吟遊詩人的詩作多半關於宮廷之愛、性慾、騎士理想（雖然德國人特別喜歡加入幾首飲酒好歌）。選擇這些主題時，他們刻意藐視那個年代的宗教要求。同一時期，還有另外一個個人主義特別鮮明的詩人團體，稱為歌利亞詩人（goliards）。他們多半是以拉丁文寫作的年輕學生，許多是貴族的次子，不情不願被送到巴黎和類似的主教座堂學校讀書，所以他們的作品充滿諷刺，經常狠狠嘲笑教會。身為知識的叛徒，他們樹建的文體是真正的原創，並帶有個人主義。其中一位大受歡迎的作者，人稱「大詩人」（Archpoet），他的《自白》（*Confession*）著於一一六〇年代，被抄寫多次。那部作品精神奕奕、玩世不恭、萬古常新，一九二九年海倫·沃德爾（Helen Waddell）優秀的翻譯有好幾段值得引用：

既然這是智者的財產
穩坐在岩石上，
既然我是條流動的河，
分明我是愚人，
從未駐留同一片天空，
瞬間永遠消逝。

到此處，到彼處，

海邊無主的船，
隨風飄移，
鳥兒來去似我。
不被約束的我，
沒有鑰匙的監牢，
恣意追求，
尋找墮落。

我尚無法忍受清醒與哀愁，
我愛玩笑，
歡樂甜過蜜。
無論維納斯命令什麼，
都是上乘之喜。
她建造她的住所，

不曾在邪惡之中……

走下康莊大道，
青春無悔，
將我以惡習包圍，
美德全數忘卻，
貪圖享樂
多於欲求天堂：
既然體內的靈魂死去，
最好救救皮囊……

此事我心意堅定：
大限來時，
讓我死於酒館，

大酒杯在側，
當天使俯瞰，
歡喜開口吟唱：
神啊，請憐憫貪杯的人。

我偉大的神，本案已審理，
我背叛自己，
親自證實我正是
同胞口中的我。
看，他們在你面前：
摸著良心，發現那是清澈的人，
朝我丟擲石頭。15

以上所有的發展，都發生在中世紀溫暖期之後逐漸改善與擴大的經濟背景之中。因為較溫和的氣候，貿易活絡的程度前所未見。到了十二世紀中，每年都會舉辦的香檳集市已經在法國東北開始。義大利的商人帶著染料、皮草、絲綢、藥、香料和其他新奇物品，往北越過阿爾卑斯山。其他商人從英格蘭、北法、德國、低地國前來，他們販賣皮革、絲絨、羊毛、麻布。財富在城市之間流動，隨之而來的是新的時尚、布料、食物、消費物品。

這些新的奢侈品，全都讓富人將自己與窮人區別。在什麼都賣的大型都市尤其如此，例如倫敦。如同威廉・菲茨斯蒂芬（William FitzStephen，一一四〇－一一九一，聖職人員，曾為托馬斯・貝克特作傳）在一一七三年解釋：

> 在倫敦，船隻之間的河岸，有人販賣酒窖裡的葡萄酒，還有一家飯館。在那裡，每天，端看季節，可以找到油炸或水煮的食物和料理；或大或小的魚；肉——品質差的給窮人，好的給富人；獵物和禽鳥（大大小小）。如果某些市民的家，突然有朋友來訪。旅途過後又餓又累的朋友，寧願不等待食物進門又烹煮。僕人端來洗手的水和麵包後，他們可以前往河邊快速逛逛，在那裡，他們可能想要的東西立刻可得……喜歡鮮美食物的可以買到鵝肉、母珠雞或山鷸，尋找他們要的東西絕非難事，因為所有美食都擺在他

們面前。天底下所有國家的仲介都樂於帶來一艘一艘滿載商品的船……中國來的紅色絲綢；法國葡萄酒；貂皮、松鼠皮、白鼬皮，來自俄羅斯人和挪威人住的地方。[16]

城市提供各式各樣的選擇與方式，讓你改善外表，展現個性。一一三七年，阿基坦的艾蓮娜（吟遊詩人威廉九世的孫女）抵達巴黎，準備和法王路易七世結婚時，帶著南方所有時髦的物品，而自我覺察的人們感覺有必要模仿。貴族婦女的衣服開始量身訂做，尤其叫做布里奧（*bliant*）的連身長裙，以及凸顯身形的胸衣。這些衣服並不方便，每次穿上，都會戳進你的皮肉——但是像艾蓮娜那樣的女人已經準備為時尚吃苦。以前完全包在頭飾裡的頭髮，現在可以自然垂下，或繫辮子。自我造型的時代已經來臨。從前，文學中的女英雄總是粗壯又能幹的妻子與母親，丈夫離家打仗時可以打理一座莊園。現在，在吟遊詩人的年代，最重要的是年輕漂亮，而且隨時準備墜入愛河。[17]

不出所料，當時教會的聖職人員並不贊同。但是，從歷史的觀點來看，感謝上天，他們嚴厲的譴責反而為這個潮流留下少見的證據。例如，有位名叫蘇菲的年輕女人，發誓遵守貞潔，以下是格萊福的伯爾納鐸寫給她的信：

絲、紫色、顏料，各自美麗，卻不傳達美麗。穿在身體上，這些展現本身的美麗，
卻不致使身體美麗……隨衣裳而來的美麗，隨衣裳而去，屬於衣裳卻不屬於穿著的
人……。從動物的皮毛和蟲的工作（絲）借來的外貌完全配不上妳，讓妳所擁有的滿足
妳……王后的裝飾不如羞澀的處女雙頰自然樸素的抹紅。[18]

內容提及「絲」與「紫色」，著實令人訝異——紫色是極昂貴的染料，傳統上只為羅馬皇帝保留。然而，真正了不起的是「顏料」。伯爾納鐸死於一一五三年，所以這一段話意謂十二世紀前半已經有人化妝。在那個世紀末，有位名叫皮耶·德·維克（Pierre de Vic）的吟遊詩人，留給我們整首歌曲，關於僧侶和神討論「自己塗色的女士……明亮她們的面容，應該用在雕像的顏料，讓皮膚發光」。[19]這幾句話是自古羅馬時代以來，歐洲對於化妝運用最早的描述。此外，德·維克的歌曲也表示女人使用鏡子——她們「自己塗色」。

史前時代就存在鏡子。有些鑲嵌在凱爾特人的銅器留存下來；許多古羅馬的鏡子也是，有些是銀做的，有些是玻璃。《新約》（《雅各書》）和聖奧古斯丁的《懺悔錄》都曾提到鏡子。但是羅馬帝國瓦解後，鏡子就從文獻中消失，也從歐洲的考古紀錄當中消失。製作鏡

子的知識似乎遺失。也許這就是為什麼，歷史學家並不重視重新發現鏡子。既然古代時期已經發明，人們傾向以為那個東西一直都在。但在中世紀初期，就是沒有。

十二世紀初期，鏡子重新出現在歐洲。我所見過這個時期歐洲製造的唯一例子，是一面包含在銅器裡的銀鏡，直徑十一公分，現在收藏在紐約大都會博物館。[20]此外，可能還有某些尺寸類似的銅鏡，大約在這個時候從亞洲與中東運到歐洲。[21]儘管留存至今的鏡子寥寥可數，我們可以確定，基於十二世紀初期以「某某之鏡」為標題的文章數量，貴族圈中廣泛使用這個東西。如果目標讀者對鏡子一無所知，作者也不會選擇這個比喻的標題。其中一個最早的例子是歐坦的何諾利烏斯（Honorius of Autun）的著作 *Imago Mundi*，字面意思是「世界的影像」，書中作者表示他試著描述「彷彿從鏡中看見」的宇宙。[22]何諾利烏斯一生大多時候住在今日的瑞士，約於一一五六年去世，他也寫了一本布道的書叫 *Speculum Ecclesiae*（教會之鏡）。在這個時期，不同地區都有類似標題的著作。一一四〇年左右德國的匿名作者寫了《處女之鏡》（*Mirror of Virgins*）。里沃的埃雷德約於一一四二年在約克郡著作《慈善之鏡》。聖泰瑞的威廉（William of Saint Thierry）逝於一一四八年法國漢斯，他寫了《信仰之鏡》（*The Mirror of Faith*）。到了一一五〇年，整個歐洲無疑已經知道鏡子——至少社會當中受過高等教育與富有的成員。

關於人們的自我意識，鏡子的重要性不容低估。當男人和女人最初看著鏡中自己的臉，他們看到的自己，或多或少是別人看到的他們。鏡子、煉獄、禮貌的行為準則，三者恰巧同時發展，並不令人意外。三者全都增強自我覺察與自我評價。然而，其他兩項促使人們反省他們「做了什麼」，鏡子促使人們反省他們「是什麼」。雖然這個時候買得起鏡子的男人和女人已經是最獨立的社會成員——相較他人擁有更多決定能力——但是鏡子確認他們的個體特性，提高他們的自我覺察，而且敦促他們服從古代的格言：「認識自己。」

到了十二世紀尾聲，你還是可以依據人們的功能描述他們。原來的三個群體——戰鬥的人、祈禱的人、勞動的人——依然可以輕易辨識。但是有許多人並不落在這三個範疇。你可以說他們是「做生意的人」，也有「審判的人」、「讀書的人」或是「娛樂的人」。即使工人階級，也不是他們從前的樣子。例如，現在有一大群人，他們是熟練的建築石匠和木工，建造代表中世紀的城堡、主教座堂、教堂。越來越多行業從「勞動的人」當中自成一群。雖然多數人口依然是農民，而且依然死守傳統莊園，富有的人開始為自己與眾不同而洋洋得意，並以新的方式定義自己：家族、騎士精神、責任、教育、地位符號、時尚等等。他們的個體特性和現代世界最大的不同是，他們的身分依然是他們信仰的子集。他們生活的每個面向與宗教相連。如我們所見，一個貴族家庭不僅擁有祖先的房屋，也有他們靈性的家，就是他們興建的修道院。那些開始撰寫自傳的人，神依然是生活的中心，如同神是第四世紀聖奧古斯丁生活的中心。即使像歌利亞詩人那樣的人，批評聖職人員自以為是和一本正經的道德，也不懷疑神或事物的神聖秩序。靈性的臍帶依然與整個社會相繫。

## 一二〇〇年至一三四五年

這些個人的行為模式在富人的圈子大致持續，經歷整個十三世紀，直到十四世紀初期。但是較低的階級，也開始一點一滴接收這個模式。看見鏡子的小地主知道他們也想要一面。城市居民發現貴族家庭受過教育的次子可以在教會擔任位高權重的職位，或從事法律，也希望自己的兒子從相當的教育程度獲得好處。人們總是想要模仿社會階級比自己優越的人：在中世紀，那只是你有沒有錢這麼做的問題，以及高層允不允許。

有錢的人正在學習如何利用上述的方式表達自我，與此同時，農民也開始透過許多新的經濟機會探索個人主義。在許多方面，他們第一次擁有選擇，而且擁有能力展現自己的特色。這些變化的關鍵是貿易。一一〇〇年和一三〇〇年之間，在英格蘭有超過一千六百個市場獲准成立。此外，到了十四世紀初期，約有一千個年度集市。平民因為這些發展突然擁有很多能力購買他們自己不能製作的東西。一一五〇年代，英格蘭每天使用錢幣的個人相對較少，王國的金錢供應總計每人六便士；到了一三二〇年，成長為十先令，而且還不包括信用額度。[23]人口變成兩倍，但金錢供應增加大約四十倍。對於那些現在能在市場販賣商品的人，他們區別自己和鄰居的機會增加，這在從前是不可能的事情。

如同我們已經見過，這項改變的根本原因是中世紀溫暖期。然而，這個過程不只因為暖和的天氣允許農夫生產更多穀物、販賣餘額這麼簡單。十一世紀與十二世紀的農民不能自由離開莊園走去市場。他們也不能未經王室許可設立貿易中心。相反地，設立市場，因而促進經濟成長與較低階級個人主義發展的人是莊園領主。他們通常沒有選擇。十三世紀初期，隨著可得的土地耗盡，他們要不繼續劃分租地，變成越來越小的生計，如同我們在第三章所見，或者他們可以讓他們的農民去市場城鎮。第一個策略的結果是出租土地變得太小，無以養活一個家庭。第二個則是領主失去農民的服務。因此他們必須考慮第三個選項：在他自己的莊園裡頭建立新的市場。對所有人而言，這可能是最好的選項。意思就是，領主可以維持人力，同時吸引更多生意。例如，如果其中一個佃農學會製鞋，而且他做的鞋子在新的市場賣出，他就不再需要任何土地餵養他的家庭：所有他需要的東西，花錢買就可以。領主可以持續享受他的服務，而且與此同時，他也會得到那個男人付的房屋和攤位租金。如果那個市場後來變成自治區，各式各樣的商人可能會來買下市場周圍小片的自由保有土地並開設店鋪，領主就能賺進更多租金和市場規費。

提到自由保有的土地，就會發現另一個支持經濟繁榮，以及這段時期鄉村農民發展個人主義的重要原因。一一五〇年之前，英格蘭的土地所有權與封建采邑難以切割。但是一一五四年亨利二世即位後，普通法修法，容許一個男人或女人在另一個人的莊園自由保有土地。[24]某些領主會給他們的披甲戰士小片土地換取忠誠。那些擁有十或二十個莊園，共計三萬到六萬英畝的人，會給十幾個值得的追隨者五十到一百英畝的農地。這是很好的投資——受益人會永遠感激，並終身效力。其他領主賣掉土地或租給自由的佃農。鄉村中產階級的基礎就這麼逐漸建立。

到了十四世紀初期，多數莊園的產權與頭銜已經宛如大雜燴。舊時不自由的農民以外，有自由保有人、承租人、市場商人、自治市鎮的自由人。某些自耕農擁有一百英畝或更多的土地；某些勞工除了農舍花園以外什麼都沒有。此外，在莊園的中心，現有五、六十間房屋沿著市場廣場排列，人們每週來一次，採購、銷售或社交。農民也有不同的社會分級。他們依然集體從事許多事務，從出席莊園法庭，到聽見警報後追捕犯人——但是現在他們的生活更多元、更個人，懷抱不同期望，邁向不同未來。他們會在市場和集市購買物品，顯示自己與鄰居的差異：鐵鍋、華服、象牙梳、靠枕、銀戒、皮帶扣——事業有成的自耕農，也許還會購買整組的銀湯匙。某些男孩和年輕男人會接受教育。社會流動的程度前所未見。在某些城市和鄉鎮，做工的男人可以認為自己是行會會員、城鎮的自由人、宗教兄弟會的成員、堂區居民——或者全部都是。他們也學社會地位較高的人使用姓氏：有些使用出生地的地名，有些依照他們的職業，或取綽號。而他們的姓氏，就像貴族的姓氏，開始世襲。除了最貧窮的家庭，到了黑死病的時期，自我定義的過程，已經從多個面向進行得如火如荼。

## 一三四五年至一五〇〇年

黑死病距今已經過了相當長的時間，實在難以完全理解當時的心理衝擊。然而，清楚的是，黑死病加速生活許多面向發展。疾病來襲時，因信仰而凝聚的人民被迫去問「為什麼是我？」或「為什麼是我的配偶、我的小孩？」而且，如同問題的根源是宗教，答案也是宗教。某些人開始思考旁門左道。他們的罪，難道多到引來神的懲罰？或者，發生在他們身上的悲劇，其實和神的意志無關？是不是像某些醫師相信，原因是非法市場賣的腐肉？或者如同巴黎大學的學者主張，這是某些行星接合的結果？也許神也無法阻止這場災難？到了這個時候，原本已經大致團結人民的宗教信仰，現在開始分化人民。

如同我們在第三章所見，瘟疫也加速經濟的個人主義。大約百分之四十的人口死去之後，倖存的人獲得豐富的額外資源。家畜由別人繼承，死者的家具和工具共享，農地分配給新的租戶。農奴發現自己可以自由離開莊園，出售勞力給其他領主，原本的封建紐帶改以金錢關係取代。其他人移居城鎮成為工匠。這些變化無疑提升普通男人女人的社會地位、財富、獨立程度。那些賺了錢的人經常吃肉，穿著皮草和染色衣服，與他們的鄰居有所區別。

看著低下階級展示地位符號，愛德華三世覺得礙眼，於是引進禁奢法令，限制他們的穿著和飲食。他也實施一三五一年《勞工法》（Statute of Labourers），目的在於預防農民離開莊園尋求更高工資。然而，這股浪潮銳不可當。那些原地踏步、不思進取的人發現，如果他們不自我提升，貧窮就會定義他們，就像自由與財富開始定義他們更有事業企圖的前鄰居。

與此同時，農民的生活水準開始大幅進步。正如第二章所述，英格蘭的平民發現他們可以利用大量長弓摧毀敵軍。一個每年僅賺三鎊的農民，可以擊斃一個馬匹和盔甲價值超過五十鎊的騎士，他和同儕自然會去質疑社會秩序：他們自己也能成為「戰鬥的人」，享受榮耀。勞動的人因為這樣的軍事技藝，結合更高的經濟能力，開始用不同的眼光看待社會地位比他們更高的人。俠盜羅賓漢劫富濟貧的故事，從這個時候開始大受歡迎，絕非巧合。農民已經獲得全新的自我價值觀。

儘管這些結果容易被視為群眾行為而鄙棄，事實上，對於個人主義發展極為重要。穿著異國皮草或顏色鮮豔的衣服，展現個體特性，這是一件事，但是，因此質疑整個社會秩序是另一件事。而這正是當時發生的事。社會暴動在歐洲遍地開花。法國一三五八年的札克雷暴動（*Jacquerie*），對抗貴族的暴力規模史無前例。這個事件始於精心策劃的暗殺行動，地點在名為聖勒代斯朗（Saint-Leu-d'Esserent）的村莊，距離波威（Beauvais）東南大約二十三英里，對象是九個貴族。幾週以內，整個法國北部全都淪陷，許多領主與夫人被殺。幾個城鎮被短暫把持。雖然當時的編年史家誇大攻擊的暴行，例如讓・勒貝（Jean le Bel）描述一個騎士被綁在木樁上火烤，他的妻子被強暴，接著被迫吃下他的肉，然後重擊她的腦袋，但是他們的語調難免傳達編年史家多麼震驚，農民竟然可以起義。例如，這是尚・傅華薩的紀錄：

> 鄉村城鎮某些居民在波威地區集結，無人領導；起初也不超過一百人。他們說貴族、騎士、地主是法蘭西王國的恥辱，摧毀他們全體是了不起的功勞；大家都同意，並說「拯救那些紳士，不讓他們滅頂的人，是可恥之人」。接著，沒有進一步討論，他們自己組成一團，僅僅帶著裝上蹄鐵的棍棒，其他人帶刀，走到住在附近的騎士宅第，破門而入，殺了騎士、夫人、所有孩子，不分年紀；然後燒掉房屋。
>
> 這件事情之後，他們第二次出征，到另一個騎士堅固的城堡，他們占領那裡，把他綁在木樁上，當著他的面，很多人侵犯他的妻女；接著他們殺害夫人、女兒和其他孩子，最後殺掉騎士，手段極為殘忍。他們破壞又火燒他的城堡。許多城堡和華麗的房屋都這

麼被他們攻擊；他們的數量暴增，短時間已達六千人……

這些邪惡的人民，沒有領袖也沒有武器，搜刮並燒毀所到的宅第，殺害每個紳士，侵犯每位他們找得到的夫人和閨女。犯下最粗暴的惡行的人，身而為人不敢想像，卻得到最多喝采，被他們推舉為最偉大的人。25

別說目睹整起暴力事件，光聽這些故事就足以深惡痛絕。這樣大規模的農民起義前所未見。但是，像這樣由階級引發的破壞，札克雷暴動不是最後一次。一三七八年，佛羅倫斯爆發梳毛工起義（*Ciompi*），工人要求在治理城市的政治行會擁有更多代表權。三年後，英格蘭也發生農民起義。這些事件無不顯示新的人生目標，並且明顯可見低下階級之間，個人自我價值已經出現全新的認同。事件全都快速遭到鎮壓，主謀被殺或被吊死。儘管如此，整個歐洲的工人明白，黑死病不僅賦予他們財富，更賦予他們權力，對他們的自尊與認同產生深遠影響。

許多其他個人主義的趨勢，在十三世紀末與十四世紀初已經開始，又因黑死病的加速作用更為凸顯。人民不必接受莊園強迫的婚姻。同樣地，莊園領主放棄阻止任何剩下的農奴與莊園以外的人結婚。領主也不再直接管理莊園，常見他們將土地出售或出租給莊園居民或中間人。任何還沒有姓氏可以繼承的家族，到了一四〇〇年都有。貴族家庭發展自己的家族格言，為僕人製作家族制服，進一步強調家族身分。如同我們在第四章所見，每個人——貴族也好，農夫也好——開始追求更多隱私。領主在城堡的每座塔樓都建了單人房。從十四世紀後期起，領主不再與僕人一起在大廳吃飯，而是與家人單獨在特定的房間用餐。自耕農擴建古老的大廳房屋，加蓋樓上的樓層、臥室、會客室，每位家庭成員都能擁有更多隱密空間。這些全都一點一滴灌輸人民個體特性，相對於看待自己為群眾的成員或無名的人力。

像這樣的個人主義，最好的證明就是低下階級之間逐漸普遍的玻璃鏡。玻璃鏡在十三世紀後期發明——應該說，重新發現——可能在威尼斯，取代十二世紀貴族家裡拋光的銀或銅。今日在博物館，可以看到很多曾經用來立起小面玻璃鏡的雕刻象牙盒。在十五世紀，鏡子成為文藝復興的象徵，例如，我們從布魯內萊斯基（Brunelleschi）知名的透視法實驗得知，實驗進行的時間在一四二〇年代。他將兩面相對的鏡子放在一個盒子裡，畫出佛羅倫斯的洗禮堂，並比較畫出的洗禮堂和裝置中呈現的模樣，發現他能如實複製透視的角度。一四三三年，揚・范艾克（Jan van Eyck）畫出最早留存下來的自畫像〈一個男人的自畫像〉

（*Portrait of a Man with a Turban*），必定利用了鏡子。確實，他在隔年的畫〈阿爾諾非尼夫婦〉（*The Arnolfini Marriage*），背景中央就有一面鏡子。達文西正反顛倒的手稿需要鏡子才能讀，因此強調反射的重要性。事實上，這些藝術家全都將鏡子轉向人類。雖然人類一度被作為神的所造之物研究，現在值得憑本身而檢視與再現。

然而，鏡子最大的影響，不在貴族，而在普通男女之間。到了一五〇〇年，幾乎所有人都買得起一面鏡子，便宜的可能只要六便士。例如，瑪麗玫瑰號的殘骸中發現數面小的玻璃刮鬍鏡。十二世紀與十六世紀之間，鏡子從貴族的私人臥室散播到農舍的臥室，而「自我」標準的視覺形象也隨著鏡子傳遞。如今，如果請你畫自己，你大概會先畫你的臉。這樣的自我形象依賴鏡子存在。一三五〇年之前，一個農民的自我形象，會是代表職業或社會地位的圖畫或符號。鐵匠有砧，牧師有十字架，磨坊主有磨石。這樣的自我形象與人們從事的工作有關。因此，一個中世紀的農民看見鏡中的自己，他得到新的自我覺察，但不包含從前他與「自我」聯想在一起的元素，例如他的犁，或他家世代耕作的那塊田。對磨坊主來說，他新的臉部自我形象可能向他透露，他未必生來就是磨坊主：他可能「看見自己」是探險家或建築工人——或某個更好命的人。

因此，看見自己「是什麼」，而非自己「做什麼」，區別人們和他們中世紀早期的祖先。客觀的臉部觀察成為正常化的自我形象。此外，他們知道，其他能夠照到鏡子的人，也以同樣方式看見自己。雖然在一一〇〇年，我們想像的磨坊主，認為自己是神創造來碾磨穀物的人，並知道其他所有人也依照神的命令，視他為碾磨穀物的人，但是，現在他看自己，是個髮際線退後、臉上有疤的男人，而且他知道其他人也是這樣看他。此外，我們的磨坊主發現，他遇到的人知道他是那樣看自己，因為他們看自己也是類似的方式。他們不再假定磨坊主是神賜予他的身分。事實上，他們甚至不該假定他「是」磨坊主。他可以是任何他想成為的人。如果他去了新的城鎮，沒人必定知道他以前是磨坊主。他可以自由選擇新的職業道路。你可以說，鏡子幫助人們得到自由。

到了一五〇〇年，沒有人穿戴十四世紀中期的束腰外衣和頭罩。鈕釦已經革新衣著，讓人可以穿著合身的衣服。鞋頭長得荒謬的克拉科鞋（krakows）一度流行，現已退燒。男人不再穿著短版束腰外衣和露出臀部的緊身褲。不久之後，遮蔽下體的「股囊」（codpiece）就會問世。整個歐洲，人們都在尋找凸顯服裝的新色。在法國南部，土魯斯（Toulouse）和阿爾比（Albi）等城鎮的商人，靠著菘藍製作的藍色粉彩染料從事長途貿易致富。人們穿上巴西紅木和胭脂蟲所染的衣服，希望比鄰居更亮麗。對於幾乎每一個人，自我時尚現在是個人選擇。男人不再需要依賴妻子幫他們修臉或整理頭髮；有了鏡子他們可以自己動手。

對有錢人來說，他們的臉部形象變成某種他們希望保存的東西。從十四世紀後期開始，我們有了國王細緻的肖像，例如法國約翰二世和英格蘭理查二世。而現在的我們知道許多十四世紀貴族、高級教士、商人和妻子的長相。教堂裡的石雕記錄死者真實的樣貌。越來越多自我定義的面向導入人民的生活。雖然人們還是屬於他們的家族、莊園、堂區、兄弟會、城鎮行會，但是現在他們擁有超越這些團體的個人身分。

## 十六世紀

一腳踏進這個自我意識與個人主義越來越高漲的世界的人，是路德、廷代爾與其他聖經譯者。如同我們在之前的章節所見，許多人受到驅使，重新思考他們與神的關係。如果你可以閱讀，而且擁有一本聖經，你就可以為你自己研究並詮釋經文。你可以決定自己的救贖之路；你不需要聖職人員介入。你可以以個人的身分思考，而不是其中一個會眾。事實上，你

「必須」開始單獨思考，因為你要為你自己的救贖負責。更多人民學會閱讀。更多人民表達他們的宗教意見。到了這個世紀的尾聲，某些作家批評有組織的宗教，已經像十二世紀的歌利亞詩人那樣凶猛，但重要的區別在於，這些作家和他們的讀者把信仰當成私事，端看他們個人怎麼閱讀聖經。

十六世紀後期，我們開始看到對於不信者的批評。醫師常被貼上無神論者的標籤，因為他們似乎想要阻止神以疾病處罰某人，表示他們故意違背神的意志。有多少不信的醫師不是重點：重點是，此時存在無神論的概念。一五六四年威廉．布林（William Bullein）出版《對抗熱病瘟疫語錄》（*The Dialogue against the Fever Pestilence*），描寫一個 *nulla fidian*，即「不信者」。有個商人因為瘟疫臥病在床，內科醫師對他背誦一句聖經經文，但是並不正確。商人點出這個錯誤時，醫師回答：「我不在意，因為我不插手任何聖經事務。」商人承認他也不在意聖經。對話接著如下：

醫師：先生，聽好了，我向你保證，我不是天主教徒、教宗教徒、基督教徒，也不是重浸派教徒。

商人：所以呢，你說了很多選擇和宗教。你信什麼？太陽、月亮，還是星辰；野獸、石頭，還是人群；魚還是樹？

醫師：都不是。那些我全都不信。說白了，我是 Nulla fidian，而且我們的教派人很多。[26]

同樣的，外科醫師約翰·瑞德（John Read）於一五八八年寫道：

此外，某些教宗教徒是，
某些 *nulli fidians* 同樣也是，
某些順應時勢的無神論者，
還有某些馬基維利＊，看了就傷心。[27]

---

＊譯注：Niccolò Machiavelli，一四六九－一五二七，義大利政治學家。

對於無神論者的指責也會落到和醫藥無關的人身上。克里斯多福·馬羅可能是最著名的例子。他不只在劇作《浮士德博士》（*Doctor Faustus*）嘲笑基督信仰，而且，根據同為劇作家的托馬斯·基德（Thomas Kyd）的證詞，他甚至說出基督和福音書作者約翰有性關係這種話。馬羅被政府間諜直接指控為無神論者，對他的報告留存至今。[28]毫無疑問的是，到了一六〇〇年，在英格蘭的清教徒可能把神放在任何事物的中心，卻有其他人覺得宗教只占據他們生活的一小部分，有幾個人覺得毫無關連。身為個人，我們於精神上與道德上可能是獨立的，不受神的意志限制，也不由神指引——這樣的想法是中世紀的產物。

從前面的敘述可以看出，到了一六〇〇年，信仰形成一段光譜。有些人相信沒有神；有些人不大在意神；許多人的信仰一般；某些堅信不移；而有些人的信仰強烈到偏執的地步。這個光譜和財富分層同樣完整，也同樣形形色色。社會中的每一個人都能被放在某個點上。因此，就像財富，信仰定義人們。確實，你越往光譜狂熱的一端移動，你越有可能批評人們開始用奢侈品裝飾自己。到了這個時候，已經有人進口義大利、法蘭德斯、法國的蕾絲。人們穿著時髦硬挺的襞褶。某些人穿著胭脂蟲染的大紅色外衣。許多反對這種賣弄、堅守規定的人，就會刻意穿著黑白服裝，展示他們的觀點。無論哪一種，人們現在可以定義自己，表達他們的個人主義，無論是憑藉他們的穿著、房屋裝飾，或者享樂方式，例如上劇院、音樂會，或者觀賞縱犬鬥熊。他們同樣也能表達政治信念。他們支持社會秩序，或者更相信平等主義？他們贊成或是反對以宗教為治理國家的基礎？人們幾乎可以質疑任何事物——如同上一章所見，甚至君王的治理方式。這些全都與西元一千年的情況天差地遠，當時絕大多數的人一起生活、工作、禱告，沒有自由從事選擇的事。

這也帶我們來到個人主義這個巨大變化最後一個元素——人民發展個體特性的「意識」。這點可從十六世紀自傳寫作興起清楚見得。當然，書寫自己並不是全新的現象。我們已經知道，十一世紀聖埃梅拉姆的歐斯婁，與十二世紀諾讓的吉貝爾、皮埃爾·阿伯拉爾，這些人都寫過自傳。我們也看過吟遊詩人講述自己的生命故事，至少某些部分為真。我們也許還可以加入幾個後來的懺悔作品，例如佩脫拉克的《祕密生活》（*Secret Life*），蘭卡斯特的亨利的《聖藥經》（*Livre de Seyntz Medicines*），兩者都是十四世紀中期的著作，而《瑪潔麗·坎普之書》（*The Book of Margery Kempe*）是十五世紀早期的作品。然而這些基本上是靈性文章，與我們在十六世紀看到的作品不同。十六世紀的自傳是尋找內在的聲音，主要不是關於神或救贖，而是關於人類經驗——無論價值是多是少。

十六世紀世俗性質的自傳書寫大致分成三類：抒情詩、日記、正式自傳。你可能已經知道當時某些自傳體的英文詩，這樣的例子有老托馬斯·懷亞特（the elder Thomas Wyatt，於一五五七年死後出版），伊莎貝拉·惠特尼（Isabella Whitney，一五六七年至七三年之間出版），以及莎士比亞十四行詩（直到一六〇九年才出版，但在一五九八年之前便以手稿形式流通）。[29]這些全都包含看似自傳的反思，即使某些他們描述的時刻，事實與想像的界線模糊難辨。一五八七年起在英格蘭演出並出版的幾齣名劇，其中的演說和獨白，融合外在行動與層層內在反省和自我表達，也可以加入這個清單。這些清楚表示，不僅自我覺察在十六世紀末已經到達新的強度，而且許多底下的觀眾，雖然他們表達自我的能力不及馬羅、基德、莎士比亞，但是也能理解。

個人日記興起也是自我反思的本能逐漸發展的另一指標。一五五〇年之前，這種文學體裁並不存在。十五世紀，有一些人記錄每日的公共事件與外交任務；十六世紀初期，還有一些人寫下每日朝聖的經過、特別的軍事戰役、個人參與公共活動的記事。薩伏依公爵夫人記錄一五〇一年至二二年之間每月的重要日期。然而，十六世紀中之前的每個例子，都是表面說明，用意在提供他人實用資訊。直到十六世紀後期，我們才開始見到個人為了自己而記錄的日記。其中之一是倫敦的占星家暨內科醫師賽門·佛曼（Simon Forman）。這部自傳是日記，為後代所寫，部分為個人而寫。這裡有段一五九五年的摘錄，可以一窺個人趣事：

> 週一下午六點，收集的人來找我。二月四日。週二，上午。福洛威太太和艾利舍·科辛來找我。我跟一位男士為了和一位女士站在花園，差點吵了起來。五日，週三，下午來了個老商人，他是週一那個福洛威太太的同夥。六日。上午大約八點，惠·佛特從A·Y來找我，司機先生也是那天來。強森太太那天下午四點來瓦特靈街看她的孩子，來紅屋找我，我走向她，et osculavi illam in domu sua（我在那個女人的家親了她）。六日。晚上艾爾太太邀我共進晚餐，但我沒去，她非常難過，還病了。

這份文件顯然不是為了幫助任何人而寫的——沒有交代誰是誰，也沒有寫作風格可言。就像同為日記作家的山繆·皮普斯（Samuel Pepys），佛曼也會用拉丁文隱藏不道德的行為，以免書本落入僕人手中。整體來說，這樣的日記顯示這個男人的內心思想，反映他的所作所為——即使他沒寫下回想這些事件的想法與感受。這是最早的日記典型。另一本是德文郡的農夫威廉·洪尼威爾（William Honnywell）在一五九〇年代的著作，記錄日常生活，例如「買線串我的豌豆」和賣羔羊。但他也描述一五九六年去了一趟倫敦，買了幾樣奢侈品：

一月十九日——我出發去倫敦。二十四日，我抵達倫敦。北上的旅程花了十六先令。我付給我哥哥克里斯多佛十一先令，那十一先令，他跟尼可拉斯·史密斯先生買了一只手錶。三十日我從製造商那裡收到手錶，付他修理費五先令，然後我買了個荷包裝錶，花費如下：絨布四便士；絲帶兩碼四便士；製作兩便士。

二月七日——我買了三雙鞋，兩雙邊緣有絲絨，花了我兩先令八便士；另一雙兩先令二便士；所以三雙花了七先令六便士……

二月十二日——我買了三十個金色紐扣用於帽帶，這三十個紐扣的重量為四分之三磅兩英錢又三格令，按每盎司五十先令計算。我付了製作和修飾的費用，每個五便士。因此，全部花費五十九先令六便士。

十六世紀的農夫擁有手錶是件稀奇的事。但是這些紀錄和日記其他部分，都不包含他的內在感受，例如購買這些東西的驕傲與喜悅。日記書寫的元素在十七世紀之前還看不見。儘管如此，你忍不住猜想，洪尼威爾買到這些東西，內心默默感到驕傲，而且他拿起紙筆的動力之一，就是心滿意足地為後代記錄這些。

十六世紀個人主義最完整的文學表現，毫無疑問就是自傳。早期的例子是法國外交官菲利普·德·科米納（Philippe de Commines）的《回憶錄》（*Mémoires*），一五二〇年代出版數卷。然而，這部叢書比較不像生命故事，倒像國家歷史著作，科米納描述自己親眼見證的公共事件或聽來的第一手消息。另一個早期的例子是喬吉歐·瓦薩里（Giorgio Vasari）一五五〇年出版的《藝苑名人傳》（*Lives of the Most Excellent Painters, Sculptors and Architects*），第三和最後一卷提及關於自己的部分。同樣地，這不盡然是自傳，而是他以第一人稱說明他的藝術作品。在英格蘭，直到一五七六年，詩人托馬斯·惠索恩（Thomas Whythorne）寫了他的散文自傳，這樣的體裁才為人所知。所以，獲得桂冠的是兩位義大利人——佛羅倫斯藝術家本韋努托·切里尼（Benvenuto Cellini）和米蘭內科醫師暨數學家吉羅拉莫·卡丹諾（Girolamo Cardano），這兩個人給了我們最早、真正的十六世紀自傳。

切里尼的自傳著於一五五八至六三年之間。書裡呈現所有現代讀者想看的內容——個人特質、熱情、內在揭露。整部作品赤裸誠實，不僅刺激，也有點光怪陸離。例如，以下是他描述，某個軍人殺了他的弟弟，他如何追殺那個軍人：

那個傢伙住在一個叫做托爾尚吉納的地方附近，隔壁住著羅馬非常時髦的風塵女子，名叫席諾拉·安提亞。時間剛過午夜十二點，他站在門口，手裡持劍，剛從晚餐餐桌離席。我手持一把大的比斯托亞匕首，小心翼翼，悄悄靠近他，反手重擊。我原本是要直接砍下他的頭；但他突然轉身，那一下落在他的左肩，敲斷了骨頭。他跳了起來，手中的劍落下，因為劇痛有些昏厥，然後逃跑。我追隨在後，四步就逮著他，當我舉起匕首高過他的頭，他的頭很低，於是擊中他的背，正好在後頸骨和脖子交界的地方。匕首從這裡插入骨頭之深，雖然我用盡全身力氣，卻拔不出來。就在此時，四個軍官拔出劍，從安提亞的屋裡衝出來，要我拿起我的劍保我自己的性命。於是我留下匕首，逃之夭夭，還怕自己被人認出，於是在亞歷山德羅公爵的宮殿避難，地點在納沃納廣場（Piazza Navona）和圓形堂（Rotunda）之間。我一到就要求見公爵，他告訴我，如果我獨自一人，就只需要保持安靜，不要焦慮，但是繼續製作教宗一心想要的珠寶，並且在屋裡待上八天。[30]

無庸置疑，這個男人被惹怒時會有多麼歹毒，但是他的誠實也令人無話可說。另有許多其他段落透露他的個性，而且顯然不是加分的好事，例如誘惑少女，至少讓其中一人懷孕，然後拋棄人家。整體來說，這是一部完整且有趣的作品，描述思考獨立、意識自我的個人，會有什麼想法與行動。對我們的主題來說，最重大的意義在於，他的故事裡頭，沒有任何人比他自己重要，就連神也比不上。確實，他的自我主義如此強大，閱讀他對自己的生命紀錄，不禁讓你有個印象，他不相信地球繞著太陽轉，反而相信兩者都繞著「他」轉。

這個時期，另一個來自義大利的偉大自傳，性質偏向內省。卡丹諾在他七十多歲時開始寫作。他展現了不起的內省才能，而他的生命確實不乏成就與成功，但是同時沾染悲劇的色彩。他說：

> 我的兒子，在他結婚當天與他死亡當天，兩者之間，被人控訴毒殺他的妻子。當時他的妻子剛生產完，身體仍然虛弱。二月十七日那天他被逮捕，五十三天後，四月十三

日，他在獄中被人斬首。這是我極大、極深的不幸。因為此事，我不配留在我的職位，也不能乾脆被解職。我不能繼續平安住在出生的城市，也無法安全遷至他處。我在外是受到鄙視的對象；我卑下地與同胞交談；我被人唾棄，不受歡迎，朋友迴避我……

我當然知道這些苦難對後代子孫也許毫無意義，對陌生人更是；但是我已說過，在這終有一死的人生，僅有愚蠢、空洞，如夢一場。[31]

卡丹諾和切里尼一樣，他們都不反對暴力。必須承認，十六世紀的義大利，年輕男子互相殺害的事件衝向高峰，所以他曾與人發生衝突也不意外，但他活了下來。因此，他的人生最後也許適合有個比較快樂的結局，即使前段略為不祥。

某次聖母瑪利亞誕生日，我在威尼斯，賭博輸了些錢；隔天，剩下的錢也輸了，因為我去的是職業詐騙的賭場。當我發現牌被做了記號，衝動拿起匕首揮砍他的臉，雖然砍得不深。房間裡頭還有兩個年輕人，是我的對手的僕人；兩枝騎槍綁在天花板的橫梁；門上的鑰匙被人轉過。然而，當我開始贏，收回所有的錢，他的，還有我的，以及前一天我輸掉的衣服和戒指……我丟了一些錢回去，我弄傷他，想要彌補。然後我攻擊僕人，但是既然他們不懂使用武器，而且求我饒他們一命，於是我讓他們走，條件是把房屋的門打開。主人見到家中的混亂與騷動，生怕時間繼續拖延，我判斷，因為他在他的家裡做牌騙我，快速計算得失的細微差異後，他下令開門；於是我逃走。

同天晚上大約八點，因為我傷了參議員，正努力逃過警察逮捕，同時把我的武器藏在大衣底下。黑暗之中視線不明，我忽然滑倒，跌落運河。即使掉落水中，我保持清醒，伸出右手，抓住一艘經過的船舷，被乘客救起。我跌跌撞撞登上小船，這才發現剛剛和我一起賭博的參議員，嚇我一跳。他臉上的傷已經包紮；但是他仍願意拿來一套衣服給我，像是水手穿的。我穿著那些衣服，和他一起搭船到帕多瓦。

顯然，文明的進程還有一些路要走，但人的個體化已經幾乎完整。

莎士比亞的《哈姆雷特》第一幕第三場，波洛涅斯說「尤其要緊的，你必須對你自己忠實」，大約寫於一六〇〇年。那個「自己」是什麼，經過中世紀，已經徹底改變，認不出來了。改變的不是人類：西元一千年的嬰兒在一六〇〇年長大，仍會學習應付生活需要的一切技能，同樣地，出生在十六世紀後期的嬰兒，如果他在十一世紀初期長大，應該也過得去。進化的，反而是人性——導致歐洲的樣貌徹底改變。

到了一六〇〇年，各個階級的人民不只在意他們做什麼，也在意他們是什麼。他們幾乎全都看待自己是自由的個體，不只具有功能。他們也準備質疑幾乎所有事物。因為他們開始自我覺察，普遍更懂得內省，更有禮貌，而且許多情況，行為更規矩。同時，自我覺察增強後，許多人更願意採取行動、承擔風險。人們在別人面前盡可能呈現最好的一面，所到之處展示德行和財富。他們知道憑藉教育和個人的野心可以提升自己。最重要的是，連接神的臍帶終於剪斷。在莎士比亞的年代，一個男人或女人的個人主義，好比一座偉大的中世紀主教座堂。這座主教座堂興建了好幾個世紀，多年來由眾人齊心協力打造。而且就像偉大的主教座堂，個人主義幾乎就是中世紀的產物——而且幾乎完工。當我們說「莎士比亞表達我們的心聲」，我們同時聽見中世紀的祖先開口說話。

# 尾聲

最近我和一個朋友談話時，他對我說：「今天一般學童認識的世界比十六世紀最偉大的科學家還多。」他的一句話，描述這麼多人如何誤解遙遠的過去。很多事情，十六世紀的一般人懂，但我們一無所知——從辨識當地所有的動植物，到如何使用麵包烤爐、如何發射火槍、如何從陰影判斷時間、如何騎馬、何時播種冬麥與收割、如何保存水果長達十二個月等等。對他們來說是常識的事情，在現代世界是各種專業。至於他們最偉大的科學家——或照他們當時的稱呼是「自然哲學家」——天文學家哥白尼、伽利略、迪格斯、布拉赫，比今天一般學童更懂星宿。雖然我們認為十六世紀的科學思想不正確、不完整，因此不以為然，但是他們擁有豐富的知識，只不過和我們的知識「不同」——就像二十六世紀或三十六世紀的人，所謂的科學也會和我們不同。

以上情況凸顯我們認識過去時會發生的根本問題。我們並未意識自己的無知程度：我們單純不知道自己不知道什麼。我們靠著經驗的偏見，光憑直覺就進行判斷，而那些經驗不可避免深植在現代世界。但是若能明白這點並試著克服，就能帶來最大的啟示。確實，身為歷史學家，必要且首要的性質，就是接觸過去時，心中不斷質疑已接收的智慧。當我們查問，我們認為自己知道什麼，就是賦予每件重要的歷史工作力量與共鳴。其價值不在覆誦曾經發生的事，或討論為何事情如此發生，而是以新的眼光檢視過去，找出歷史對於生活在今日的人有何意義，並且予以解釋。如此一來，今日的讀者可以為了自己理解歷史。

就在本書來到尾聲的時候，這點帶給人在法國旅行的我極大的震撼。我走進勒芒主教座堂（Le Mans Cathedral），抬頭看著拱頂、拱門、花窗玻璃。雖然這幾年來，我看過的主教座堂大概超過一百座，但是對於眼前所見，還是激動得不能自已。教堂的耳堂約建於一三八〇年至一四四〇年間，超過一百英尺高。十二世紀的中殿仍然保留許多最初的玻璃。但是擄獲我的是十三世紀初期興建的迴廊。其複雜程度超過言語形容。我站在一道拱門底下，頭上是一座拱頂，仰望一道更高的拱門，而這道拱門與其他更多拱門形成半圓，連接更多拱頂與更高的拱門半圓，圍繞高上的祭壇。外頭，這些拱門和拱頂由三層的飛扶壁支撐，而每道飛扶壁在每一層又由另外一對飛扶壁支撐。當時怎麼有人想得出這種設計，更不用說建造出來？今天怎麼有人，哪怕一秒也好，認為一個現代的學童比得上十三世紀的石匠——也許等同我朋友所謂中世紀最偉大的科學家？最重要的是，今天怎麼有人想到中世紀，就想到「退步」或「無知」？

隨著我繼續思考這座建築的所有元素，這種感覺甚至更加強烈。某人選擇各式各樣的石頭，安排這些石頭從各自的採石場，依照正確的數量，利用推車或船，從幾英里之外運來，所以能夠精準地切割組合。但在這之前，需要知道最適合的石頭去哪裡找、切割的難易程度，以及購買與運送到這裡的費用。接著是裝飾雕刻的工作，需要找來好幾組雕刻師。製作玻璃又是另一項功夫。為每片玻璃設計圖案、選擇顏色也是。此外，確保窗戶開口和拱頂與玻璃協調一致，同時足夠堅固，可以固定玻璃，又增加工程的複雜程度。既然建造的人沒有辦法計算受力，怎麼知道每面飛扶壁可以承受多少重量？諸如此類。我忍不住覺得，任何想到中世紀就想到「無知」的人，自己就是無知的典型。

當然，儘管那些工人相當熟悉所有必要程序，但是只到一個程度。這樣的成就不可能出現在十一世紀初期。一二五〇年的主教座堂和西元一千年的完全不同。每座新的大型建築，某個方面都是獨特且未經考驗——實驗什麼可能，也實驗可以期待什麼、什麼有用。

在波威主教座堂（Beauvais Cathedral）你可以看到戲劇化的差異並置，十世紀老舊的建築部分連接十三世紀原本要取代，卻未完成的宏偉教堂。波威主教座堂的拱頂高度一百六十英尺。對比的不只是規模：較早的教堂遠遠簡單得多。漸漸地，經過兩百五十年，主教座堂的建築工人學會建造更大、更高，而且精緻程度大幅提升的建築。他們發展出的建築系統，今日的任何人都會佩服。也許現代一組建築師，給他們足夠的時間和人力，包括技術高超的石匠、雕刻家、藝術家、玻璃工匠，也可以建造和勒芒與波威一樣華麗的主教座堂。但是他們的方法必須依賴機器和動力工具。此外，他們也需要電腦、計算機、製圖、標準的測量單位。而那正是在勒芒震驚我的。在全歐洲建造這些不可思議的主教座堂與教堂的人，他們從甲地到乙地，觀察並承攬新的工作，甚至沒有標準化的語言，更不用說固定的測量單位。他們沒有圖可看，而且多數都不識字，但是他們的作品矗立數百年。我們假想的現代專家群，他們接受的訓練完全不同，無法不利用現代的系統複製一百英尺高的主教座堂。而且如果他們沒有現代的專業工具，成品絕對不會屹立不搖八百年。

這只是為何我們需要尊敬中世紀的原因之一，而且承認他們的成就每一分都和我們的一樣偉大。但是隨著我繼續讚嘆勒芒主教座堂，我也訝異，其實他們的作品與我們的時代並非無關。我們很容易認為，過去的成就於今日非宗教的年代顯得多餘。某些人會主張，中世紀的主教座堂，就和中世紀的城堡與減緩瘟疫症狀的配方一樣，和今日沒有關係。但是這麼說就錯了。這些建築不僅依然提供社區實踐基督信仰，對於我們所有人，無論我們信不信神，也有許多功能。它們啟發我們。它們在視覺上驚豔我們。它們是社群共有的。城市因為它們象徵的歷史意義和代表的身分自豪。它們提供集會空間，紀念意義遠大的活動。許多情況，它們是避開現代世界塵囂與煩憂的場所。它們也為無常的萬事萬物提供心靈庇護。最重要的，和莎士比亞一樣，它們依然表達我們的心聲。它們輕聲但驕傲地告訴我們人類可以懷抱什麼理想；如果我們合作，可以成就什麼；我們身後可以留下什麼。

對主教座堂來說真實的事，對中世紀文化許多其他面向亦同。就在我要開始書寫這個段落時，我聽見收音機裡的某人引用喬治．歐威爾《一九八四》裡頭關於無產階級的一句話：「在覺醒之前，他們不會反抗，但反抗之後，他們才會覺醒。」這樣的想法，若非過去的農民在黑死病之後普遍質疑權威，又怎麼可能？如果可能，也是無足輕重。同樣地，通透本書，我一直謹記皮埃爾．阿伯拉爾的一句話：「智慧的起點是懷疑。因為懷疑，我們質疑；

因為尋求，我們遇見真理。」如果你想像西方哲學是座偉大的主教座堂，歷時兩百年以上建造——而且還在興建——可見如果阿伯拉爾沒有說過那些話，現在必有某人需要這麼說。如果但丁沒有著作《神曲》，如果莎士比亞繼承父親成為手套師傅，現代社會將會貧乏許多。不僅今日沒有那些作品，我們的世界也不會像過去那樣發展。主教座堂可能是中世紀文化最明顯又長久的見證，但是英格蘭文化的「主教座堂」同樣建立在中世紀，英語語言的「主教座堂」也是，英國國會的「主教座堂」也是，繪畫、音樂、等等的「主教座堂」都是。乃至建立在例如哲學、神學，那些基礎更古老、比喻的主教座堂，也實質在中世紀重建。

當然，不是所有在中世紀創造的東西，影響都能長久不變；中世紀城堡的必要性來來去去。許多其他事物同樣在文化上變成多餘——只有歷史學家和他們的讀者當作不同時代的生活方式而感興趣。但是中世紀的許多面向，到了今日依然要緊。本書討論的各種眼界不僅顯示十一世紀與十六世紀之間生活的變化多麼巨大，這段時期也設下社會後續如何發展的參數，以及我們能夠怎麼期待未來的變化。比起長久的衝突狀態，我們為何更欲求和平？我們為何相信個人自由？我們為何不再堅持每個人都和我們一樣相信，或不相信，神。

我常表示，歷史不是關於過去，是關於人。但我會補充，歷史也是關於尋找我們知識的界線，發掘我們不知道的事物。我希望本書已經呈現我們如何可以利用眼界的比喻，以此為工具，獲得許多新的想法。重要的是觀點。任何人都看得見中世紀留給我們主教座堂、城堡、修道院。只需要做一點研究，你也會發現，他們也留給我們時鐘、火槍、市場、銀行，以及新的穿衣與烹飪方式。然而你需要下很多功夫才能理解，雖然中世紀的人民，日常生活充斥暴力，但是他們也想改善那個問題。雖然他們更常挨餓，但是面對這個挑戰，他們並沒有倒下。而且雖然他們開始的時候是不自由的農奴，但是後來發展新的方式思考自己。在所有可以想像的方面，中世紀的人對我們今日的生活做出貢獻。他們擴展他們的眼界，包容整個世界，而且，這麼做的時候，也擴展我們的眼界。

到頭來，那就是重點。中世紀不是關於停滯，而是希望、願景、努力、改變。前人越蓋越高、越蓋越美的——比喻上與實際上都是——意謂我們自己的精神與抱負。就像沒有廷代爾就不會有莎士比亞，沒有中世紀的主教座堂，我們現在也不會把太空人送進外太空。願景、合作、專業技術的結合是必要：我們不能不先建造最高的教堂尖塔和最優雅的拱門，就從軍閥和農民的社會，穿越到民眾看著電視機裡的人談論月球的世界。我們腳底踩的文化基座和世界一樣寬廣，數千年深遠。若以其他方式看待事物，也就是無視過去，滿足於事物表面，彷彿現在的一切都是施展魔法而來——形同只憑最後一幕評價整齣電影。而且不管還會有續集。

年。英國製造。│**21.** 用於這些鏡子的「銅」事實上是銅合金，相較正常的銅器，含大約80%的錫。磨亮之後，倒影可以讓女人化妝。見Susan La Niece, Rachel Ward, Duncan Hook and P. T. Craddock, 'Medieval Islamic Copper Alloys', *Scientific Research on Ancient Asian Metallurgy* (1990), pp. 248–54; British Museum Collection catalogue: https://www.britishmuseum.org/collection/，於2022年8月23日搜尋。│**22.** Eva Matthews Sanford, 'Honorius, Presbyter and Scholasticus', *Speculum*, 23, 3 (1948), pp. 397–425, at p. 421.│**23.** 1150年代流通的硬幣總值介於三萬至八萬鎊。到了1320年，接近兩百萬鎊。見Martin Allen, 'The Volume of the English Currency, 1158–1470', *Economic History Review*, 54, 4 (2001), pp. 595–611, at pp. 606–7。雖然1150年代幾乎沒有信貸，兩百年後，人們借貸大筆金額，尤其在城鎮，富裕的商人購買的物品四分之三透過借錢。見Pamela Nightingale, 'Monetary Contraction and Mercantile Credit in Later Medieval England', *Economic History Review*, 43, 4 (1990), pp. 560–75。│**24.** Robert C. Palmer, 'The Origins of Property in England', *Law and History Review*, 3, 1 (1985), pp. 1–50.│**25.** Thomas Johnes (ed.), *Chronicles of England, France, Spain and the adjoining Countries by Sir John Froissart* (2 vols, 1848), i, p. 240。為幫助理解，我稍微修改文字。│**26.** 收錄在Paul H. Kocher, 'The Physician as Atheist', *Huntington Library Quarterly*, 10, 3 (1947), pp. 229–49, at p. 231。│**27.** Kocher, 'Physician as Atheist', p. 230.│**28.** 大英圖書館：Harley MS 6848。│**29.** 如Francis Meeres's *Palladis Tamia* (1598)所提。│**30.** John Addington Symonds (trans.), *The Autobiography of Benvenuto Cellini* (New York, 1910), chapter li。下載自https://gutenberg.readingroo.ms/etext03/7clln10h.htm，日期2022年9月14日。│**31.** Jerome Cardan, trans. Jean Stoner, *The Book of My Life* (New York, 1930), pp. 92–4.

**5.** 我們在整個中世紀都可找到輕率行為的例子。即使在1278年，倫敦一連串審判，145件中有兩件是下棋之後殺人的案例。但惡意暴力的行為減少。見Eisner, 'Long-term trends in violent crime'（下棋殺人於頁84）。｜**6.** David C. Douglas and George Greenaway (eds), *English Historical Documents*, ii (1953), pp. 606–7.｜**7.** Colin Morris, *The Discovery of the Individual 1050–1200* (1972, Harper Torchbook ed., 1973), p. 32.｜**8.** Morris, *Discovery of the Individual*, pp. 64–7.｜**9.** Morris, *Discovery of the Individual*, p. 82.｜**10.** 出自亨利・亞當斯・貝婁斯（Henry Adams Bellows）的翻譯。https://sourcebooks.fordham.edu/basis/abelard-histcal.asp，下載日期2022年8月23日。｜**11.** Charles Eveleigh Woodruff, 'The Financial Aspect of the Cult of St Thomas at Canterbury', *Archaeologia Cantiana*, 44 (1932), pp. 13–32, at p. 16.｜**12.** John Gillingham, 'From Civilitas to Civility: Codes of Manners in Medieval and Early Modern England', *Transactions of the Royal Historical Society*, Sixth Series, 12 (2002), pp. 267–89.｜**13.** Fiona Whelan, Olivia Spenser and Francesca Petrizzo, *The Book of the Civilised Man* (2019), p. 70.｜**14.** Keen, *Chivalry*, p. 30.｜**15.** Helen Waddell, *Medieval Latin Lyrics* (1929, Penguin ed., 1952), pp. 182–95。注意：海倫・沃德爾沒有翻譯Deus sit propitius / huic potatori這個句子。｜**16.** H. T. Riley (ed.), *Liber Custumarum* (2 vols, 1860), ii, pp. 2–15.｜**17.** Morris, *Discovery of the Individual*, p. 44.｜**18.** https://epistolae.ctl.columbia.edu/letter/25293.html，下載日期2022年8月23日，引用J. LeClercq and H. Rochais (eds), *Sancti Bernardi Opera* (Rome, 1979), epistle 113，Bruno Scott James翻譯，*The Letters of St. Bernard of Clairvaux* (1953), pp. 174–7。｜**19.** Samuel N. Rosenberg, Margaret Switten and Gérard Le Vot (eds), *Songs of the Troubadours and Trouvères* (1998), p. 140。皮耶・德・維克也被稱作*Lo Monge de Montaudon*。｜**20.** Metropolitan Museum of Art, New York: Accession no. 47.101.47。這件的日期介於1180至1200

John (d. 1381)', *ODNB*，引用Walsingham, *Chronicon Angliae*, 321。｜ **36.** 引述於Peter Blickle, 'The Criminalization of Peasant Resistance in the Holy Roman Empire: Toward a History of the Emergence of High Treason in Germany', *Journal of Modern History*, vol. 58, Supplement: Politics and Society in the Holy Roman Empire, 1500–1806 (1986), pp. S88–S97, at p. S91。｜ **37.** 引述於C. W. C. Oman, 'The German Peasants War of 1525', *English Historical Review*, 5, 17 (1890), pp. 65–94, at p. 86. ｜ **38.** Christopher Hill, 'Tyndale and his successors', *Reformation*, 1 (1996), pp. 98–112. http://www.tyndale.org/reformj01/hill.html（下載日期2022年8月18日）。｜ **39.** Gunther and Shagan, 'Protestant Radicalism', pp. 54–7. ｜ **40.** Henry Broderick, *The Complaynt of Roderyck Mors* (Savoy, 1542)，引述於Gunther and Shagan, 'Protestant Radicalism', p. 57。

## 第七章

**1.** 本章的靈感來自2016年7月14日第八屆南安普敦自我與認同專題研討會。感謝南安普敦大學心理系的艾登・格瑞格博士（Dr Aiden Gregg）邀請我參加，並給予文獻方面的指導。｜ **2.** Paul J. Sylvia, 'Self-Awareness Theory', *International Encyclopaedia of the Social Sciences* (2008). ｜ **3.** 見Roy F. Baumeister, Jennifer D. Campbell, Joachim I. Krueger and Kathleen D. Vohs, 'Does High Self-Esteem Cause Better Performance, Interpersonal Success, Happiness, or Healthier Lifestyles?', *Psychological Science in the Public Interest*, vol. 4, no. 1 (May 2003), pp. 1–44。這個廣大的文獻調查結論是，並無證據證明高自尊導致「更好的表現」或「更健康的生活習慣」，但表示高自尊導致「主動能力與愉悅的感受提升」，而且高自尊必定依賴自我評價，在能夠自我評價之前，需要自我意識——「使人們更願意在團體中發言，並且批評團體的發展方向」。｜ **4.** 從標題*Rectitudines Singularum Personum*可知。手抄本和版本見https://earlyenglishlaws.ac.uk/laws/texts/rect/。｜

*Prouision for the Poore, now in penurie, Out of the store-house of Gods plenty* (1597). | **21.** Slack, *Poor Law*, p. 24. | **22.** UNESCO, *Progress of Literacy in Various Countries: a preliminary statistical study of available census data since 1900* (1953), p. 210. | **23.** 34 & 35 Henry VIII, cap 1. | **24.** Hill, *English Bible*, p. 18. | **25.** Stephens, 'Literacy in England, Scotland and Wales, 1500–1900', p. 555. | **26.** John Standish, *Discourse where it is debated whether it be expedient that the Scriptures should be in English for al men to read at wyll* (1554)，引述於 Hill, *English Bible*, p. 16。 | **27.** Paul Slack, 'Mirrors of health and treasures of poor men: the use of the vernacular medical literature of Tudor England', in Charles Webster (ed.), *Health, Medicine and Mortality in the Sixteenth Century* (Cambridge, 1979), pp. 9–60. | **28.** David Daniell, 'No Tyndale, no Shakespeare: A paper given at the Tyndale Society Kirtling Meeting, Suffolk, 16 April 2005'（http://www.tyndale.org/tsj29/daniell.htm（下載日期2022年8月11日）。丹尼爾教授也在他 *ODNB* 廷代爾的文章（2004）表示相同的注解。 | **29.** David Crystal, 'King James Bible: How are the Mighty Fallen?', *History Today*, 61, 1 ( January 2011). | **30.** 這些數字是大英圖書館館藏搜尋的結果。更多統計細節請見 Ian Mortimer, *The Time Traveller's Guide to Elizabethan England* (2012), p. 104。 | **31.** Russell (ed.), *Works of the English Reformers*, i, p. 244. | **32.**「我們神聖的教士和我們廣大的虔誠信徒，本應捍衛神的話語，卻惡言相向……說那些話會引發動亂、教導人民忤逆首領和長官，叫他們反對君王；並且大肆破壞他人財產，因此我寫了以下這篇短文，包含所有服從神的內容。」Russell (ed.), *Works of the English Reformers*, i, p. 197. | **33.** Russell (ed.), *Works of the English Reformers*, i, p. 201. | **34.** Karl Gunther and Ethan H. Shagan, 'Protestant Radicalism and Political Thought in the Reign of Henry VIII', *Past & Present*, 194 (2007), pp. 35–74, at p. 60。有趣的是，這本書向安妮・博林致敬。 | **35.** Andrew Prescott, 'Ball,

因此整部聖經78萬8,280字中，一共占有40萬7,676字（52%）。│**10.** 這裡廷代爾的生平取自*ODNB*大衛．丹尼爾（David Daniell）的文章。三分之一美國人使用英王詹姆士一世欽定版本聖經的統計，是結合兩個獨立的資料。根據蓋洛普民意調查，72%的美國公民回答一份2018年的調查，表示宗教之於他們的生活「非常重要」（51%）與「相當重要」（21%）。組成人口65%的基督信徒之間，比例是87%（https://news.gallup.com/poll/245651/religion-considered-important-americans. aspx，下載日期2022年8月11日）。第二，一份2014年的調查發現55%的美國公民使用英王詹姆士一世欽定版本（http://www.raac.iupui.edu/files/2713/9413/8354/Bible_in_American_Life_Report_March_6_2014.pdf，下載日期2022年8月11日）。如果英王詹姆士一世欽定版本的聖經由55%與87%認為他們的宗教「重要」的美國基督信徒使用，則使用此書的美國人口比例至少是31%，不包括認為宗教較不重要而偶而使用的基督信徒。至於最常講的詞，最有可能的對手是《古蘭經》，但是穆斯林認為那是神的話，由先知穆罕默德揭露，從記憶中背誦。│**11.** Christopher Hill, *The English Bible and the Seventeenth-Century Revolution* (1993), p. 7.│**12.** Thomas Russell (ed.), *The Works of the English Reformers, William Tyndale and John Frith* (3 vols, 1831), i, p. 6.│**13.** Diarmid MacCulloch, *Reformation: Europe's House Divided 1490–1700* (2003), p. 203.│**14.** 非常感謝佛克（Seb Falk）提醒我這重要的一點。│**15.** https://www.bl.uk/learning/timeline/item101943. html（下載日期2022年8月17日）。│**16.** Hill, *English Bible*, pp. 30–1.│**17.** Henry Brinkelow, *The Lamentacyon of a Christen agaynst the Citye of Lon-don for some certayn greate vyces used therin* (Nuremberg, 1545), p. 91，引述於E. M. Leonard, *The Early History of English Poor Relief* (Cambridge, 1900), p. 29。│**18.** Paul Slack, *The English Poor Law 1531–1782* (1995), pp. 14–15.│**19.** 引述於Thomas Deloney, *Jack of Newbury* (2015), p. 17。│**20.** Henry Arthington,

Watson, *Royal Mail to Ireland*, p. 24. │ **62.** *Shakespeare's England* (Oxford, 2 vols, 1917), i, pp. 201–2. │ **63.** Williams, *Thomas Platter's Travels*, p. 230。注意，普雷特爾自己描述這趟旅程是「44英格蘭英里」，既然此時的郵政系統還在用傳統上舊的習俗英里。見Joyce, *Post Office*, pp. 175–6。│ **64.** Black, *Reign of Elizabeth*, p. 209n. │ **65.** 例如，格洛斯特郡議員暨愛爾蘭副總督尼古拉斯·阿諾德爵士（Sir Nicholas Arnold，1507–1580），他是全國最有名的馬匹育種家。

## 第六章

**1.** 本章大致依據2015年10月2日牛津大學赫瑞福學院國際廷代爾社20週年研討會的專題演講。演講原始內容發表為‘Tyndale's Legacy in English History’, *Tyndale Society Journal*, 46 (Winter 2015–16), pp. 11–31。非常感謝佩特·惠騰（Pat Whitten）與吉兒·馬斯蘭（Jill Maslen）邀請我在這個盛會演說。│ **2.** David Daniell, *William Tyndale, a biography* (1994)，本書頁191說是10月28日。在*ODNB*廷代爾的條目，丹尼爾教授（Professor Daniell）給的日期是10月27日。│ **3.** Henry R. T. Summerson, ‘An English Bible and other books belonging to Henry IV’, *Bulletin of the John Rylands Library*, 79, 1 (1997); Anne Hudson, *The Premature Reformation: Wycliffite Texts and Lollard History* (Oxford, 1988), pp. 110–11, 115. │ **4.** Daniell, *Tyndale*, p. 92. │ **5.** Daniell, *Tyndale*, p. 93. │ **6.** Daniell, *Tyndale*, p. 79. │ **7.** Daniell, *Tyndale*, pp. 183–4. │ **8.** David Daniell, ‘Coverdale, Miles’, *ODNB*. │ **9.** 對於可以歸給廷代爾的功勞，見Jon Nielsen and Royal Skousen, ‘How Much of the King James Bible Is William Tyndale's?’, *Reformation*, 3, 1 (1998), pp. 49–74。聖經內每部的字數取自https://holyword.church/miscellaneous-resources/how-many-words-in-each-book-of-the-bible/（下載日期2022年8月12日）。如果英王詹姆士一世保留76%廷代爾的《舊約》，就相當25萬7,307字（包括《約拿書》）。84%的《新約》是15萬369字。

日超過65英里的速度傳到多塞特郡的塞那阿巴斯（Cerne Abbas）。如果消息在1471年4月15日早上抵達，每天傳遞的速度將近90英里，但是因為我們不知道出發和抵達的時間，所以不可能確定。｜**50.** 她在10月2日下午三點登上普利茅斯。消息在4日傳到國王那裡，他接著通知倫敦市長（Armstrong, 'Distribution and speed of news', p. 453）。亨利七世當然在1506年付錢寄信到西南，所以這是更長久的服務。見Cooper, 'Speed and Efficiency', p. 762。｜**51.** T. B. Lang, *An Historical Summary of the Post Office in Scotland* (1856), p. 3.｜**52.** Herbert Joyce, *The History of the Post Office* (1893), pp. 1–2.｜**53.** Edward Watson, *The Royal Mail to Ireland* (1917), pp. 5–6.｜**54.** Cooper, 'Speed and Efficiency', p. 762.｜**55.** Watson, *Royal Mail to Ireland*, pp. 13–20, esp. p. 15.｜**56.** Joyce, *Post Office*, pp. 175–6.｜**57.** Cooper, 'Speed and Efficiency', p. 767.｜**58.** Thomas Birch (ed.), *The Works of the Honourable Robert Boyle* (new ed., 6 vols, 1772), i, p. viii.｜**59.** 金賽爾圍城在儒略曆的1601／2年1月3日被擊敗，而在英格蘭的用法，是西曆12月24日。波以耳因此有85%的滿月。見 https://www.moonpage.com/。｜**60.** 懷疑波以耳說法的理由是金賽爾其中一位指揮官理查·列文森爵士（Sir Richard Leveson）在戰役隔天12月25日「星期五」寫了這個勝利消息的便條給英格蘭的上將諾丁漢勛爵（Mary Anne Everett Green (ed.), *Calendar of State Papers Domestic: Elizabeth, 1601–3 With Addenda 1547–65* (1870), p. 132）。但是波以耳表示他在「星期一」出發——應該是28日星期一。很難看出為何他等了超過兩天，在戰役結果的第一個報告已經送去倫敦兩天，他才用這樣的速度出發。人在倫敦的達利·卡爾頓（Dudley Carleton）29日星期二還不知道戰役的結果（Green (ed.), *Calendar*, pp. 134–5）。如果波以耳起程的時候單純搞錯那一週的日期，事實上在週五和週六行動，29日星期二的時候，達利·卡爾頓應該已經聽到消息。儘管如此，短短的傳記中，用這樣的篇幅和這麼仔細的描述，表示波以耳非常看重。｜**61.**

of Bishop Martival: a further contribution', esp. pp. 8 and 15, available at https://www.academia.edu/3444025/Administrative_efficiency_and_the_speed_of_government_and_church_bureaucracy_in_the_early_fourteenth-century_England_the_delivery_of_writs_based_on_evidence_from_the_register_of_Bishop_Martival._A_further_contribution，下載日期2021年7月18日。注意：這篇文章距離的測量似乎不正確。例如，他說鄧斯特布爾（Dunstable）和薩徹姆（Thatcham）之間是92英里（而非Google地圖最短的53英里），而且西敏和威爾特郡的藍斯伯里之間是86英里（而非69英里）。｜**39.** Pierre Chaplais, *Piers Gaveston* (Oxford, 1994), p. 23.｜**40.** 傳令兵能走的最短距離可能是302英里，但他更可能經紐卡索然後走主要公路經約克，這段350英里的路程，每天至少78英里。即使他從布拉夫桑斯直接去約克，那段路程323英里，每天至少72英里。｜**41.** 國家檔案館：DL 10/253。｜**42.** A. M. Ogilvie, 'The Rise of the English Post Office', *Economic Journal*, 3, 11 (1893), pp. 443–57, at p. 443.｜**43.** Hill, 'Jack Faukes', pp. 19–30.｜**44.** 例如，Armstrong, 'Distribution and speed of news'。｜**45.** Chris Given-Wilson (ed.), *Chronicles of the Revolution* (Manchester, 1993), p. 39.｜**46.** Anne Curry, *Agincourt: A New History* (2005, paperback ed., 2006), p. 10.｜**47.** Armstrong, 'Distribution and speed of news', p. 439.｜**48.** 兩百英里的距離是根據舊習俗英里的傳統距離（法定英里要到1593年才被認可）。一般認為達蘭距離倫敦兩百英里（其實是263法定英里），而特威德河畔的貝里克（Berwick on Tweed）傳統上是248英里（正確來說是339英里）。｜**49.** 見Armstrong, 'Distribution and speed of news', *passim*。謀殺蘇格蘭詹姆士一世的消息以每日超過68英里的速度，在1437年2月傳到倫敦。威克菲之役（Battle of Wakefield）的報告以每日72英里在1460年1月初抵達倫敦，特倫特河畔的斯托克之役（Battle of Stoke-on-Trent）在1487年6月以大約每日76英里抵達約克。唯一有可能更快的是巴內特之役（Battle of Barnet）的消息，每

速3.4英里、2.3英里、6英里、3英里——時速平均3.675英里或4羅馬哩。（見Ian Cooper, 'The Speed and Efficiency of the Tudor South-West's Royal Post-Stage Service', *History*, 99, 5 (2014), pp. 754–74）。因此傳令兵會在黑暗和光源不足的情況涵蓋340羅馬哩，與白天8,013羅馬哩，每小時相當十羅馬哩或每日130羅馬哩。如果這樣一個人夏天在義大利北部騎馬，日出與日落之間大約17小時，時速十羅馬哩，24小時內他應該可以至少涵蓋198羅馬哩（白天170，日落後28）。｜**32.** Sir Henry Yule (ed.), *The Travels of Ser Marco Polo, Venetian* (2 vols, 1903), i, p. 435.｜**33.** Yule (ed.), *Marco Polo*, i, p. 436.｜**34.** 這假設帶著燈火的跑者輕鬆跑半小時他們三英里的定量，所以夜間跟隨跑者的騎士可以帶著訊息走48英里。至於日間，騎士平均時速必須11英里，才能達到224英里。還要注意，鄂多立克主張傳遞緊急訊息的蒙古騎士使用單峰駝，比馬更快。「帝國內任何消息發生，傳令兵立即策馬奔向宮廷；但事態若非常嚴重，他們就騎單峰駝。而且當他們快到驛站、旅社時，會吹響號角，旅社老闆或站長就會立刻讓另一位傳令兵就位；抵達後，交付郵件就可休息。收下郵件的人立刻前往下一個驛站，下一個驛站也同樣就位。」Henry Yule, *Cathay and the Way Thither, being a Collection of Medieval Notices of China* (2 vols, 1866), i, pp. 137–8。｜**35.** E. D. Cuming (ed.), *Squire Osbaldeston: His Autobiography* (1926), pp. 154–6; David Randall, Great Sporting Eccentrics (1985), p. 138.｜**36.** Mary C. Hill, 'Jack Faukes, King's Messenger, and his journey to Avignon in 1343', *English Historical Review*, 57 (1942), pp. 19–30 at p. 26; Mary C. Hill, 'King's Messengers and Administrative Developments in the Thirteenth and Fourteenth Centuries', *English Historical Review*, 61 (1946), pp. 315–28, at p. 318.｜**37.** R. W. Eyton, *Court, Household and Itinerary of Henry II* (1878), pp. 150, 153.｜**38.** Michael Ray, 'Administrative efficiency in fourteenth-century England: the delivery of writs based on evidence from the register

和艾略特（Eliot）都提到與此相當的速度。然而，波可皮厄斯比本文引用的段落更深入。他提到每站儲備的馬表示每站相隔25羅馬哩，所以可以期待一個男人一天騎到多達兩百羅馬哩，而且「幾乎不低於」125。他的文字默認這段。如果每天五到八站的速度總計只有50至60英里，他的讀者不會相信他主張「傳令兵因此能夠一天騎上通常需要十天的距離」。他的讀者一天之內當然可以騎超過五至六英里。此外，他們會知道一站有多遠。邏輯上，必定是某人一天一般旅行十倍的八分之一。因為平常日的旅行大約20英里，這等於兩百英里的八分之一，就是25英里。這和波可皮厄斯兩站之間的距離一樣。所以，所引用波可皮厄斯的段落，必須理解為，傳令兵可以被要求24小時內旅行至兩百羅馬哩（184法定英里）。｜**30.** 這個事件的消息是由第四兵團標準的傳令兵送到110羅馬哩外的科隆站給地區指揮官。他抵達當天晚上，指揮官還在吃飯。如果我們大約取早上七點到晚上六點，這一段平均速度大約是每小時十羅馬哩。這個消息接著被帶到213羅馬哩的漢斯，再從這裡送到羅馬。第三段經大聖伯納山口（Great St Bernard Pass）至少879羅馬哩，但傳令兵大概走奧古斯都建設的冬季路，經由蒙熱內夫爾（Montgenèvre）至少930羅馬哩。1月10日當天或之前，消息抵達。因此整趟旅程，從美茵茲經科隆與漢斯到羅馬，共1,253羅馬哩，花費210至230小時。一年的這個時候非常不利夜間旅行。儘管如此，平均至少每小時五又二分之一羅馬哩，包括所有暫停。細節請見蘭賽，'Speed', p. 65。請注意，蘭賽和復萊蘭德對這趟旅程的距離比Google地圖顯示的更遠——分別是1,400羅馬哩與1,440羅馬哩——因此他們判斷這趟旅程比這裡估計得更快。｜**31.** 估計，2日上午從漢斯出發後，每晚他平均暫停五個小時（2日至9日），並於10日日落抵達羅馬，從科隆來的旅程大約經歷81小時的日光（九日又九時），與85小時的黑夜或光線不足（二日凌晨五小時，以及之後八天十小時的夜晚）。他的黑夜速度大約在每小時四羅馬哩。這是基於後來四個英格蘭信差平均夜晚旅行速度的例子——時

90海里，旅程多數時間需要在黑暗中渡海。雖然航海家必要的時候可以依靠星星航行，但不保證凶手出發時整晚天空晴朗。｜**19.** John Gillingham, 'King John', *ODNB*.｜**20.** Ohler, *Medieval Traveller*, p. 97.｜**21.** W. H. Bliss (ed.), *Calendar of Entries in the Papal Registers Relating to Great Britain and Ireland, volume ii, 1305–1342* (1895), p. 498.｜**22.** Verdon, *Travel*, p. 205.｜**23.** Ian Mortimer, *The Perfect King* (2006), pp. 91–2.｜**24.** Mortimer, *Perfect King*, pp. 132, 460.｜**25.** Ian Mortimer, *Medieval Intrigue* (2010), p. 212。他有可能經樸茨茅斯急衝到格洛斯特，顯然一日之內在兩個地方之間走了102英里，王室的文件記錄兩地的特許狀日期是8月10日。然而，也有可能其中一張寫錯日期。沒有其他證據證明愛德華一天走了一百英里。｜**26.** C. A. J. Armstrong, 'Some examples of the distribution and speed of news in England at the time of the Wars of the Roses', in R. W. Hunt (ed.), *Studies in Medieval History Presented to Frederick Maurice Powicke* (1948), pp. 429–54, at p. 446.｜**27.** Hingeston-Randolph, *Register of Edmund Stafford*, pp. 477–9.｜**28.** Ohler, *Medieval Traveller*, p. 97.｜**29.** 一「站」的距離經過多次討論。路易德．復萊蘭德（Ludwig Friedlaender）在1910年提出該系統正常的運作速度是每小時五羅馬哩，包括暫停（Ludwig Friedlaender, *Darstellungen aus der Sittengeschichte Roms* (4 vols, Leipzig, 1910), ii, p. 22）。這表示24小時涵蓋120羅馬哩（110法定英里），意謂每站是這段距離的八分之一至五分之一（15至24羅馬哩）。然而，這裡我們在意的不是這個系統接力訊息「通常」多快，而是其最高速度是多少。某些作者主張每天50至60英里的通常速度意謂每站大約相隔八英里（例如，A. M. Ramsay, 'The Speed of the Roman Imperial Post', *Journal of Roman Studies*, 15 (1925), pp. 60–74; C.W. J. Eliot, 'New Evidence for the Speed of the Roman Imperial Post', *Phoenix*, 9, 2 (1955), pp. 76–80）。根據復萊蘭德，在例外的情況，騎士傳遞訊息可以高達每日160羅馬哩（147法定英里）。蘭賽（Ramsay）

日回到蘭利（Langley）。根據某份特許狀開頭的「已經檢閱」（inspeximus），他在5日回到蘭利。｜**9.** Norbert Ohler, trans. Caroline Hillier, *The Medieval Traveller* (Woodbridge, 1989), p. 97.｜**10.** R. L. Poole, *The Early Correspondence of John of Salisbury* (British Academy, 1924), p. 6.｜**11.** 埃克塞特主教沃特・布容康伯（Walter Bronescombe）1258年6月22日從倫敦出發，前往巴黎。他在7月4日之前抵達。12天內——或者至多12天多一點——他已經走了72英里到多佛，穿越海峽22至27海里到加萊，再騎最後165英里到巴黎。整趟旅程他每天平均騎20英里多一點（F. C. Hingeston-Randolph, *The Registers of Walter Bronescombe and Peter Quivil* (1889), p. 294）。1370年到1396年的埃克塞特主教托馬斯・德・布蘭汀漢（Thomas de Brantyngham），通常從倫敦的主教莊園（Bishop's Clyst）經由他在東霍斯利（East Horsley，薩里郡）的聖公會莊園與法靈頓（Faringdon，漢普郡），8天之內走完這段177英里的路線，每天大約20英里。他的繼承人艾德蒙・斯塔福德，在十五世紀也走差不多的路線，例如，1403年5月20至28日，1406年6月15至23日（F. C. Hingeston-Randolph, The Register of Thomas de Brantyngham (1906), pp. 890–6; *The Register of Edmund Stafford* (1886), p. 477 ）。｜**12.** Louise Ropes Loomis, *The Council of Constance* (1961), p. 343.｜**13.** C. M. Woolgar, *The Great Household in Late Medieval England* (1999), p. 188.｜**14.** Woolgar, *Great Household*, p. 187.｜**15.** Broadberry et al., *British Economic Growth*, p. 111.｜**16.** Jean Verdon, trans. George Holoch, *Travel in the Middle Ages* (Notre Dame, Indiana, 2003), p. 204。今日的道路距離不到1,400公里，但是Verdon認為介於1,700至1,800公里。｜**17.** Frank Barlow, 'Becket, Thomas', Oxford Dictionary of National Biography（之後以*ODNB*表示）。布林勒魯瓦在諾龍拉波特里（Noron-la-Poterie）附近。｜**18.** 雖然瑟堡（Cherbourg）近多了——相較加萊214英里，只距離58英里——從最近的英格蘭港口（樸茨茅斯和契赤斯特〔Chichester〕）大約

*Famines*, p. 8。| **13.** Walford, *Famines*, p. 8. | **14.** Walford, *Famines*, p. 8. | **15.** 這些是1224至25年、1226至27年、1246至47年、1247至48年。見Dyer, *Standards of Living*, p. 262。| **16.** Christopher Dyer, *Everyday Life in Medieval England* (1994, revised ed., 2000), p. 82. | **17.** Vern Bullough and Cameron Campbell, 'Female Longevity and Diet in the Middle Ages', *Speculum*, 55, 2 (1980), pp. 317–25; Don Brothwell, 'Palaeodemography and Earlier British Populations', *World Archaeology*, 4, 1 (1972), pp. 75–87. | **18.** Ann Hagen, 'Anglo-Saxon Food: Processing and Consumption'(未出版的碩士論文,UCL,2017年), p. 114。| **19.** Hagen, 'Anglo-Saxon Food', p. 235.

## 第五章

**1.** Michael Prestwich, 'The Royal Itinerary and Roads in England under Edward I',收錄於Valerie Allen and Ruth Evans (eds), *Roadworks: Medieval Britain, Medieval Roads* (Manchester, 2016), pp. 177–97 (at pp. 187–8),引用TNA: E 101/353/2。| **2.** Prestwich, 'Royal Itinerary', pp. 185–6. | **3.** Paul Hindle, *Medieval Roads and Tracks* (Princes Risborough, 1982), p. 17. | **4.** Hindle, *Medieval Roads*, p. 17. | **5.** 他整個在位期間,平均每個月移動九次。常見每天15英里的旅程,而且有時20英里也不奇怪,雖然少見更多的情況。見Prestwich, 'Royal Itinerary', pp. 178, 188。| **6.** 見國家檔案館閱讀室的行程,ref 942.037。1331年,他至少117次搬到新的村莊或城鎮,1332年有109次,1333年有106次。他每年移動的實際數字可能更多,但是他的掌袍大臣和國務大臣常常要提早出發,否則難以跟上,所以紀錄不總是表示他的位置。| **7.** 出自國家檔案館閱讀室的行程,ref 942.037。| **8.** Adam Clarke, J. Caley, J. Bayley, F. Holbrooke and J. W. Clarke (eds), *Foedera, Conventiones, Litterae, etc., or Rymer's Foedera 1066–1383* (6 vols in 4, 1816–30), ii, 2, pp. 1024–5。3月16日他在倫敦塔,23日在紐卡索,28日在貝里克,6

述於 Alden T. Vaughan and Virginia Mason Vaughan, 'Before Othello: Elizabethan Representations of Sub-Saharan Africans', in *William and Mary Quarterly*, Third Series, 53, 1 ( Jan. 1997), pp. 19–44, at p. 25。｜**34.** 引述於 Scott Oldenburg, 'The Riddle of Blackness in England's National Family Romance', *Journal for Early Modern Cultural Studies*, 1, 1 (2001), pp. 46–62, at p. 49。｜**35.** 史考特凸顯十五世紀神祕劇的套路，而且這種偏見可能一直都暗藏在背景。｜**36.** Vaughan and Vaughan, 'Before Othello', p. 30.｜**37.** Miranda Kaufman, 'Caspar van Senden, Sir Thomas Sherley and the "Blackamoor" Project', *Historical Research*, vol. 81, no. 212 (May 2008), pp. 366–71.

## 第四章

**1.** Anthony Emery, *Dartington Hall* (Oxford, 1970), p. 268.｜**2.** Nat Alcock and Dan Miles, *The Medieval Peasant House in Midland England* (Oxford, 2013), pp. 190–9.｜**3.** Guy Beresford, 'Three Deserted Medieval Settlements on Dartmoor: A Report on the Late E. Marie Minter's Excavations', *Medieval Archaeology*, 23, 1 (1979), pp. 98–158, at pp. 135–6.｜**4.** M. A. Havinden, *Household and Farm Inventories in Oxfordshire, 1550–1590* (1965), pp. 277–9.｜**5.** Anthony Quiney, *Town Houses of Medieval Britain* (2003), pp. 96, 113.｜**6.** Quiney, *Town Houses*, p. 150.｜**7.** Quiney, *Town Houses*, p. 259.｜**8.** D. M. Herridge (ed.), *Surrey Probate Inventories*, Surrey Record Society, vol. 39 (2005), pp. 379–81。注意，烹飪用具原本的描述是在「食品室」;「廚房」一詞是為了簡潔才在文中使用。｜**9.** Margaret Case (ed.), *Devon Inventories*, Devon and Cornwall Record Society new ser. 11 (1966), p. 10.｜**10.** Cornelius Walford, *The Famines of the World, Past and Present* (1879), p. 6。1050年也有瘟疫。｜**11.** Walford, *Famines*, p. 7.｜**12.** 這些是1106年、1111年、1117年、1121至22年、1124至26年、1135至37年、1141年。Walford,

限責任合夥（18%）、公部門（8.5%）、慈善保育機構，例如英國國民信託（National Trust，2%）。 | **16.** E. H. Phelps Brown and Sheila V. Hopkins, 'Seven Centuries of the Prices of Consumables, Compared with Builders' Wage-Rates', *Economica*, new series vol. 23, no. 92 (1956), pp. 296–314. | **17.** Stephen Broadberry, Bruce M. S. Campbell, Alexander Klein, Mark Overton and Bas van Leeuwen, *British Economic Growth*, 1270–1870 (2015), p. 20. | **18.** Christopher Dyer, *Standards of Living in the Later Middle Ages: Social Change in England, 1200–1520* (revised ed., Cambridge, 1998), p. 119. | **19.** Broadberry et al., *British Economic Growth*, p. 20. | **20.** Dyer, *Standards of Living*, p. 125。此數字是1292年。 | **21.** Dyer, *Standards of Living*, p. 36. | **22.** Ian Mortimer, 'Equality: what is it good for? ', *Englesberg Ideas* (12 May 2021)。網路可供下載：https://engels bergideas.com/essays/equality-what-is-it-good-for/（下載日期2022年8月15日）。 | **23.** Ole Benedictow, *The Black Death 1346–1353: The Complete History* (Woodbridge, 2004), p. 383. | **24.** Ian Mortimer, *Centuries of Change* (2014)，平裝本書名為*Human Race* (2015), p. 86。 | **25.** Dyer, *Standards of Living*, p. 36. | **26.** D. C. Coleman, *The Economy of England 1450–1750* (Oxford, 1977), p. 23（肉類與穀物價格）; Broadberry et al., *British Economic Growth*, pp. 232–6（工資）。 | **27.** Henrietta Leyser, *Medieval Women* (1995, paperback ed., 1996), p. 89. | **28.** G. N. Garmonsway (ed.), *The Anglo-Saxon Chronicle* (2nd ed., 1954), p. 176. | **29.** *Calendar of Patent Rolls 1408–13* (1909), pp. 389–90. | **30.** Emanuel van Meteren, *Nederlandtsche Historie* (1575)，引述於 W. B. Rye, *England as Seen by Foreigners in the Days of Elizabeth and James I* (1865), p. 73。 | **31.** Williams, *Thomas Platter's Travels in England*, p. 182。本節普雷特爾的文字似乎引述自符騰堡邦公爵的旅途。 | **32.** 未標注日期的信引述於 Seb Falk, *The Light Ages* (2020), p. 180。在此感謝佛克博士（Dr Falk）提醒我這個參考資料。 | **33.** 引

*Elizabeth* (2nd ed., Oxford, 1959), p. 251. │**10.** 例如，在2008年，米拉諾維克（Milanovic）、林德特（Lindert）、威廉森（Williamson）計算1290年的吉尼指數為0.37（Branko Milanovic, Peter H. Lindert, Jeffrey G. Williamson, 'Pre-Industrial Inequality', *Economic Journal*, vol. 121 (2011), pp. 255–72）。2013年，貝卡（Bekar）和里德（Reed）計算英格蘭1279年的吉尼指數為0.73（Cliff T. Bekar and Clyde G. Reed, 'Land markets and inequality: evidence from medieval England', *European Review of Economic History*, 17, 3 (2013), pp. 294–317, at p. 306）。│**11.** John Bateman, *The Great Landowners of Great Britain and Ireland* (4th ed., 1883), p. 515. │**12.** https://www.ons.gov.uk/peoplepopulationandcommunity/housing/articles/research outputssubnationaldwellingstockbytenureestimatesengland2012to2015/2020（下載日期2022年7月26日）。│**13.** 1086年的數字取自國家檔案館（National Archives）網站，自由保有人的數字從餘數扣除。1695年的數字取自Joan Thirsk and J. P. Cooper, *Seventeenth-Century Economic Documents* (Oxford, 1972), p. 766。國王對王室土地所提供的模糊數字在此假定為一百八十萬英畝，而非三百萬（見第766頁之注釋8）。1873年的數字取自Bateman, *Great Landowners*, p. 515。1873年4%的差異是商業用地與荒地，並無所有人。│**14.** 必須注意，1086年的數字乃關於莊園，而非土地，而且王室莊園通常比一般產權所有的土地大上許多。因此公平來說，征服者威廉持有之個人資產超過全國17%。│**15.** 維多利亞的土地持有模式是否反映現代的模式，這個問題難以回答。根據蓋瑞．舒魯伯索爾（Gary Shrubsole）的著作《誰擁有英格蘭？》（*Who Owns England?*，2019年出版），國王資產占1.4%；教會0.5；貴族與仕紳約在30%至47%之間；屋主占5%。最大值是54%——可能的落差是因為國家17%的土地沒有登錄在土地管理局（Land Registry，設於1862年），而且那些幾乎全部由貴族與仕紳所有。其餘的組成包括「暴發戶」（17%）、公司與有

述於 Asbridge, *First Crusade*, p. 300。｜**10.** H. T. Riley (ed.), *Chronica Monasterii S. Albani, Part 1 Thomae Walsingham Historia Anglicana* (1865), i, pp. 206–7.｜**11.** E. B. Fryde, 'Parliament and the French War, 1336–40', in E. B. Fryde and E. Miller (eds), *Historical Studies of the English Parliament* (Cambridge, 1970), pp. 242–61, at p. 246.｜**12.** Ian Mortimer, *1415: Henry V's Year of Glory* (2009), pp. 330–1.｜**13.** Mortimer, *1415*, pp. 421–2.｜**14.** Geoffrey Parker, 'The "Military Revolution," 1560–1660 – a Myth?', *Journal of Modern History*, 48, 2 (1976), pp. 195–214, at p. 206.｜**15.** Steven Pinker, *The Better Angels of Our Nature* (2011, paperback ed., 2012), p. 98.｜**16.** 有幾個例外，例如喬治二世在德廷根之役（the battle of Dettingen，1743年）以及普魯士的腓特烈二世與拿破崙的指揮才能，但是1600年後，國家元首通常會遠離戰役，避免危險。｜**17.** Michael Howard, *War and the Liberal Conscience* (1978, revised paperback ed., 2011), p. 5.｜**18.** 引述於 Howard, *War and the Liberal Conscience*, p. 6。

## 第三章

**1.** 歷史真實性的困難，更詳細的說明，見'The problems of visiting the past in fact and fiction (Or why historical authenticity is every bit as difficult as historical accuracy.), A speech to the Historical Novel Society Conference, London, 2012'，收錄於 Ian Mortimer, *What Isn't History?* (Rosetta Books, 2017)。｜**2.** 感謝我的編輯約格・漢斯根（Jörg Hensgen）建議這個專有名詞。｜**3.** Attenborough, *Laws of the Earliest English Kings*, pp. 26–7.｜**4.** Attenborough, *Laws of the Earliest English Kings*, pp. 148–51.｜**5.** Marc Morris, *The Norman Conquest* (2012), p. 26.｜**6.** Geoffrey Parker, *Global Crisis* (2013), pp. 17–18.｜**7.** David A. E. Pelteret, *Slavery in Early Medieval England* (Woodbridge, 1995), p. 253.｜**8.** Pelteret, *Slavery*, p. 256.｜**9.** J. B. Black, *The Reign of*

Manuel Eisner, 'Long-term trends in violent crime', *Crime and Justice*, 30 (2003), pp. 83–142, at p. 99。現代美國的數字為2019年，取自https://wonder.cdc.gov/controller/saved/D76/D99F056（下載日期2021年4月19日）。| **21.** F. G. Emmison, *Elizabethan Life: Morals and the Church Courts* (Chelmsford, 1973), p. 1. | **22.** 引用於*The Greatest Benefit to Mankind* (1997), p. 110。| **23.** Darrell W. Amundsen, 'Medieval Canon Law on Medical and Surgical Practice by the Clergy', *Bulletin of the History of Medicine*, 52, 1 (1978), pp. 22–44. | **24.** Sanjib Kumar Ghosh, 'Human cadaveric dissection: a historical account from ancient Greece to the modern era', *Anatomy & Cell Biology*, 48, 3 (2015), pp. 153–69. | **25.** Patrick Wallis, 'Exotic Drugs and English Medicine: England's Drug Trade, c. 1550–c. 1800', *Social History of Medicine*, 25, 1 (2012), pp. 20–46. | **26.** 引用自Ralph Houlbrooke, *Death, Religion and the Family in England 1480–1750* (Oxford, 1998), pp. 18–19。| **27.** Ian Mortimer, *The Dying and the Doctors* (2009), esp. p. 63.

## 第二章

**1.** 本章大致基於2015年8月2日於南安普敦大學的專題演講，為紀念阿金科特之役六百年的會議，題名為「戰爭的意義」（The Meaning of War）。感謝安・科里教授（Anne Curry）邀請我在這麼重要的場合演說。並謝謝大衛・史東（David Stone）和詹姆斯・基德納（James Kidner）對原始演說的指教。| **2.** 引述於Thomas Asbridge, *The First Crusade* (2004), p. 316。| **3.** 引述於Asbridge, *First Crusade*, p. 317。| **4.** 引述於Peter Speed (ed.), *Those Who Fought: An Anthology of Medieval Sources* (New York, 1996), p. 1。| **5.** 引述於Speed (ed.), *Those Who Fought*, pp. 1–2。| **6.** Maurice Keen, *Chivalry* (1984), p. 88。引言為求通順略經改述。| **7.** Keen, *Chivalry*, p. 87. | **8.** Juliet Barker, *Conquest* (2009), p. 43; *Complete Peerage*, vol. 5 (2nd ed., 1926), p. 254. | **9.** 引

gaz/gazweb2.html，下載日期2021年4月19日）。｜**11.** 德文與康沃爾兩個西南的郡縣邊界以內，根據《末日審判書》，占英格蘭人口7.4%，但只產出九枚錢幣（0.4%）。而924年至1135年全國發現之錢幣或錢幣儲藏為2,451枚。見Henry Fairbairn, 'The Nature and Limits of the Money Economy in Late Anglo-Saxon and Early Norman England'（未出版之博士論文，King's College London, 2013), pp. 251–3, 291。｜**12.** Asa Briggs and Peter Burke, *A Social History of the Media* (2nd ed., 2005), p. 13.｜**13.** 0.25%的數字是根據該地區男性人口80萬人中，不到兩千人能夠讀寫估計而來。1500年與1600年的數字，見W. B. Stephens, 'Literacy in England, Scotland and Wales, 1500–1900', *History of Education Quarterly*, 30, 4 (1990), pp. 545–71。｜**14.** 如果所有1590年代印刷的4,040本書是五百版，而每本平均長度45,000字，代表每年光是印刷產出超過九百億字。如果40萬識字的人民每月平均只寫一千字，會再加上48億字——因此文字總產量保守認定為每年將近一千億字。｜**15.** Francis Bacon, *Novum Organum* (1620), Book 1, Aphorism 129。翻譯為*The New Organon: Aphorisms Concerning the Interpretation of Nature and the Kingdom of Man*，收錄於James Spedding, Robert Ellis and Douglas Heath (eds), *The Works of Francis Bacon* (1857), iv, p. 114。｜**16.** Thomas Harriot, *A Briefe and True Report of the New Found Land of Virginia* (1590), p. 27。請注意：Harriot的拼法已經現代化。｜**17.** Lucien Febvre and Henri-Jean Martin, trans. David Gerard, *The Coming of the Book* (1997), p. 30.｜**18.** 感謝Jesse Lynch對於英格蘭紙張早期使用的描述，不久之後將出現在他的埃克塞特大學博士論文*The Spread of Paper Acceptance in Medieval England in the Long Fourteenth Century*（標題暫訂）。關於1275年愛德華一世實施的行政異動細節，見William Stubbs (ed.), *Chronicles of the Reigns of Edward I and Edward II* (2 vols, 1882), i, pp. 85–6。｜**19.** F. L. Attenborough, *The Laws of the Earliest English Kings* (Cambridge, 1922), pp. 62–93.｜**20.**

# 注釋

## 第一章

**1.** 本章大致是以2016年4月1日首次在坎特伯里基督教會大學（Christ Church University）的專題演講為基礎。感謝坎特伯里肯特大學大衛・古魯密特博士（Dr David Grummitt）邀請。│**2.** 也許唯一的例外是朱爾・米榭勒（Jules Michelet）和雅各布・布爾克哈特（Jacob Burckhard）兩人在十九世紀將義大利文藝復興的文化成就在世界發揚光大。│**3.** *BBC World Histories*, 8 (2018), p. 23.│**4.** David Crystal, 'The Language of Shakespeare'，收錄於Stanley Wells and Gary Taylor (eds), *The Complete Works* (Oxford, 2005), pp.xlv–lxiv, at p.lxi。│**5.** 之前的聖保羅主教座堂在1086年遭祝融之災，但高度不大可能超過80英尺。老聖保羅教堂從十三世紀後期至1561年，高度489英尺；「五倍」幾乎是低估了增量。寫作時倫敦最高的大樓是碎片塔，高度1,016英尺。因此從1300年至今的增量可以說是2.1倍。│**6.** 到了1500年，大約45%的英格蘭被圈圍。見J. R. Wordie, 'The Chronology of English Enclosure', *Economic History Review*, 36, 4 (1983), pp. 483–505, at pp. 494, 502。│**7.** Peter Clark, *The English Alehouse* (1983), p. 42; John Hare, 'Inns, innkeepers and the society of later medieval England, 1350–1600', *Journal of Medieval History*, 39, 4 (2013), pp. 477–97, at p. 496.│**8.** Claire Breay and Joanna Storey (eds), *Anglo-Saxon Kingdoms: Art, Word, War* (2018), p. 261.│**9.** Clare Williams, *Thomas Platter's Travels in England 1599* (1937), pp. 163–5, 171–3.│**10.** Samantha Letters, *Gazetteer of Markets and Fairs to 1516*（http://www.history. ac.uk/cmh/

知識叢書 1151

# 漫遊歐洲中古時代：為現代的「眼界」奠定基礎的中世紀

**Medieval Horizons:** Why the Middle Ages Matter

作者　伊恩．莫蒂默（Ian Mortimer）
譯者　胡訢諄
資深編輯　張擎
責任企劃　林欣梅
封面設計　許晉維
內頁排版　張靜怡
人文線主編　王育涵
總編輯　胡金倫
董事長　趙政岷
出版者　時報文化出版企業股份有限公司
108019 臺北市和平西路三段 240 號 7 樓
發行專線｜02-2306-6842
讀者服務專線｜0800-231-705｜02-2304-7103
讀者服務傳真｜02-2302-7844
郵撥｜1934-4724 時報文化出版公司
信箱｜10899 臺北華江橋郵政第 99 信箱
時報悅讀網　www.readingtimes.com.tw
人文科學線臉書　http://www.facebook.com/humanities.science
法律顧問　理律法律事務所｜陳長文律師、李念祖律師
印刷　紘億印刷有限公司
初版一刷　2025 年 6 月 20 日
定價　新臺幣 530 元





ISBN 978-626-419-442-6｜Printed in Taiwan

時報文化出版公司成立於一九七五年，並於一九九九年股票上櫃公開發行，於二〇〇八年脫離中時集團非屬旺中，以「尊重智慧與創意的文化事業」為信念。

漫遊歐洲中古時代：為現代的「眼界」奠定基礎的中世紀／伊恩．莫蒂默（Ian Mortimer）著；胡訢諄譯 .
-- 初版 . -- 臺北市：時報文化出版企業股份有限公司，2025.06｜352 面；14.8×21 公分 .
譯自：Medieval horizons: why the Middle Ages matter｜ISBN 978-626-419-442-6（平裝）
1. CST：中古史 2. CST：文明史 3. CST：歐洲｜740.23｜114004877